W0074161

Ein Leben für Katherine Mansfield

Ein Leben für

Katherine Mansfield

Erinnerungen der Ida Baker

Übersetzt und mit einem Vorwort von
Helen Stark-Towlson

edition ebersbach

Titel der englischen Originalausausgabe:
Katherine Mansfield. The Memories of LM

Die Deutsche Bibliothek – CIP-Einheitsaufnahme

Baker, Ida:
Ein Leben für Katherine Mansfield : Erinnerungen der Ida Baker /
übers. und mit einem Vorw. von Helen Stark-Towlson. – 1. Aufl. –
Dortmund : Ed. Ebersbach, 1996
    Einheitssacht.: Katherine Mansfield <dt.>
    ISBN 3-931782-04-2

1. Auflage 1996
© edition ebersbach
Bornstr. 68, 44145 Dortmund

Lektorat: Beate Hoffmann, Dortmund
Satz: Verlagsservice Wilfried Niederland, Königstein/Ts.
Druck: Clausen & Bosse, Leck
Alle Rechte vorbehalten
Printed in Germany

Inhalt

Vorwort

»Nimm mich, Katie. Ich gehöre Dir. Ich will Dir dienen und folgen, wo immer Du bist und was immer Du von mir verlangst.«

Diese Stelle aus einem Brief von Ida Baker an ihre Freundin Katherine Mansfield möchte ich als Leitmotiv an den Anfang dieses Buches stellen. Es sind die Worte einer jungen Frau, die aufhorchen lassen und berühren, besonders heute, wo Dienen zu einem Anachronismus geworden ist.

Wer war Ida Baker?

Wer war diese Frau, die lebte, um gebraucht zu werden – gebraucht von Katherine Mansfield, der fast gleichaltrigen Freundin, der sie zwanzig Jahre lang eine enge Vertraute und in den letzten Jahren der Krankheit eine unentbehrliche Stütze war? Die scheinbar alles ertrug? Alles verzieh? Die niemals kritisierte, in Frage stellte oder eigene Ansprüche geltend machte? Die die Rastlosigkeit Katherine Mansfields in Form zahlloser Wohnungs- und Ortswechsel widerspruchslos auf sich nahm? Die sich zurückstellte einer Künstlerin zuliebe, deren Werk ihr von größter Wichtigkeit war? Die erklärte, zwei Leben zu leben und für zwei Leben verantwortlich zu sein: für ihr eigenes und für das von Katherine Mansfield? Die auf eine Fortsetzung ihres Musikstudiums, auf Beruf, Ehe und Kinder verzichtete, um sich ganz in den Dienst ihrer Freundin zu stellen? Und die – das sei hier nicht verschwiegen – ihre Hilfsbereitschaft oft mit aufdringlicher Servilität verwechselte und Katherine Mansfield damit zu erdrücken drohte?

Ida Constance Baker wurde 1888 in Stuston, Suffolk (Südengland), als zweite Tochter eines Arztes geboren. Als sie

zwei Monate alt war, zog die Familie nach Burma, wo ihr
Vater als Armeearzt tätig war, und kehrte sieben Jahre später wieder nach London zurück. Ida und ihre an Kinderlähmung erkrankte Schwester May besuchten die Tagesschule
des vornehmen Queen's College. 1901 traten beide Schwestern in das Internat der Schule ein. Die musikalisch begabte Ida hatte den Wunsch, Musik zu studieren und Vio-
linistin zu werden.

Das mütterlich veranlagte, junge Mädchen wurde vom
Lehrerkollegium schon bald zur Klassensprecherin gewählt. Mit ihrer fürsorglichen Art, ihrer Hilfsbereitschaft
und ihrem großen Verantwortungsbewußtsein schien sie
für diese Aufgabe prädestiniert. Dadurch wurde sie in eine
Richtung gewiesen, die ihr ganzes Leben bestimmen sollte.

1903, als Ida fünfzehn Jahre alt war, starb ihre Mutter.
Ihr Vater neigte von dieser Zeit an zu Depressionen und
Gemütsschwankungen, was Ida veranlaßte, helfend in das
labil gewordene Familienleben einzugreifen. Sicher war der
frühe Tod ihrer Mutter die Ursache von Idas Fähigkeit, sich
für ihre Nächsten einzusetzen.

In diesem Jahr traten auch Katherine Beauchamp und ihre
beiden Schwestern ins Queen's College ein. Die Begegnung
mit der neun Monate jüngeren Neuseeländerin wirkte auf
Ida Baker ungewöhnlich faszinierend. Katherine Mansfield
spielte sehr gut Cello und schrieb auch Gedichte. Sie sonder-
te sich oft ab und führte ein ausgeprägtes Eigenleben. Zwischen den beiden charakterlich so unterschiedlichen Mädchen begann sich eine intensive Freundschaft zu entwickeln.
Ida Baker tröstete und half der anfangs noch heimwehge-
plagten Mitschülerin, unterwarf sich aber bereits schon zu
dieser Zeit ganz ihrem Willen.

Beide Mädchen arbeiteten im College bei einer Schülerzeitung mit und schrieben Beiträge in Form von Geschichten und Gedichten. Typisch für Ida, daß sie die Texte von
Katherine besser und gekonnter fand als ihre eigenen und
deshalb auf eine weitere Mitarbeit verzichtete.

Eine Anekdote aus dieser Zeit illustriert das Machtgefüge innerhalb der Beziehung der beiden Mädchen. Katherine hatte sich entschlossen, auf ihren Namen »Beauchamp« zu verzichten und sich den Namen ihrer geliebten, früh verstorbenen Großmutter »Mansfield« zuzulegen, was Ida Baker dazu bewog, sich ihrer ebenfalls früh verstorbenen Mutter zuliebe Katherine Moore zu nennen. Damit aber war Katherine nicht einverstanden. Es könne im College nur *eine* Katherine geben, entschied sie und verlangte, daß Ida den Namen ihres Lieblingsbruders Leslie tragen sollte. Eine Forderung, der die Freundin widerspruchslos zustimmte. Damit wurde Ida Baker zu Leslie Moore und ging als LM – wie sie in zahlreichen Mansfield-Briefen angeredet und im Tagebuch von Katherine Mansfield erwähnt wird – in die englische Literatur ein.

Katherines Eigensinn und ihre Erklärung, sie wolle – beeinflußt von Oscar Wilde – schreibend den Dingen auf den Grund gehen, schreibend die Wahrheit finden, um wahrhaftig zu werden, möchte alles auf die Spitze treiben und jeder Versuchung nachgeben, faszinierten Ida Baker. »I was beginning to see her«, sagte sie, beeindruckt von diesem kühnen Lebensmuster, das ihrer Art grundlegend widersprach. Schon damals hatte Ida gegen Unsicherheit und Minderwertigkeitsgefühle zu kämpfen.

Von zwei längeren Trennungen abgesehen – die erste bedingt durch Katherines Rückreise nach Neuseeland, die zweite durch Idas Aufenthalt bei ihrem Vater in Rhodesien –, blieben die beiden Freundinnen eng miteinander verbunden, wobei Ida Katherine den Weg zum Schreiben ebnete.

Katherine fühlte sich von der unterwürfigen, bewundernden Ida Baker bestätigt und in ihrer Zuverlässigkeit aufgehoben, was für sie als junge Künstlerin, die ihr Erwachsenwerden bewegt und stürmisch erlebte, besonders wichtig war. Ida war der ruhende Pol, immer bereit, auszugleichen und zu besänftigen, zu trösten und einzuspringen.

Als Tochter aus gutem, vermögendem Hause beschränkte sich Ida nicht allein auf die Rolle der Haushälterin. Sie stand Katherine auch in vielen anderen Bereichen zur Seite, unterstützte sie finanziell und half ihr über manche – durch den Geiz des reichen Vaters bedingte – Durststrecken hinweg. Sie gab sich nie geschlagen, auch dann nicht, als ihre eigenen Mittel zu versiegen drohten. Im Gegenteil: Katherine und Ida fühlten sich während Zeiten der Armut und des gelegentlichen Hungers noch enger und bedingungsloser miteinander verbunden.

Ida wäre für Katherine durchs Feuer gegangen, vor allem während der schwierigen Zeit in London, als Ida sich in einem Kosmetiksalon anstellen ließ, um zusätzlich Geld zu verdienen und Katherine zu unterstützen, die damals, 1912, noch weit davon entfernt war, von ihren Veröffentlichungen leben zu können. Im Schönheitssalon »Parma« wurden zur Pflege der Haut ausschließlich Naturprodukte verwendet und die Kundinnen mit Gesichtsmasken aus frischem Hafer behandelt. Ida zeigte sich an dieser Methode besonders interessiert und blieb meist bis nach Arbeitsschluß im Geschäft, weniger aus Liebe zur Kosmetik als aus Hunger. Sie nahm jedesmal so viel Hafer mit nach Hause, daß sie sich und Katherine davon eine Suppe kochen konnte.

Als Katherines Gesundheitszustand labiler und ihre Lungentuberkulose offensichtlich wurde, versuchte Ida Baker der extremen Rastlosigkeit der kranken Freundin mit schöneren, wohnlicheren Unterkünften entgegenzuwirken. Mit unermüdlichem Eifer und beispiellosem Ehrgeiz, den hohen Ansprüchen von Katherine gerecht zu werden, besichtigte sie Zimmer und Wohnungen in ganz London, dann Ferienhäuser in Südengland und Cornwall, suchte in ärztlich empfohlenen Kurorten Südfrankreichs, Italiens und der Schweiz nach günstigen Hotels, immer in der Hoffnung, eines Tages einen Ort zu finden, der Katherines fortschreitende Krankheit endgültig heilen würde.

Mit ihrer Reise von Montana nach London im Jahr 1921 setzte Ida Baker ihrer Hilfsbereitschaft ein außergewöhnliches Denkmal. Ziel dieser Reise war, Katherine für den bevorstehenden Bergwinter wärmere Kleider zu holen. Daß die Reise eine zusätzliche Gelegenheit bot, in London die zurückgelassene Katze Wingly mitzunehmen, blieb Idas Geheimnis. Sie wollte die Freundin, die sich nach dem lang entbehrten Tier sehnte, überraschen, was ihr gelang, auch wenn sich die lange Reise zu einem abenteuerlichen Unternehmen ausdehnte. Ida selbst fand nichts Außergewöhnliches dabei. Für sie war es selbstverständlich, einen unausgesprochenen Wunsch der todkranken Freundin zu erfüllen.

»Du bist der einzige Mensch, der an mich glaubt«, schrieb ihr Katherine in einem Brief, den Ida ihr Leben lang mit sich trug. Sie klammerte sich an dieses Bekenntnis, obwohl sie aus dem literarischen Tätigkeitsfeld der Freundin ausgeschlossen blieb und von ihr weder in schöpferische Prozesse noch in schriftstellerische Probleme einbezogen wurde. Idas Beitrag war anderer Art: Sie nähte für sie elegante Kleider und feine Spitzentaschentücher, wusch ihr die Haare und kümmerte sich um ihren Haarschnitt, damit Katherine in Literatenkreisen schon allein durch ihr Aussehen Aufsehen erregte.

Durch Katherines Begegnung und spätere Heirat mit dem Kritiker und Zeitschriftverleger John Middleton Murry erlitt die enge Freundschaft der beiden Frauen eine empfindliche Zäsur. Ida fühlte sich ausgeschlossen, reagierte mit Eifersucht und Selbstmitleid und kam sich überflüssig, sogar störend vor. Sie wurde von John Murry mehr geduldet als geliebt. Mit ihrer oft unbeholfenen, linkischen Art und ihrer devoten Haltung mußte sie auf ihn, aber auch auf Katherines Freundeskreis, lästig gewirkt haben. Ihr Einsatz für Katherine und ihre Fähigkeit zur Hingabe wurden oft ins Lächerliche gezogen. Noch im hohen Alter entschuldigte sie sich mit der Erklärung, sie habe sich in diesen komplizierten, intellektuellen Künstlerkreisen nie ganz heimisch gefühlt. Unbefangen sei sie nur in der Gesellschaft einfacher Menschen und im Umgang mit Tieren gewesen.

Virginia Woolf zum Beispiel empfand Ida Baker als langweilig und feige.

John Murry nannte sie ein »unbeschriebenes Blatt«, fand sie dumm, unbedarft und ungebildet und hatte meist nur Spott für sie übrig. Aus Eifersucht auf die enge Beziehung zwischen ihr und seiner Frau ertrug er sie noch schlechter und brachte in das Leben zu dritt große Schwierigkeiten. Erst später, als er nach Katherines Tod auf Idas Hilfe angewiesen war, begann er sie zu akzeptieren.

Katherine Mansfield schrieb in einem Brief über Ida Baker: »Sie ist mehr als gut zu mir. Aber seltsam, daß sie nie von sich aus die Initiative ergreift, nie an sich selbst denkt und dennoch immer strahlt, zufrieden und glücklich ist ...«

Ida war sich nicht bewußt, daß ihre Aufopferung mehr Schuldgefühle als Dankbarkeit weckte und unerwünschte Abhängigkeiten schaffte. Zeitlebens war sie von der Angst verfolgt, nicht zu genügen. Immer fühlte sie sich von Selbstzweifeln gequält. Kein Wunder, daß Menschen wie Samuel Koteliansky und Gordon Campbell, die ihr mit Dankbarkeit und Anerkennung begegneten, ihr Selbstbewußtsein gestärkt haben.

Gelegentliche Aggressionen wagte Ida Baker selten auszuleben, aus Angst, andere zu verletzen oder von ihnen abgelehnt zu werden. Beim Lesen ihrer Aufzeichnungen wünscht man ihr oft mehr Mut zu Eigenständigkeit, Kritik und Widerspruch. Eigenschaften, die ihr zu mehr Respekt verholfen hätten.

Und Katherine Mansfield?

Ihr Umgang mit Ida Baker war alles andere als einfach. Einmal vergötterte sie sie und bezeichnete sie als ihren Schutzengel, das andere Mal machte sie sie zum Sündenbock und wünschte sie zum Teufel, nannte sie den einen

Tag »Godmother« oder »The Faithful One« und am anderen Tag »The Rhodesian Mountain« oder »Albatros«.

Ida verwechselte Beschützen mit Bemuttern, was Katherine zum Widerspruch reizte. Sie fühlte sich von ihrer Hilfe oft erdrückt, rang unter ihrer Obhut nach Luft und sehnte sich nach Freiräumen, Unabhängigkeit und Selbstbestimmung. Diesem verständlichen Wunsch stand fatalerweise ihre ernste Krankheit im Wege, die sie zusehends abhängiger machte. Auf John Murry, ihren egozentrischen Mann, war ebensowenig Verlaß wie auf ihre anderen Freundinnen, die sich aus heimlicher Angst vor Ansteckung von ihr fernhielten. Was blieb Katherine anderes übrig, als immer wieder auf Ida Baker zurückzukommen und ihre Hilfe zu beanspruchen? Sich an ihr selbstloses Dienen zu erinnern und die Schatten ihrer Freundschaft zu akzeptieren?

»Freundschaft ist für mich in jeder Beziehung so heilig und ewig wie eine Ehe«, schrieb Katherine Mansfield in einem Brief an Ida Baker. Und später: »Welche Welten verbinden uns doch! Sie sind alle so stark, daß wir verbluten müßten, nähme man sie uns weg!«

Solche Briefe übten auf Ida Baker eine starke Wirkung aus. Sie trösteten sie über Katherines gelegentliche Wutausbrüche hinweg und überzeugten sie vom Sinn ihrer Aufgabe. Einige Briefe enthalten Anspielungen, die unmißverständlich auf eine lesbische Beziehung zwischen den beiden Frauen hinweisen und die bisexuellen Neigungen von Katherine Mansfield spiegeln.

Katherines extremen Gefühlsschwankungen und Launen zu entsprechen, war eine hohe Kunst. Ida hätte sie gerne beherrscht, hätte gerne immer das Richtige zur richtigen Zeit getan. Sie ahnte, daß der Grund der Labilität und Sensibilität, die oft in Hysterie ausarteten, auch in Katherines Krankheit und den damit verbundenen Ängsten zu suchen war. Allein das Herausspüren, ob die Dichterin allein sein wollte oder sich nach Gesellschaft sehnte, war schwierig und führte Ida in demütigende Situationen.

Ihre Bereitschaft, alles hinzunehmen, ohne jemals aufzubegehren oder zu rebellieren, war erstaunlich. Kurz vor ihrem Tod stellte Katherine in einem Brief ihre Freundschaft von Grund auf in Frage und warf Ida darin vor, sie habe sich zu sehr mit ihr identifiziert, ihr eigenes Leben verpaßt und sei selbst schuld, wenn sie nicht mehr mit sich zurechtkomme. Am Schluß des Briefs vergaß sie freilich nicht, das schöne Stück Leinen zu erwähnen, das sie von einer Freundin zu Ostern geschenkt bekommen hatte, und fragte Ida, ob sie ihr daraus nicht ein Paar Hosen nähen könnte.

In einem anderen Brief wünschte Katherine, sie wäre der ergebenen Freundin nie begegnet, bat sie aber schon im folgenden Abschnitt, alles Böse, Verletzende und Verwirrende zwischen ihnen zu vergessen und ihre Freundschaft von vorn zu beginnen.

Ida Baker kannte scheinbar kein Beleidigtsein. War es Mangel an Stolz? Oder Duckmäusertum? Feigheit? Dummheit? Fragen, die beim Lesen ihrer Aufzeichnungen immer wieder auftauchen. Ida Baker reagierte zunächst schockiert, als der Biograph Katherine Mansfields, Anthony Alpers, sie fragte, warum sie sich das alles habe gefallen lassen. Allein die Tatsache, daß er solch eine Frage stellte, bewies ihr, daß er nicht genügend Gespür hatte. Aber offensichtlich ist es Anthony Alpers doch gelungen, sie vom Gegenteil zu überzeugen, denn schließlich antwortete sie kurz:«... weil ich sie liebte.« Georgina Joysmith (verheiratete d'Angelo), die Kommentatorin, die mit Ida Baker lange Jahre befreundet war, sah in dieser Haltung einen grundsätzlichen Charakterzug: »Ihr Umgang mit Menschen war frei von Hintergedanken an persönliche Vorteile. In jedem Menschen suchte sie den inneren Kern und ließ sich davon weder abbringen noch verunsichern. Weil sie jedem Menschen ohne Vorurteil begegnete, wurde sie geschätzt und geehrt. Sie sah in das Herz eines Menschen. Weil sie ihm ihr Vertrauen schenkte, faßte er auch zu ihr Vertrauen und fand dadurch den Weg zu sich selbst.« Ihr Glaube an Katherine Mansfield als Freundin und Künstlerin war unerschütterlich, und dank ihrer kontinuierlichen Begleitung war die Schriftstellerin in der Lage, sich ungestört ihrem Schreiben zu widmen und Erzählungen zu verfassen, die als Kunstwerke in die Weltliteratur eingegangen sind.

Ida Baker stand zwanzig Jahre lang im Dienst der Künstlerin und Freundin. Sie blieb es im Wissen, daß Katherine Mansfield auf ihre zuverlässige Unterstützung angewiesen war.

Sie habe immerzu versucht, sich in Katherine hineinzudenken und sich vorzustellen, was in ihr vorgehe, erklärte Ida ihr dienstfertiges Verhalten. Damit waren für sie keine wesentlichen Schwierigkeiten verbunden. Ernsthafte Probleme tauchten auf, als sich Katherines Todesahnungen verstärkten, die Strahlentherapie in Paris erfolglos blieb und Katherine überzeugt war, ihr kranker Körper könne erst dann geheilt werden, wenn ihre Seele geläutert und die Einheit von Seele und Intellekt erreicht sei.

Für diesen Gedankengang hatte Ida Baker kein Verständnis, ebensowenig für den Entschluß Katherines, dem Rufe Gurdjieffs zu folgen, der in Avon bei Fontainebleau im Le Prieuré sein *Institut für die harmonische Entwicklung des Menschen* errichtet hatte und dort seine Lehre vom wahren Sein und ganzheitlichen Leben verbreitete. Katherine fühlte sich davon so sehr in Bann gezogen, daß sie ihr bisheriges Leben aufgab und sich von Ida Baker, John Murry und ihrem Freundeskreis verabschiedete, um sich einem ganzheitlichen Dasein zuzuwenden.

Ida Baker blieb untröstlich zurück. Sie spürte, daß ihr die langjährige Freundin entglitten war, auch wenn Katherine fortfuhr, Briefe zu schreiben und das Leben in der neuen Gemeinschaft, die Heilmethoden Gurdjieffs, die praktische Arbeit in Küche, Haus und Garten und das abendliche Zusammensein mit russischen Tänzen, mit Gesang und langen Gesprächen begeistert schilderte. Sie schwärmte von der östlichen Lebensart, wobei ihr der westlich orientierte Mensch mehr und mehr als armselig und zerstreut, nicht *wesentlich* genug, erschien. Und sie schwärmte von ihrer (vermeintlich) fortschreitenden Genesung, beschwor ein neues Leben und schlug Ida vor, im Frühling 1923 mit ihr in ein Haus im warmen Süden zu ziehen.

Ida schenkte diesen Zukunftsperspektiven keinen Glauben mehr. Im Gedanken an Katherine war sie von Angst und Todesbildern verfolgt. Als sie am 9. Januar 1923 von John Murry das Telegramm mit der Nachricht erhielt, Katherine sei nach einem Blutsturz gestorben, spürte sie, daß auch ein Teil von ihr gestorben war. Und als ihr nach Katherines Beerdigung in Avon eine Teilnehmerin der Gemeinschaft zum Trost erzählte, Katherine habe am letzten Abend ihres Lebens wie verwandelt ausgesehen und sei von unaussprechlicher Schönheit gewesen, war Ida verzweifelter denn je: »Ich war wie betäubt. Ich war tief erschüttert und kam mir wie zerbrochen vor. Mir war, als löste ich mich in kleine Teile auf, die sich in der Luft verflüchtigten und sich nie mehr zu der alten LM zusammenfinden würden.«

Auch wenn Ida Baker neue Aufgaben fand – erst als Angestellte auf einem Hof in Lisieux in der Normandie, dann in New Forest, Südengland, wo sie half, die vier Kinder einer befreundeten Familie großzuziehen, ein großes Haus mit Hunden und Katzen, Pferden und Ziegen zu verwalten und den Mädchen im Dorf das Handglockenspiel beizubringen – blieb sie innerlich ihr Leben lang mit Katherine Mansfield verbunden.

Warum hat sie dieses Buch geschrieben?

Was hat sie bewogen, fast fünfzig Jahre nach Katherines Tod ihre Erinnerungen an die Zeit ihrer ungewöhnlichen Freundschaft festzuhalten?

Die kritischen Stimmen über Katherine Mansfield hatten sich inzwischen gehäuft, die Fakten ihres kurzen, ungewöhnlich bewegten Lebens zu einem Lügennetz verdichtet.

Man munkelte, Gurdjieff sei ein Scharlatan gewesen, der Katherine Mansfield nur ihres Namens wegen in seine Gemeinschaft aufgenommen und ihren frühen Tod mit seinen fragwürdigen Heilmethoden provoziert habe. Man stellte die von ihm verschriebene »Kur« im Kuhstall in Frage, wurde nicht klug aus seinem Heilungsversuch, der auf einem Aberglauben in Gurdjieffs kaukasischer Heimat beruhte, daß die Luft im Kuhstall kranken Lungen besonders zuträglich sei. Ferner wurde gesagt, Gurdjieff habe Katherine von seiner Lehre abhängig gemacht und ihr auf raffinierte Art ihr Selbst gestohlen.

Aber auch John Murry geriet in das Feuer der Kritik. Sein eigenmächtiges Veröffentlichen von Katherine Mansfields schriftstellerischem Werk weckte in Literatenkreisen berechtigte Empörung.

Aufgrund dieser Meinungsverschiedenheiten und Wortgefechte fühlte sich Ida Baker aufgefordert, nicht länger zu schweigen, sondern Stellung zu beziehen, Gerüchte zu widerlegen und Katherines Leben in ein gerechteres Licht zu rücken. Eine letzte Geste ihrer Freundschaft.

Georgina Joysmith hatte Ida Baker als 19jährige in Woodhouse 1955 kennengelernt. Später half sie ihr die Geschichte der »wahren« Katherine Mansfield aufzuschreiben. Im Wissen, daß Ida Baker weder Literatin noch Schriftstellerin, aber eine lebendige Erzählerin war, hat sie ihre bruchstückhaften Erinnerungen wohlwollend redigiert und getippt, chronologisch geordnet und mit eigenen, erklärenden Kommentaren – im Buch in eckige Klammern gesetzt – ergänzt. Sie hat dabei auch ein paar Briefe von Katherine Mansfield berücksichtigt, die bis dahin unveröffentlicht und unübersetzt geblieben sind. Peter Day, ein befreundeter Verleger in London, unterstützte ihr Vorhaben und setzte sich dafür ein, daß ihre Erinnerungen veröffentlicht wurden. Das Buch von Ida Baker ist 1971 unter dem Titel »Katherine Mansfield. Memories of LM« in London erschienen.

1. *Lane End Cottage, Woodgreen.*

2. *Ida Baker, Lane End Cottage, 1970.*

Daß Ida Baker darin schönfärberisch vorgegangen ist, mag man der betagten Frau verzeihen, ebenso ihr von krassen Gedankensprüngen und inhaltlichen Lücken geprägtes Erzählen und das Vermischen von Wesentlichem mit Nebensächlichem. Ihr persönliches Engagement ist in diesem Buch so beeindruckend dokumentiert, daß man ihr die Lücken und Schwächen gerne verzeiht.

Auf die Frage, was sie für Katherine bedeutet habe, antwortet Ida Baker:

»Ein Pfeiler bin ich für sie gewesen, Katherine dagegen der weiße Vogel, der sich dann und wann auf diesem Pfeiler ausgeruht hat. Dann ist sie wieder ausgeschwärmt, hat aber den Pfeiler nie aus den Augen verloren. Immer wieder ist sie zurückgekommen, dankbar für den kurzen, sicheren Halt.«

Helen Stark-Towlson

18

1 »Katherine blickte mich mit ihren großen, dunklen Augen unentwegt an.«

QUEEN'S COLLEGE 1903 – 1906

[Katherine Mansfield und Ida Baker begegneten sich zum ersten Mal im Queen's College in der Harley Street in London.
Ida Baker wurde am 19. Januar 1888 in Stuston, Suffolk, geboren und im Alter von zwei Monaten von ihren Eltern nach Burma mitgenommen. Sie hatte eine Schwester, May, die an Kinderlähmung erkrankt war, und einen jüngeren Bruder namens Waldo. Als sie sieben Jahre alt war, kehrte die Familie nach England zurück und zog in die Welbeck Street in London. Die zwei Schwestern besuchten 1897 die Unterstufe der Tagesschule im Queen's College und traten 1901 in das dortige Internat ein.
Katherine Mansfield, deren ursprünglicher Name Kathleen Mansfield Beauchamp war, und ihre zwei Schwestern Vera (Vera Margaret) und Chaddie (Charlotte Mary) kamen im Herbstsemester 1903 ins College. Ihr Großvater und ihre Großonkel waren in den vierziger Jahren des 19. Jahrhunderts von England nach Neuseeland ausgewandert. Die Enkelinnen waren die erste Generation, die zu Bildungs- und Erziehungszwecken wieder nach England zurückgeschickt wurde. Das Queen's College war deshalb gewählt worden, weil die Schule schon von drei Cousinen mütterlicherseits, den Paynes, besucht und empfohlen worden war. Katherine war vierzehn Jahre alt, als sie ins College eintrat. Sie wurde am 14. Oktober 1888 geboren. Ida Baker war damals fünfzehn Jahre alt, neun Monate älter als Katherine.
Beide Mädchen studierten am College Musik. Katherine legte sich schon damals einen Künstlernamen zu. Sie behielt die ersten beiden Namen bei, nannte sich jedoch

3. *Die Beauchamp-Familie auf ihrer Reise nach England, aufgenommen 1903 in Las Palmas: (stehend von links nach rechts) Katherine Mansfield, Harold Beauchamp, Schiffsoffizier Crow, Onkel Dyer, Vera Beauchamp; (sitzend von links nach rechts) »Chaddie« Beauchamp, Mrs. Beauchamp, Leslie Beauchamp, Kapitän Fishwick, Jeanne Beauchamp und Bell Dyer.*

nicht mehr Kathleen, sondern wählte den für sie interessanteren Namen Katherine. Ida Baker wollte den Mädchennamen ihrer verstorbenen Mutter, Katherine Moore, annehmen. Weil es aber verwirrend war, im College zwei Katherines zu haben, wurde beschlossen, daß sich Ida den Namen von Katherines jüngerem Bruder, Leslie, zulegen sollte. So entstanden die Initialen KM und LM.]

Im Frühling 1903 starb meine Mutter. Ein Ereignis, das unser Familienleben erschütterte. Mein Vater zog sich aufs Land in das Haus zurück, das er gerne mit meiner Mutter zusammen bewohnt hätte. Er nahm meine Schwester und meinen Bruder mit, und ich trat im Herbst ins Internat des Queen's College in London ein. Weil ich schon vor Beginn der Schulzeit dort war, bat mich Miß Wood, die Leiterin der Schule, mich um die Ankunft der drei Beauchamp-Mädchen aus Neuseeland zu kümmern. Ich sollte ihnen behilflich sein und ihnen ihr Zimmer – im obersten Stock des Hauses – zeigen. An Vera erinnere ich mich nicht mehr, aber von Chaddie und Katherine weiß ich noch, daß sie sich sehr

20

ähnlich sahen. Beide trugen das Haar in der Mitte gescheitelt und sorgfältig nach hinten gekämmt. Chaddies Haar war blond, und das von Katherine nußbraun und gewellt. Katherine blickte mich mit ihren großen, dunklen Augen unentwegt an. Wir gingen gemeinsam in ihr Zimmer hinauf. Von dort oben sah man auf Bleidächer und die Stallungen hinter dem Haus, wo die Kutschen abgestellt wurden und die Kutscher wohnten, hörte man das Geräusch scharrender Pferdehufe auf dem Straßenpflaster, das sich mit dem Lachen und dem Cockney, dem vulgären Londoner Dialekt, der Stallknechte und dem Plätschern des Brunnens mischte.

Die drei Betten im Zimmer der Mädchen waren mit Vorhängen voneinander getrennt, so daß drei Nischen entstanden. Die Vorhänge wurden aber schon bald abgenommen. Katherine wählte, ohne lange zu überlegen, das Bett in der Ecke zwischen Tür und Erkerfenster und erklärte diesen Platz für die nächsten drei Jahre zu ihrem Refugium. Sie gewöhnte sich rasch an das neue Leben. Wie es damals Mode war, begann sie, ihr fein gewelltes Haar in kleine, steife Rollen zu legen. Gestärkte, hochgeschlossene Kragen und gebauschte Ärmel hoben ihre jugendliche Gestalt hervor, weite Röcke betonten ihre schmale Taille. Es dauerte nicht lange, bis aus der kleinen Kass aus Neuseeland die selbstbewußte Katherine Mansfield Beauchamp geworden war, ein Name, den sie in großen, klaren Buchstaben auf ihre Schulhefte schrieb.

Eines Tages entdeckte ich auf Katherines Bett einen Gedichtband. Ich selbst hatte schon viele Gedichte gelesen und auch versucht, eigene zu schreiben. Bisher hatte ich aber noch keinen Menschen kennengelernt, der mein Interesse teilte. Katherine las also ebenfalls Gedichte und verfaßte sogar Erzählungen! Sie spielte auch Cello und schrieb leidenschaftlich gerne Briefe. Einige waren an »Caesar«, ihren jungen neuseeländischen Freund Arnold Trowell, gerichtet. Er war ihr großes Idol; seine Fotografie stand auf ihrer Frisierkommode. Manchmal beobachtete ich, wie Ka-

therine sich aus dem Fenster lehnte. Sie horchte hinaus und sog die Luft tief ein, war in sich versunken und träumte. In solchen Augenblicken begann ich zu ahnen, wer sie war.

An einem Abend begegneten mir die drei Schwestern auf der Treppe, alle drei zum Ausgehen bereit. Ganz oben stand Katherine in einem weit fallenden Kleid aus weicher Seide. Mit seitlich geneigtem Kopf und leuchtenden Augen stand sie dort, die Lippen leicht geöffnet, als singe sie sich selbst ein Lied. Ein Bild, das viel von ihrem Wesen verriet und mir unvergessen bleibt. Eine junge, frohe Katherine! Ich verbrachte viele Stunden in ihrem Zimmer, wenn ihre Schwestern nicht da waren, und hörte ihr beim Cellospielen zu. Dann redeten wir miteinander, wobei ich mich bemühen mußte, ihren tiefschürfenden Gedanken zu folgen. Katherine sagte einmal, sie sehne sich danach, immer tiefer in sich hineinzuhorchen, wahrhaftig zu werden und eines Tages auf den dunklen Grund ihres Wesens zu stoßen. Wenn sie dort ausharre, werde sie vielleicht die Wahrheit erkennen. Sie war damals erst vierzehn Jahre alt. Ich dagegen habe fast mein ganzes Leben gebraucht, um einen Weg zu innerem Frieden zu finden. Noch heute, scheint mir, bin ich auf dem Weg dahin. Katherine hatte von jeher einer anderen Welt angehört.

Sie war außerordentlich musikalisch und eine begabte Cellospielerin. Dennoch hatte das Schreiben vor allen anderen Dingen Vorrang. Seit ihrer Kindheit übte sie sich in der Kunst des Schreibens. Jedes Wort, das sie schrieb, muß-te genau ihrer Vorstellung entsprechen. Wie gut erinnere ich mich an ihre Enttäuschungen in unproduktiven Phasen, vor allem in späteren Jahren, wenn alles in ihr vertrocknet schien und sie nicht arbeiten konnte, obwohl der Stoff ihrer Erzählungen unaufhaltsam wuchs. Dann begann sie, an der Sprache zu feilen und peinlichste Genauigkeit zu entwickeln. Die Manuskripte wiesen kaum einen Fehler auf, jedes Wort war überlegt und durch kein anderes ersetzbar. War eine Erzählung beendet, rührte Katherine nicht mehr daran. Sie ging gleich zur nächsten über, schnell, denn der Stoff war da, und ihre Hand vermochte dem Fluß ihrer Gedanken kaum zu folgen.

5. *Queen's College, Harley Street 41, London.*

Das Queen's College war 1848 von Frederick Denison Maurice gegründet worden, mit der Unterstützung der Governesses' Benevolent Institution. Das ursprüngliche Ziel der Schule hatte darin bestanden, Erzieherinnen und Hauslehrerinnen auszubilden. Schon nach kurzer Zeit hatte sich das College zu einem Bildungsort für Frauen jeder Altersstufe entwickelt, wo Mädchen vom 14. Lebensjahr an zugelassen wurden. Auch verheirateten Studentinnen und älteren Frauen, die sich lediglich in ein besonderes Fach vertiefen, aber den allgemeinen Schulbetrieb nicht mitmachen wollten, stand es offen. Als die Nachfrage immer größer wurde, nahm die Schule auch Mädchen im Alter zwischen sieben und vierzehn Jahren auf. Sie wurde von einem männlichen Kollegium geführt. Nur die Leitung der Schule war einer Frau übertragen. Jeden Morgen sprach sie ein kurzes Gebet im Aufenthaltsraum.

Der Ausbildung lag die Idee zugrunde, die Schülerinnen zu eigenständigem Lernen anzuhalten. Man ließ den Mädchen ziemlich viel persönliche Freiheit. Diskussionen und Vorlesungen wurden trockenem Unterricht vorgezogen. Jede Schülerin war für sich selbst verantwortlich, was nicht heißen soll, daß wir ohne Aufsicht gewesen wären. Die Kontrolle merkten wir, wenn die Sekretärin in unsere Klasse kam, um die Anwesenden zu zählen und die Namen der Abwesenden aufzuschreiben. Unsere Arbeiten wurden außerdem von älteren Schülerinnen kontrolliert. Auf diese Weise kam Katherine unter die Fittiche ihrer älteren Cousine Evelyn Payne. Es gab selbstverständlich auch Prüfungen und Examen, die aber meistens nur intern durchgeführt wurden. Jede Schülerin wurde daraufhin erzogen, sich selbst zu beurteilen, Fortschritte selbst festzustellen und übertriebenes Konkurrenzdenken zu meiden. Das bloße Anhäufen von abstraktem Wissen war verpönt. Selbständig lernend weiterkommen – das war unser Ziel.

Das Hauptgebäude der Schule befand sich in der Harley Street 43 und 45. Das Haus unmittelbar daneben, Nummer 41, war für die Internatsschülerinnen bestimmt und wurde von Miß Clara Wood geführt. Die obere Haushälfte war mit der oberen Hälfte des Collegegebäudes verbunden. Von dort konnten wir alles überblicken, was im Treppenhaus und in den unteren Gängen geschah. Wir konnten sogar unsere Lehrer beobachten, wie sie hin und her gingen und in ihren Klassenzimmern verschwanden. Im ersten Stock des Internatsgebäudes mündete die Treppe in einen kleinen Vorraum, der von einem verschnörkelten Eisengeländer eingefaßt war, um uns vor einem Sturz in die Tiefe zu schützen. Wir nannten diesen kleinen Vorplatz unseren »Giraffenkäfig«. Hier konnten wir zum Beispiel bei festlichen Anlässen mitverfolgen, wie die älteren Schülerinnen im großen Hausflur unten mit ihren Brüdern auf und ab

24

6. *Queen's College, Aufenthaltsraum, um 1905.*

7. *Queen's College, Treppenhaus.*

spazierten, von ihren Verehrerinnen der jüngeren Jahrgänge Blumen geschenkt bekamen und von Freunden zum Tanzen in den großen Saal begleitet wurden.

Im Haus gab es auch eine Bibliothek, wo immer große Ruhe herrschte und man ungestört arbeiten und lesen konnte. Im schönen Aufenthaltsraum mit dem hohen Erkerfenster brachten wir meist die Zeit zwischen den Vorlesungen zu. Dort hing an einer Wand ein großes Bild, auf dem Königin Viktoria, die Patronin unserer Schule, in ihrer Kutsche abgebildet war, wie sie anläßlich eines Besuchs im College von der Lehrerschaft und sieben Stipendiatinnen feierlich begrüßt wurde.

Einmal im Monat wurde eine Schülerzeitung herausgegeben, für die sich Katherine interessierte. Sie arbeitete bald mit und sprang sogar, wenn es nötig war, für die Herausgeberin ein.* Zu der Zeit, als Katherine für die Zeitung arbeitete, geschah etwas Eigenartiges. Mir fiel eines Nachts

---

* KM war Mitherausgeberin der Ausgabe vom Dezember 1905. Sie schrieb fünf Erzählungen für die Zeitung: *The Pine Tree, The Sparrows* und *You and I* (Dezember 1903); *Die Einsame* (The Lonely One) (März 1904); *Your Birthday* (Dezember 1904); *One Day* (Juli 1905); *About Pat* (Dezember 1905).

8. *Schülerinnen des Queen's College im Sommer 1905. Katherine steht ganz links in der hintersten Reihe.*

eine Kurzgeschichte ein, die ich selbst so gut fand, daß ich sie gleich aufschrieb und am Morgen Katherine zeigen wollte. Bevor ich ihr das Blatt gab, überraschte auch sie mich mit einer Geschichte, die sie für die Schülerzeitung geschrieben hatte. Sie war der meinen zum Verwechseln ähnlich – so, als hätte ich ihre Gedanken beim Schreiben aufgegriffen – nur war ihre sehr viel besser und gekonnter geschrieben. Damit war's um meinen Beitrag geschehen und mein Traum einer Mitarbeit ausgeträumt.

Im Zusammenhang mit dieser Zeitung wurde der sogenannte »Swanwick-Club« gegründet, der einmal im Monat zusammenkam. Zu jedem Treffen mußten die Teilnehmerinnen ein Gedicht auswendig lernen. Miß Swanwick, die Gründerin des Clubs, meinte, ein auswendig gelerntes Gedicht sei wie ein Notvorrat, wirke oft Wunder und helfe, die schwierigsten Lebenslagen zu bewältigen.

Der Religionsunterricht wurde von E. H. Pearce, einem Theologieprofessor, erteilt. Miß Pearce, seine Schwester, unterstützte ihn manchmal dabei. Er betreute eine Pfarrgemeinde in der Stadt, sie kümmerte sich um die Arbeiterinnen einer Marmeladenfabrik, für die sie auch Unterhaltungsabende organisierte. Zu einem solchen Abend wurden die drei Beauchamp-Schwestern und ich einmal eingeladen. Katherine spielte Cello, ich Geige, Chaddie sang, und Vera spielte Klavier. Ich weiß nicht, ob den Frauen unsere Darbietungen gefielen. Ich erinnere mich nur noch an zwei sonderbare Einzelheiten. Die Arbeiterinnen schnitten den ganzen Abend Holz in winzige Stücke, die als Himbeerkerne in die Marmelade gemischt werden sollten; dazu tranken sie Unmengen Apfelwein.

[1904 verließ LM das College. Ihr Vater hatte das Leben auf dem Lande ohne seine Frau nicht mehr ertragen und war mit seinem Sohn und seiner Tochter wieder nach London zurückgekehrt, in eine Wohnung in Montagu Mansions, unmittelbar hinter der Baker Street. LM kehrte zu ihrer Familie zurück und verlor das Internatsleben für einige Zeit aus den Augen.

Damals begann Katherine sich für Oscar Wilde zu begeistern. Ihr Deutschlehrer, Professor Walter Rippmann, führte sie in die Welt von Oscar Wilde und Walter Pater ein und machte sie mit ihren Gedanken vertraut, ohne zu ahnen, welchen Einfluß sie auf Katherine ausüben würden. Sie veränderten nicht nur Katherines Denken, sondern färbten auch auf ihr Schreiben und ihre Kleidung ab. Ihr Tagebuch von 1906 ist voller Aphorismen von Oscar Wilde, zum Beispiel: »Der einzige Weg, einer Versuchung zu widerstehen, ist, ihr nachzugeben«. – »Alles leben, alles erleben, alles ausleben und auf die Spitze treiben.« – »Ich liebe das Spiel. Es ist so viel wirklicher als das Leben.« – »Vergnügen ist das einzige, wofür man leben sollte. Nichts altert so schnell wie das Glück«.]

Während der Zeit im College beschäftigte sich Katherine oft mit der Frage, was unter Freundschaft eigentlich zu verstehen sei, was eine Freundschaft ausmache und was sie bedeute. Einmal wollte sie von mir wissen, wie ich reagieren würde, wenn sie etwas Schlimmes getan, zum Beispiel jemanden mit einer Hutnadel getötet hätte. Ich sagte, daß ich sie weder kritisieren noch verurteilen würde. Eher würde ich versuchen, etwas Gutes für sie zu tun. Das hatte sie nicht erwartet. Sie hatte geglaubt, daß ich sie nach einer solchen Schreckenstat verlassen würde, und zwar für immer. Sie ließ nicht locker, bis ich ihr erklärt hatte, was ich unter einer wirklichen Freundschaft verstand. Jahre später schrieb sie mir in einem Brief, Freundschaft sei für sie so bindend und heilig wie eine Ehe. Über die wichtigen Dinge im Leben waren wir uns immer einig.

Katherine schloß viele Freundschaften im College. Eine ihrer Freundinnen war Evelyn Bartrick Baker, von Katherine kurz Eve genannt. Sie hatte dunkles Haar, war klein und schlank und wirkte mit ihrer zurückhaltenden Art älter und erfahrener als wir. Wenn ich an sie zurückdenke, sehe ich immer einen Strauß Rosen und Nelken vor mir. Sie war oft mit Katherine zusammen, spazierte diskutierend mit ihr im Haus herum oder verschwand mit ihr in irgendeinem Zimmer. Katherine schrieb später einen kleinen Sketch mit dem Titel *Carnation* (Nelke) über ein junges Mädchen, das gelangweilt einer Französischstunde beiwohnt, mit einer einzigen, glutroten Nelke in der Hand.

Eine andere Freundin war Ruth Herrick, eine ziemlich burschikose Neuseeländerin. Sie war jünger als Katherine. Beide besuchten häufig zusammen Konzerte, trugen lange, flatternde Schals und breitrandige Filzhüte, schlenderten betont unbekümmert herum und stellten sich vor, zur Bohème zu gehören. Ruth bewunderte Katherine und betete sie an, wahrscheinlich allzu sehr, denn am Ende der Schulzeit war auch die Freundschaft zu Ende. Zwischen ihnen muß etwas vorgefallen sein. Katherine vermied jedenfalls jede weitere Begegnung, und Ruth reiste nach Neuseeland zurück. Ein paar Jahre später wurde mir ein Zeitungsausschnitt zugeschickt, auf dem sie als Leiterin der Pfadfinderbewegung in Neuseeland abgebildet war.

Gwen Rouse war ihre dritte Freundin, ein großes, eher farbloses Mädchen, aufgewachsen auf der Isle of Man. Sie war älter und wesentlich ruhiger als Ruth. Das Auffallend-

ste an ihr war ihr großer, breiter Mund, der einer der Frau-
engestalten von Dante Gabriele Rossetti hätte gehören
können. Sie blieb viele Jahre lang mit Katherine in loser
Verbindung.

Eine besondere Freundschaft, die hier nicht unerwähnt
bleiben darf, weil sie Katherine viel bedeutete, war die mit
Maata, einer bildschönen, von den Maori abstammenden
Prinzessin. Katherine hatte sie schon in Neuseeland kennengelernt. Sie ging nicht ins College, sondern war nach
London und später nach Paris geschickt worden, um den
letzten Schliff zu bekommen. Sie war klein und zierlich,
hatte funkelnde Augen und eine feine, golden schimmern-
de Haut. Eine faszinierende Person. Katherine mochte sie,
weil sie ganz anders als wir unerfahrenen, einfacheren
Schülerinnen im College war. Für Katherine war sie ein
Sinnbild ihrer Sehnsucht nach ihrer Heimat. Ein Gefühl,
das in ihrem Leben immer stärker werden sollte.

9. *Walter Ripp-
mann, Katherines
Deutschlehrer.*

Auch Professor Walter Rippmann, unser Deutschlehrer,
gehörte zu Katherines Freundeskreis. Er förderte sie in vie-
lerlei Hinsicht und öffnete ihr manche Tür. Über Mittag
blieb er meist in unserem Klassenzimmer, immer bereit,
Fragen zu beantworten oder auf ein Problem einzugehen.
Ich bin überzeugt, daß er vielen Schülerinnen geholfen hat,
sich selbst zu finden. Für junge Mädchen, die an der
Schwelle zum Erwachsenwerden standen, war die Aufmerksamkeit eines Mannes sehr wichtig. Aber er hatte seine Lieblinge. Unter den Schülerinnen bevorzugte er die ei-
genwilligen und überdurchschnittlich begabten. So soll er
auch seine Frau kennengelernt haben.

Für uns gewöhnlichere Gemüter war es immer spannend, herauszufinden, welchen Schülerinnen es gelang, seine Aufmerksamkeit auf sich zu ziehen und in der Mittags-
pause von seiner Gunst zu profitieren. Wir hätten alle nur
zu gern gewußt, welcher Art diese Privataudienzen waren.
Ein einziges Mal konnte ich es mir nicht verkneifen, im
Klassenzimmer zu bleiben und ihn um die Lösung eines

29

scheinbar schwierigen Problems zu bitten. Meine Frage an ihn war natürlich erfunden. Er beantwortete sie zwar gewissenhaft, aber weiser bin ich dadurch nicht geworden. Mit Schülerinnen wie mir war er korrekt und höflich, mehr aber auch nicht.

Während dieser Zeit lernte Katherine eine weitere Cousine kennen, Sylvia, die Schwester von Evelyn Payne. Zum ersten Mal begegneten sie sich bei einer Gesprächsrunde des Swanwick-Clubs. Ich selbst kannte sie schon, weil wir zur selben Zeit ins College eingetreten waren. Sie war ein Jahr älter als ich. Wir sahen und besuchten uns oft. Ihre Eltern wohnten ganz in der Nähe, in der Wimpole Street um die Ecke. Sylvia war ein merkwürdiges Mädchen. Sie trug meist eine Brille, hatte auffallend rotes, langes Haar und eine Art, die Aufsehen erregte. Sie gefiel sich darin, sich unmöglich zu benehmen und hielt es nie für notwendig, sich zu entschuldigen. Wenn sie verunsichert war, murmelte sie »jug jug« vor sich hin, was ihr den Spitznamen »Jug« einbrachte. Eigentlich mochte ich sie ganz gut leiden, aber ihr Benehmen störte mich, denn ich war ein ordentlicher Mensch. Ich war für mein gutes Betragen sogar ausgezeichnet worden und für die Ordnung in unserer Klasse verantwortlich. Wie sie, trug auch ich eine Brille. Ich war aber ernst, hatte leider keinen Sinn für Humor und konnte nicht verstehen, warum jemand so ungezogen sein konnte. Sie war ein entsetzliches Mädchen, das von einer Erzieherin einmal als »harter Brocken« bezeichnet worden war. Weil sie aber sehr intelligent und künstlerisch begabt war, konnte sie nach fünf Jahren Schuldisziplin doch noch ins College eintreten.

Als Tagesschülerin verkehrte sie wenig in unserem Haus und war selten mit Katherine zusammen. Umso häufiger schrieben sie sich. Antony Alpers, der Biograph, hat diese Briefe später im Safe von Sylvias Schwester gefunden. Doch kann man seiner Meinung nach anhand dieser Briefe keineswegs auf eine innige Freundschaft zwischen Sylvia und Katherine schließen. Es ist denkbar, daß Katherine diese Briefe mehr aus Freude am Schreiben als aus Zuneigung zu Sylvia geschrieben hat, obwohl sie damals dankbar war, in ihr eine verwandte Seele gefunden zu haben. Ich nehme an, daß sie sich durch den Austausch erster Lebens- und Liebeserfahrungen miteinander verbunden fühlten. Der Briefwechsel dauerte auch nach der Collegezeit noch an, bis zu Katherines Rückkehr aus Neuseeland im Jahr 1908.

Ein Brief von Sylvia, in dem sie schrieb, daß jemand versucht hätte, sie zu küssen, bleibt mir unvergeßlich. Katherine gab ihn mir zu lesen. Katherine wurde von Sylvia dringend um Rat gefragt, aber sie war davon nicht im geringsten berührt, im Gegenteil, sie fand die Frage banal und ihrer Freundschaft unwürdig. Von da an kühlte sich die Beziehung ab, der betreffende Brief blieb unbeantwortet.

Ich begegnete Sylvia später – nach dem Tod ihres Vaters – wieder. Sie war gerade dabei, sich ein eigenes Atelier einzurichten und Malerin zu werden. Ich erinnere mich, daß ich mir Sorgen um sie machte. Ich fragte sie, wie sie sich ernähren wolle, denn sie hatte mir damals gestanden, sie habe in ihrem Leben noch nie auch nur ein Ei aufgeschlagen.

In der Erzählung *The Daughter of the Late Colonel* hat Katherine ihrer Cousine später ein liebenswürdiges Denkmal gesetzt und sie in der Figur der kecken Jug wieder aufleben lassen.

Es ist möglich, daß die Pflege der vielen Freundschaften, aber auch die Musikstunden, die Lektüre und die Gesprächsrunden während der relativ kurzen Zeit im College zuviel Zeit beansprucht haben. Katherine warf sich später vor, damals nicht genügend gelernt und die vielen Angebote einer guten Bildung nicht genützt zu haben. Im Gedanken an ihre guten Lehrer fand sie sogar, sie habe ihre Chancen im College verpaßt. Ich dagegen verpaßte andere Freundschaften, weil mich die Freundschaft mit Katherine voll beanspruchte.

Das Leben war damals für Katherine nicht leicht. Sie wurde von ihrer jungen Tante, Bell Dyer, der jüngeren Schwester ihrer Mutter, streng beaufsichtigt. Bell war zusammen mit den drei Beauchamp-Schwestern von Neuseeland nach England gekommen, um die unerfahrenen Nichten am neuen Ort im Auge zu behalten. Als Mitarbeiterin von Miß Wood, der Schulleiterin, lebte sie auch im College. Sie war eine harte, selbstsüchtige Person, mehr an ihrem eigenen Leben als an der Entwicklung einer heranreifenden Schriftstellerin interessiert. Das war der Grund für ihre häufigen Zusammenstöße und Meinungsverschiedenheiten. Keiner der Verwandten stand Katherine bei, wenn es ihr schlecht ging. Sie fühlte sich allein gelassen und unverstanden. Bell erklärte Katherine so lange zur Außenseiterin, bis sie als Schriftstellerin anerkannt war und sich einen Namen gemacht hatte.

Katherine hatte noch eine Großtante und einen Großonkel, die in Bexley wohnten. Sie war oft bei ihnen und verbrachte sogar ihre Ferien in ihrem Haus. Der Großonkel hatte in Neuseeland ein Vermögen gemacht und war als reicher Mann nach England gekommen. Er war ein gutaussehender, alter Mann mit langem, weißem Bart. Er erzählte Katherine oft und gern von seiner Tochter Elizabeth, die als Schriftstellerin schon mit ihrem ersten Buch *Elizabeth and her German Garden* berühmt geworden war.[*]

Seine Frau, die alte Mrs. Beauchamp, war eine reizende Dame. Wenn Katherine ihnen ihre Pflichtbesuche abstattete, ging ich manchmal mit. Das alte Ehepaar hatte drei Söhne, zwei von ihnen lehrten an der Musikakademie. Der eine hieß de Monk Beauchamp, ein ruhiger, kleingewachsener Mann, der von den drei Beauchamp-Töchtern nur

---

[*] Elizabeth schaffte den Durchbruch gleich mit ihrem ersten Roman *Elizabeth and her German Garden* und veröffentlichte danach zwanzig weitere Romane bis kurz vor ihrem Tod im Jahre 1941. Sie war mit Baron von Arnim verheiratet. Nach dessen Tod im Jahr 1910 heiratete sie 1916 den zweiten Earl Russell.

32

»Guardy« genannt wurde, weil er offiziell beauftragt worden war, sich um die drei jungen Damen während ihres Aufenthalts in London zu kümmern. Der zweite Sohn war Gesangslehrer an der Musikakademie, der dritte war Arzt.

Für Katherine war diese große Verwandtschaft mit ihrem konservativen Denken und ihrem angepaßten, bürgerlichen Verhalten schwer zu ertragen. Viel zu lange wurde sie in die Rolle des kleinen Mädchens aus Neuseeland gedrängt. Man hatte kein Verständnis für sie. Das habe ich den Angehörigen nie verziehen. Wie sehr hätten sie Katherine helfen können – und wie wenig konnte ich dagegen tun!

2 »Du bist der einzige Mensch auf der Welt, der an mich glaubt.«

NEUSEELAND 1906 – 1908

Die drei Jahre im Queen's College gingen dem Ende entgegen. Katherine war inzwischen siebzehn Jahre alt und untröstlich, England bald verlassen zu müssen. Als ihre Eltern anreisten, um ihre drei Töchter heimzuholen, gelang es Katherine leider nicht, sie dazu zu bewegen, sie allein in London zurückzulassen.

Das Ende des Aufenthalts rückte immer näher. Ich ging jeden Abend in unser Klassenzimmer, wo Katherine – meist hatte sie sich für das Abendessen schon umgezogen – herzzerreißend Cello spielte. Wir redeten über viele Dinge, meistens aber über ihren Wunsch, so bald wie möglich nach London zurückzukehren. Diese Abende, an denen wir uns unsere Pläne und Geheimnisse anvertrauten, während die andern draußen vor der Tür lachten und schwatzten, sehe ich noch deutlich vor mir. Wie aneinandergereihte Perlen kommen sie mir in der Erinnerung vor, wie ein streng gehüteter, kostbarer Schatz. Wir ahnten beide nicht, wie lange unsere bevorstehende Trennung dauern würde.

Manchmal kam Katherine in unsere Wohnung, um sich auszuweinen. Sie saß dann zusammengekuschelt in einer Ecke des Sofas und beklagte ihr Alleinsein. Niemand würde ihr zur Seite stehen, jammerte sie, niemand sie verstehen.

»Du bist der einzige Mensch auf der Welt, der an mich glaubt«, sagte sie zu mir. Das tat ich wirklich, und zwar aus Überzeugung und von ganzem Herzen. Katherine brauchte diesen Glauben; er war ja auch gerechtfertigt.

Im Frühjahr 1906 wurden die drei Schwestern vor der Rückreise nach Neuseeland für zwei Wochen nach Brüssel

34

10. *Arnold Trowell in Brüssel, 1905.*

11. *Katherine vor ihrer Rückkehr nach Neuseeland in Brüssel, 1906.*

geschickt. Arnold Trowell und sein Bruder Garnet waren dort Stipendiaten an der Musikhochschule. Die drei Schwestern wurden von ihrer Tante Bell Dyer begleitet. Damit begann für Katherine eine aufregende Zeit, über die sie mir mehrere Briefe schrieb. Ich erinnere mich noch an ihre Schilderung eines abenteuerlichen Ausflugs ans Meer, wo die drei Schwestern in einer geschützten Bucht nackt badeten, weil sie vergessen hatten, Badeanzüge mitzunehmen. Solche Sitten waren damals eigentlich unüblich, schienen aber zum bohèmehaften Studentenleben in Brüssel zu gehören.

Die Schwestern kamen oft mit Arnold und Garnet Trowell zusammen und lernten dabei auch Rudolf, einen befreundeten Musikstudenten, kennen. Sie unternahmen viele gemeinsame Fahrten im Bus quer durch die ganze Stadt, Katherine und ihr angebeteter Freund Arnold immer Seite an Seite. Sie mußte diese Ausflüge in seiner Nähe sehr genossen haben. Wahrscheinlich redeten sie wenig miteinander. Arnold war ein schmächtiger Jüngling, hatte rote Haare und sah nicht besonders gut aus. Katherine schickte mir von einem dieser Ausflüge eine hübsche Karte. Um mich an ihrer Stimmung teilhaben zu lassen, schrieb sie auf französisch darauf: »Mes mains dans les vôtres«. Kurz nach je-

35

nem Ausflug nahm sich Rudolf das Leben. Das war nicht nur für Arnold und Garnet, sondern auch für Katherine ein entsetzlicher Schock.

[Katherine hatte die Trowells in Neuseeland kennengelernt, als sie dreizehn Jahre alt war. Sie begegnete Arnold zum ersten Mal bei einem Fest in ihrem Elternhaus, bei dem er als Cellospieler die Gäste unterhielt. Angeregt durch sein Beispiel, nahm sie Cellostunden bei seinem Vater. Sie war so begeistert von diesem Instrument, daß sie zum Spielen meist ein braunes Kleid trug, um auch äußerlich mit ihrem Cello übereinzustimmen.

Mr. und Mrs. Trowell hatten zwei Söhne, Arnold (auf den Namen Tom getauft) und Garnet sowie eine viel jüngere Tochter. Reich waren sie nicht, aber sie lebten das ungebundene Leben einer Künstlerfamilie, von dem sich Katherine angezogen fühlte. Auf Arnold, den sie Caesar nannte, richteten sich all ihre Mädchenträume.

Nachdem Katherine im Januar 1903 Neuseeland verlassen hatte – ein halbes Jahr früher als Arnold und Garnet –, begann sie, mit Arnold Briefe zu wechseln; sie schrieb wahrscheinlich häufiger und begeisterter als er. Später, als die beiden jungen Männer zunächst nach Brüssel und dann nach London kamen, um dort ihre Ferien zu verbringen, war Katherine oft mit ihnen zusammen. Abends besuchten sie Konzerte, tagsüber unternahmen sie Streifzüge durch die Stadt. Katherine genoß das freie Leben in England außerordentlich und wurde während ihres Aufenthalts in Brüssel wieder schmerzlich daran erinnert.]

Ende Oktober 1906 fuhren die Beauchamps nach Neuseeland zurück. Ich dagegen blieb in London und lebte auf Katherines Briefe hin. Die ersten kamen unregelmäßig und waren auf verschiedenen Stationen der langen Rückreise geschrieben, meist begleitet von Ansichtskarten und Fotografien. Eine der Aufnahmen zeigte junge, lachende Leute an Bord. Unter ihnen war ein junger Mann, Adonis genannt, den Katherine besonders mochte.

Allmählich schien sie sich mit ihrem Los zu versöhnen. Sie begann, die Dinge wieder zu *sehen*, aber mit anderen Augen – sie war reifer geworden. Als sie wieder in Wellington war, begann sie mir häufig und sehr regelmäßig zu schreiben, mindestens einmal in der Woche bekam ich einen Brief von ihr. Unsere Trennung dauerte zwei Jahre. Ihre Briefe, die ich lange aufbewahrt habe, wuchsen zu einem Berg. Sie waren voller Beobachtungen und Erlebnisse und enthielten Gedanken, die sie sich während jener langen Zeit gemacht hatte.

In einem dieser Briefe war einmal von einem Spaziergang zum Meer mit ihrem geliebten Bruder die Rede. Darin beschrieb sie, wie sie eine steile Uferböschung hinuntergeklettert waren, schilderte die langen Palmenalleen am Ufer, die ausgefransten Blätter der Palmen und das sirrende Geräusch, wenn sich ihre Spitzen berührten ... Oder sie schrieb, wie sie mit dem schweren Cello zu Mr. Trowell, ihrem Musiklehrer, ging und von den Unterrichtsstunden beschwingt und voll neuer Ideen ins Elternhaus zurückkehrte – um dort auf ihrem Bett ein Paar alte Socken vorzufinden, die ihr ihre Mutter stillschweigend zum Stopfen hingelegt hatte ... Und immer wieder schrieb sie, daß die Erwartungen der Familie und Verwandtschaft ein Greuel für sie seien.

Sie hatte vom provinziellen Leben in Neuseeland bald mehr als genug, sehnte sich nach der Freiheit, die sie in England kennengelernt hatte, nach Selbstbestimmung und der Möglichkeit, mit ihresgleichen zusammenzuleben. Die Eltern standen der rebellischen Tochter verständnislos gegenüber.

Inzwischen war die Familie zusammengeschrumpft. Die vielgeliebte Großmutter, die Katherine aufgezogen hatte, lebte nun bei einer Freundin. Bell Dyer hatte sich in England mit einem reichen Mann verheiratet. Vera stand kurz

12. »*Chummie*«,
Leslie Heron
Beauchamp,
Katherines Lieb-
lingsbruder.

vor der Hochzeit und dachte ebenfalls ans Wegziehen. Leslie schließlich, der jüngere Bruder, von allen Chummie genannt, war im Internat. So blieben neben den Eltern nur noch Chaddie und Katherines jüngste Schwester Jeanne im Haus.

Katherines Vater war ein erfolgreicher, wohlhabender Kaufmann. Dennoch war er in vielen Dingen äußerst sparsam, sogar geizig. (Später habe ich ihm das auch zu sagen gewagt.) Katherine schrieb mir oft von den zermürbenden Geldstreitigkeiten, die mindestens einmal in der Woche ausbrachen, wenn der Vater alle Rechnungen vorgelegt haben wollte. Nicht zu Unrecht wurde er von seiner Frau »Mr. Businessman« genannt. Sie bekam von ihm ein abgesprochenes Wochengeld ausbezahlt, das strengstens kontrolliert wurde und den Tag der Abrechnung zur Hölle machte.

Mrs. Beauchamp war Katherine in vielen Zügen ähnlich. Auch sie war einfallsreich und künstlerisch begabt. Ich kannte sie nicht besonders gut, spürte aber, daß sie Katherine von allen Familienmitgliedern am meisten Verständnis entgegenbrachte. Sie war auch sehr feinfühlig und in mancher Beziehung äußerst anspruchsvoll. Zum Beispiel war Tee für sie nur genießbar, wenn die Tassen vorher heiß ausgespült worden waren. Oft schien es, als lebte sie in ihrer eigenen Welt, die mit ihrem Mann und ihrer Familie in keinem Zusammenhang stand. Wenn sie sich für etwas besonders interessierte, pflegte sie auf merkwürdige Weise die Stirn zu runzeln und die schweren Augenlider zu heben. Auf einer Fotografie, die sie mir einmal geschenkt hatte, trug sie ein schwarzes Halsband und wirkte wie über sich selbst überrascht. Später, als Katherine sich ihre Freiheit gegen alle Widerstände erkämpft hatte, begann sie, ihre Mutter besser zu verstehen, zu lieben und sich mit ihr sogar eng verbunden zu fühlen.

Trotz ihrer Ruhelosigkeit erlebte Katherine in Wellington auch glückliche Augenblicke. Ihr Vater hatte am Meer ein kleines Haus gekauft, das ihr viel bedeutete. Sie liebte das Meer, seinen Geruch, den weißen Sand und war selig, schon am frühen Morgen aus dem Haus zu gehen und ein morgendliches Bad zu nehmen.

Katherine liebte die seltenen Augenblicke der Nähe zu ihrem Vater, die ihr den Weg zu seiner Denkweise und seiner Weltanschauung öffneten. Er war zum Beispiel außerordentlich stolz auf seine Heimat und liebte Neuseeland über alles. Eines Tages, so schrieb sie mir, hätte er auf einem gemeinsamen Spaziergang einen Apfel halbiert und beim Betrachten der roten Farbe, der glänzenden Schale und der schwarzen Kerne plötzlich verkündet, einen solchen Apfel gebe es auf der Welt nur in diesem Land.

In den Ferien genoß sie das Zusammensein mit ihrem geliebten Bruder Chummie und der um viele Jahre jüngeren Schwester Jeanne. Beide verehrten die große Schwester, aber Katherines Beziehung zum wesensverwandten Bruder war besonders eng und wuchs zu einer tiefen Bindung.

Als junges Mädchen hatte Katherine unaufhörlich geschrieben und mit Edith Bendall, einer befreundeten Malerin, ein erstes Buch geplant. Weil sie Kinder liebte, wollte sie ein Buch mit Gedichten und Geschichten für Kinder schreiben und von Edith Bendall illustrieren lassen – es erschien aber nie.

In unserem Briefwechsel trat einmal eine lange Pause ein. Ein ganzer Monat verstrich ohne einen einzigen Brief von Katherine. Ich befürchtete ein Unglück und war in großer Sorge. Endlich kam ein aufgeregter Brief, in dem sie mir mitteilte, sie sei seit längerer Zeit ohne jede Nachricht von »Caesar«, ihrem Freund. Auch seine Eltern wüßten nichts von ihm. Sie sei in größter Angst und fürchte, er habe sich – wie sein Studienfreund Rudolf – das Leben genommen. Sie wisse weder aus noch ein. Ob ich ihr nicht helfen könne? Ob ich herausfinden könne, was geschehen sei? Was sollte ich tun? Ich besaß ja nicht einmal seine Adresse.

Zu dieser Zeit entschlossen sich Mr. und Mrs. Trowell, Neuseeland endgültig zu verlassen und nach England zu ziehen, um dort mit ihren Söhnen zu leben.

[In Katherines Tagebuch steht am 28. August 1907 die Eintragung, sie habe dank LM von Arnold gehört: »... Zuerst war ich so traurig, so verletzt, es schmerzte mich so sehr. Aber jetzt fühle ich mich nur alt, wütend und sehr allein. Wie soll es nun weitergehen? Soll ich seine Lebensweise billigen? Soll ich sagen: Tu was du willst, lebe und sammle deine Erfahrungen und erweitere deinen Horizont? Oder soll ich ihn verurteilen? Künstler brauchen offenbar ein solches Leben. Es ist ein Jammer. Ich brauche es nicht, ich tu das nie ...« Um welchen Zwischenfall es sich auch gehandelt haben mag, er hat Mr. und Mrs. Trowell dazu veranlaßt, nach England zu ziehen, wo sie für immer bleiben sollten.]

Dieses Ereignis stürzte Katherine in tiefe Verzweiflung. Seit ihrem dreizehnten Lebensjahr bedeutete das Haus der Trowells für sie das Tor zu Musik, Freundschaft und spontanem Leben, wie sie es sich immer erträumt hatte. Es war für sie das einzig wahre Leben überhaupt. Die Abreise der Trowells im August 1907 festigte ihren Entschluß, die verlorene Freiheit wiederzugewinnen; sie gab ihr auch den Mut, ihren Vater um die Erlaubnis zu bitten, wieder in England leben zu dürfen. Er willigte schließlich ein, mit der einzigen Einschränkung, die Reise noch etwas hinauszuschieben und erst im darauffolgenden Jahr – also 1908 – anzutreten. Ich glaube, daß sein Einverständnis auch den wenigen veröffentlichten Geschichten von Katherine in einer australischen Zeitschrift zu verdanken war.*

---

* E. Y. Brady, Verleger der Zeitschrift *The Native Companion,* hatte im Herbst 1907 drei Erzählungen von Katherine veröffentlicht: *Vignette, Silhouettes, In a Café.* Alle drei waren im Stil von Oscar Wilde geschrieben, entsprachen Bradys Geschmack und wirkten wie von einer reifen, dreißigjährigen Frau geschrieben.

Damals entschlossen sich ihre Eltern, Katherine auf eine Reise ins Innere des Landes zu schicken, in der Absicht, sie möge vor der Abreise ihre Heimat besser kennenlernen. Das ließ sie sich gerne gefallen. Sie führte ein Tagebuch und hielt darin die vielen neuen Eindrücke und die Begegnungen mit Menschen, die sie kennenlernte, gewissenhaft fest. Sie schrieb auch Gedichte, die die fremdartige Umgebung wiedergeben, so zum Beispiel:

In the Rangitaki Valley

O valley of waving broom,
O lovely, lovely light,
O heart of the world, red-gold!
Breast high in the blossom I stand;
It beats about me like waves
Of a magical, golden sea.

The barren heart of the world
Alive at the kiss of the sun,
The yellow mantle of summer
Flung over a laughing land,
Warm with the warmth of her body,
Sweet with the kiss of her breath.

O valley of waving broom,
O lovely, lovely light,
O mystical marriage of Earth
With the passionate Summer sun!
To her lover she holds a cup
And the yellow wine o'erflows.
He has lighted a little torch
And the whole of the world is ablaze.
Prodigal wealth of love!
Breast high in the blossom I stand.

Man fühlt in diesem Gedicht die Glut der Farbe des Ginsters und riecht seinen süßlichen Duft. Katherine schrieb die meisten Gedichte in ein grünes Heft und schmückte seinen Umschlag mit Skizzen wilder Farnbüsche.

Im Dezember kehrte sie nach Wellington zurück, doch an Weihnachten trug sich etwas zu, das ihre bevorstehende Abreise erneut in Frage stellte. Ihre Mutter hatte eine ihrer Geschichten gelesen, in der Katherine beschreibt, wie sie bei einem Ball mit ihrem Tanzpartner einmal einen Tanz ausläßt. Katherine hatte diese Stelle wie immer mit Einzelheiten ausgeschmückt, die nicht der Wirklichkeit entsprachen. Anscheinend waren sie so anstößig, daß man die Bedenken der Eltern, Katherine nach England fahren zu lassen, verstehen kann.*

Nachdem die Eltern zuletzt doch eingewilligt hatten, unternahmen sie alles, um Katherines Leben in London im voraus so angenehm wie möglich einzurichten. Ihr Vater fand für sie im Haus Beauchamp Lodge, einem Studentenhaus nahe am Paddingtonkanal, ein geeignetes Zimmer. Mrs. Beauchamp, eine Großtante, wurde gebeten, Katherine im Auge zu behalten. Die alte Dame hätte sie nur zu gern bemuttert, aber Katherine wehrte sich dagegen. Sie lehnte auch zu ihren Söhnen den Kontakt ab, und Katherine sah nicht ein, weshalb zwischen ihnen eine Beziehung gepflegt werden sollte.

Aus heutiger Sicht muß ich sagen, daß Katherines Vater damals einen großen Fehler machte. Er gab ihr viel zu wenig Geld, nur vierzig Shilling in der Woche. Davon mußte sie dreißig Shilling für die Zimmermiete bezahlen, zehn Shilling blieben ihr für den Lebensunterhalt, das heißt für

---

* LM hat damals durch Katherine davon erfahren, aber die betreffenden Briefe wurden 1918 auf Katherines Wunsch hin verbrannt. LM erwähnte das Ereignis Anthony Alpers gegenüber, als sie ihm in den Jahren 1947-1951 bei seiner Biographie behilflich war. Er zitiert ihre Aussage in seinem Buch, und John Murry bezieht sich in seiner Bearbeitung von KMs *Tagebuch,* 1954, auf die von Alpers zitierte Stelle.

13. *Ida Baker, 1908.*

Schreibpapier, Musikstunden, Bus, Kleidung und alle anderen Dinge. Das verursachte natürlich Schwierigkeiten. Als Tochter aus reichem Hause hatte Katherine nie gelernt, mit Geld umzugehen. Ihre plötzliche Armut stürzte sie in Ängste, die sie ihr Leben lang verfolgten. Ein Freund ihres Vaters, Mr. Kay, Leiter der Bank von Neuseeland, war beauftragt worden, ihr das vereinbarte Monatsgeld auszuzahlen und sich ab und zu um sie zu kümmern. Das tat er denn auch und nahm Katherine auf Spaziergänge mit, um ihr seine Lieblingsplätze in London zu zeigen. Dabei lud er sie oft zu einem Glas Sherry ein und erzählte ihr von seinen Liebesabenteuern. Das war seine Art , ansonsten war er ein sehr netter, anständiger Mann. Gelegentlich ging ich das Monatsgeld für Katherine abholen, wenn sie eine glaubwürdige Entschuldigung fand, um nicht selbst hingehen zu müssen.

Unter diesen vielen Leuten gab es im Grunde genommen niemanden, der Katherine bei ihren gefährlichen, ersten Schritten in die Freiheit hätte begleiten können. Ich selbst war in meiner Entwicklung viel langsamer als sie und vom Erwachsensein noch weit entfernt. Ich hatte keine Lebenserfahrung. Ich habe mich immer mit einer kleinen gelben Wasserlilie verglichen, die mit ihrem langen biegsamen Stengel fest im Boden verwurzelt ist und mit ihrem Kopf sacht unter der stürmischen Oberfläche bleibt. Große Wellen oder Wirbel haben mich nie erreicht, aber die Wurzeln der Freundschaft sind stark und beständig geblieben. So bin ich nur langsam gewachsen und habe nur zögernd zu mir gefunden.

Nachdem die letzten Vorbereitungen getroffen worden waren, reiste Katherine im Juli 1908 nach England ab. Auf dem Schiff schloß sie mehrere Freundschaften, von denen nur eine einzige die lange Reise überdauerte. Sidney Hislop, ein charmanter junger Mann, verliebte sich in sie und blieb ihr mehrere Jahre freundschaftlich verbunden. Er nannte sie damals Sally, ein zärtlicher Name, den sie später oft selbst benutzte. Sie behauptete immer, Sidney habe sie zum Schreiben ermutigt. Als sie im August in London ankam, ging ich sie abholen. Soweit ich mich erinnere, war keiner ihrer Verwandten da. Katherine sollte ursprünglich nach der Ankunft ein paar Tage im Queen's College bei Miß Wood wohnen. Sie kam aber zu uns in die Montagu Mansions und zog erst später ins Studentenhaus Beauchamp Lodge ein.

3   »Solange man noch jemanden um eine Tasse Tee bitten kann ...«

BEAUCHAMP LODGE – CARLTON HILL 1908

Katherines Zimmer im Studentenhaus Beauchamp Lodge befand sich im ersten Stock des hinteren Flügels und hatte eine Glastür, die auf einen kleinen Balkon hinausging. Von dort sah man auf den Kanal hinunter. Das Zimmer war düster und machte auf mich einen beengenden Eindruck. Ich wußte, wie stark eine solche Umgebung auf Katherine wirken und in ihr das Gefühl von Verlorenheit auslösen konnte.

Das Zimmer wirkte freundlicher, wenn die Sonne schien. Dann sprach Katherine über den blühenden Baum am Kanalufer und über das Treiben an Bord der vorbeiziehenden Kanalboote. Später tauschte sie den Raum gegen ein kleineres, billigeres Zimmer im Erdgeschoß, von dem aus man direkt auf die Straße hinaussah.

Sie machte unter den Studentinnen viele Bekanntschaften. Eine oder zwei von ihnen waren ständig in Katherines kleinem Zimmer zu Gast, erdrückten Katherine förmlich mit ihrer freundschaftlichen Fürsorge und hielten sie vom Arbeiten ab.

Wie zu erwarten war, steckte Katherine schon bald nach ihrer Ankunft in Geldschwierigkeiten. Nachdem sie die Zimmermiete bezahlt hatte, blieben wöchentlich nur noch zehn Shilling übrig, was ihr Vater eigentlich hätte wissen müssen. Ich selbst besaß wenig Geld, denn bis zu meinem einundzwanzigsten Geburtstag durfte ich jährlich nur zwölf Pfund ausgeben. Ich wäre damals nicht auf die Idee gekommen, meine Wertpapiere zu verkaufen. Aber ich wollte Katherine unbedingt helfen und gab ihr so lange von meinem Geld, bis es aufgebraucht war.

Zum Glück war Katherine vielseitig begabt. Mit Rezitieren, kleineren Theaterstücken und musikalischen Einlagen schlug sie sich einigermaßen durch. Es war damals Brauch, bei Einladungen die Gäste mit bunter Unterhaltung zu amüsieren. Dank solcher Abende im Studentenhaus wurde Katherine schnell bekannt, war gefragt und bekam immer größere Aufträge. Für einen abendlichen Auftritt verdiente sie einen Guinea*. Die Angebote waren verlockend, häuften sich und hielten Katherine über Wasser.

Die Einnahmen waren gering, doch hoch genug, daß Katherine sich davon Kleider kaufen konnte. Sie war eitel und wußte, wie sie sich kleiden mußte, um vorteilhaft auszusehen und aufzufallen. Ich erinnere mich noch an ein graues Seidenkleid, das ihr bis zu den Füßen reichte und ihre Figur wunderbar zur Geltung brachte. Es war von einer Bekannten genäht worden; Katherine mußte aber trotzdem viele Abende auftreten, um es abzubezahlen.

Während dieser Zeit nahm ich an der Musikhochschule in der Prince's Street Violinunterricht und wohnte zusammen mit meiner Familie in Montagu Mansions, von wo aus ich Katherine fast jeden Tag besuchte. Manchmal kam es vor, daß sie nicht in ihrem Zimmer war und ich nur einen Zettel auf dem Tisch vorfand, auf den sie geschrieben hatte, sie müsse am Abend wieder auftreten, ich möge ihr bitte so rasch wie möglich folgen. Wie ich das haßte! Aber ich habe Katherine nie etwas davon gesagt. Ich habe ihr geholfen, so gut es ging. Ich wollte sie nicht im Stich lassen oder an ihr herumkritisieren. Es sei denn, sie hätte mich dazu aufgefordert.

Ich war ihr jeweils beim Ankleiden und Frisieren behilflich, riet ihr, hier noch eine Blume anzustecken oder dort ein farbiges Band anzubringen. Immer war sie damit einverstanden. Dann verabschiedete sie sich gewöhnlich von mir und ging noch zu Freunden. Ich dagegen machte mich wieder auf den Heimweg, nicht sehr glücklich, weil ich im voraus wuß-

---

* Goldmünze im damaligen Wert von 1 Pfund und 1 Shilling.

te, daß sie am anderen Tag wieder von einer neuen Eroberung schwärmen würde. Manchmal sagte sie mir, daß sie den Nachmittag mit einem Freund verbringen wolle oder in eine wichtige Arbeit vertieft sei. Dann besuchte ich sie natürlich nicht. Doch manchmal gingen wir zusammen spazieren, schlenderten durch Paddington Green, wo Mrs. Siddons – wie immer – wie eine schöne Marmorstatue auf der kleinen Sitzbank anzutreffen war, streiften durch die Straßen nach Soho, zum Leicester Square oder zur National Gallery.

In jener Zeit schrieb Katherine das Gedicht, das in der *Daily News* vom 3. November 1909 erschien, ihre erste Veröffentlichung in England:

November

Dim mist of a fogbound day ...
From the lilac trees that droop in St. Mary's Square
The dead leaves fall, a silent, shivering cloud.
Through the grey haze the carts loom heavy, gigantic
Down the dull street. Children at play in the gutter
Quarrel and cry; their voices sound flat and toneless.
With a sound like the shuffling tread of some giant monster
I hear the trains escape from the stations near, and tear
                              their way into the country.
Everything looks fantastic, repellent, I see from my window
An old man pass, dull, formless, like the stump of a dead
                              tree moving.
The Virginia creeper, like blood, streams down the face of
                              the houses...
Even the railings, blackened and sharply defined, look evil
                            and strangely malignant.
Dim mist of a fog-bound day,
From the lilac trees that droop in St. Mary's Square
The dead leaves fall, a silent, fluttering crowd –
Dead thoughts that shivering fall on the barren earth.
Over and under it all, the muttering murmur of London.

Katherine sagte nie etwas, wenn sie kein Geld mehr hatte. Aber ich merkte es immer. Eines Tages erzählte sie mir, sie wolle ihr geliebtes Cello verkaufen, weil sie sich entschieden habe, auf die Laufbahn als Musikerin zu verzichten und Schriftstellerin zu werden. Dieser Entschluß erschütterte uns beide. Nicht nur, weil Katherine für das teure Instrument nur lächerliche drei Pfund ausbezahlt bekam, sondern weil der Verkauf ihres geliebten Instruments das Ausmaß ihrer Geldnot bloßlegte.

Armut war eine neue Erfahrung, die nicht leicht zu ertragen war. Wir schwiegen meist darüber, weil sie uns peinlich war. Später sagten wir uns, so lange man noch jemanden um eine Tasse Tee bitten könne, sei nichts verloren. Warum also dieses Getue um das dumme Geld! Von da an wurde das Wort »Tee« – abgekürzt »T« – zu unserem Geheimwort für Geld. Leider wurde Katherine ihr Leben lang, bis zu ihrer Zeit in Fontainebleau, von Geldnot verfolgt. Von dort schickte sie mir einmal eine Hundert-Francs-Note und schrieb dazu, ich solle sie ruhig annehmen und mit bestem Gewissen ausgeben. Erst dort wurde sie offenbar von ihrer ständigen Angst geheilt.

Katherine wohnte noch den ganzen Herbst über im Haus Beauchamp Lodge. Sie beklagte sich immer häufiger über Studentinnen, die ungefragt zu ihr kamen und stundenlang bei ihr im Zimmer blieben. Das Leben in diesem Haus wurde lästig, doch fehlte ihr der Mut, sich dagegen zu wehren. Gleichzeitig lernte sie auch neue Männer kennen. Sie interessierte sich zwar nicht für sie, wagte aber keine der unerwünschten Einladungen abzuschlagen. Sie war sehr jung und machte Fehler um Fehler. Es war unmöglich für sie, in einer solchen Lage noch ans Schreiben zu denken.

Kurz nach ihrer Ankunft in London hatte Katherine den Kontakt mit den Trowells wieder aufgenommen, die inzwischen mit ihrer Tochter in einem Haus in Carlton Hill, St. John's Wood, wohnten. Es fehlten nur noch die beiden Söhne, die vor dem Abschluß ihres Musikstudiums in

Brüssel standen und von ihrer Familie in London erwartet wurden.

Katherine ging sie am Bahnhof abholen, besonders gespannt auf die Wiederbegegnung mit Arnold. Aber aus dem angebeteten Freund, ihrem »Caesar«, war inzwischen ein enttäuschend gewöhnlicher Mann geworden, der nichts Verführerisches mehr ausstrahlte. Dagegen fiel ihr zum ersten Mal Garnet, sein Bruder, auf, der mit seiner liebenswürdigen, charmanten Art großen Eindruck auf sie machte.

Einige Wochen später – es muß vor Weihnachten gewesen sein – erzählte mir Katherine, Mrs. Trowell habe ihr anvertraut, daß sie in finanziellen Schwierigkeiten steckten, in London auf keinen grünen Zweig kämen und bald alle Ersparnisse aufgebraucht hätten. Das überraschende Geständnis brachte Katherine auf den Gedanken, unverzüglich das Haus Beauchamp Lodge zu verlassen und als Untermieterin zu Familie Trowell zu ziehen, um sie wöchentlich mit dreißig Shilling zu unterstützen. Davon abgesehen versprach sie sich von dieser Lösung mehr Ruhe, um wieder ungestört schreiben zu können.

Ihre erste Zeit in Carlton Hill bleibt mir unvergeßlich. Ich war oft bei ihr und lernte die ganze Familie kennen. Das schöne, ruhig gelegene Haus war von einem kleinen Garten mit blühenden Bäumen und Büschen umgeben. Ich habe immer noch das Bild vor Augen, wie ich mit der Tochter der Trowells draußen auf der Haustreppe sitze und mit ihr den duftenden Frühlingsgarten bewundere, während Arnold drinnen im Haus auf das Klavier einhämmert – damals sehr ungewöhnlich – oder ein langsames Stück von Debussy spielt, der alte Mr. Trowell pausenlos auf Katherine einredet, Garnet unschlüssig ein und aus geht und die geschäftige Mrs. Trowell im Hintergrund schwatzt und schwatzt und gleichzeitig in der Küche für uns alle den Tee zubereitet.

Katherine war damals sehr glücklich. Sie lernte Garnet näher kennen. Beide diskutierten viel miteinander, gingen spazieren und hörten zusammen Musik. Es dauerte nicht

50

lange, bis sie sich ineinander verliebten und Heiratspläne schmiedeten. Garnet war neunzehn, Katherine eben zwanzig. Geld hatten sie kaum, aber das spielte keine Rolle. Einzig ihre Liebe war für sie von Bedeutung. Garnet spielte Geige, Katherine schrieb pausenlos. Sie hatte eine junge Sekretärin gefunden, die ihre Manuskripte abtippte und sich damit ein Taschengeld verdiente. In dieser glücklichen Zeit entstanden die Erzählung *The Tiredness of Rosabel** und die zwei folgenden Gedichte:

Sleeping Together

Sleeping together ... how tired you were!...
How warm our room ... how the firelight spread
On walls and ceiling and great white bed!
We spoke in whispers as children do,
And now it was I – and then it was you
Slept a moment, to wake – ›My dear,
I'm not at all sleepy‹, one of us said ...

Was it a thousand years ago?
I woke in your arms – you were sound asleep –
And heard the pattering sound of sheep.
Softly I slipped to the floor and crept
To the curtained window, then, while you slept,
I watched the sheep pass by in the snow.

O flock of thoughts with their shepherd Fear
Shivering, desolate, out in the cold,
That entered into my heart to fold!
A thousand years ... was it yesterday
When we, two children of far away,
Clinging close to the darkness, lay
Sleeping together? ... How tired you were!

---

* Erste Veröffentlichung postum in Colliers, Februar 1924.

The Arabian Shawl

›It is cold outside, you will need a coat –
What! this old Arabian shawl!
Bind it about your head and throat,
These steps … It is dark … my hand …
　　　　　　　　you might fall.‹

What has happened? What strange, sweet charm
Lingers about this Arabian shawl …
Do not tremble so! There can be no harm
In just remembering – that is all.

›I love you so – I will be your wife‹,
Here, in the dark of the Terrace wall,
Say it again. Let that other life
Fold us like the Arabian shawl.

›Do you remember?‹ … ›I quite forget,
Some childish foolishness, that is all,
To-night is the first time we have met …
Let me take off my Arabian shawl!‹

Während sich diese Liebesgeschichte anbahnte, zog ich mich zurück und ging nur noch selten nach Carlton Hill. Das Haus lag doch recht weit von der Baker Street entfernt. Davon abgesehen brauchte mich Katherine viel weniger als früher, zumal ich von den Rechten und Pflichten einer Ehe so wenig wußte wie sie.

Es dauerte nicht lange, bis Garnet eine Möglichkeit fand, Geld zu verdienen. Er hatte bei einer kleinen Wanderbühne ein Engagement gefunden und sogar für Katherine eine kleine Rolle im Chor des kleinen Opernensembles bekommen – aber nur, weil er gesagt hatte, daß er mit ihr verheiratet sei. Der kleine Betrug bereitete den beiden Kopfzerbrechen, weil ihre Heirat ja erst bevorstand. Die

Aussicht, gemeinsam Geld zu verdienen und eine Familie zu gründen, drängte alle anderen Überlegungen in den Hintergrund. Die Eltern schienen von all dem nichts zu wissen. Kaum war das junge Paar mit der Truppe unterwegs, stellte sich heraus, daß Katherine zu anspruchsvoll für die vielen Unannehmlichkeiten des Wanderlebens war. (Später erzählte sie mir einmal, allein die Art, wie Garnet sein Ei gegessen habe, sei entsetzlich gewesen.) Die Truppe war klein und stand finanziell auf wackligen Füßen, weshalb man gern auf Katherine verzichtete. Davon abgesehen konnte sie in solcher Umgebung nicht schreiben. Schon nach zwei Wochen kehrte sie niedergeschlagen nach Carlton Hill zurück.

14. *Garnet Trowell, Katherines erster Liebhaber und Vater des Kindes, das sie verlor.*

4 »Ja, ich habe meinen Mann verlassen.«

BEAUCHAMP LODGE 1909

Die Zeit, die nun folgte, war für Katherine außerordentlich schwierig. Schwierig durchzustehen für sie, aber ebenso schwierig für die anderen zu verstehen. Sie hatte sich zwar von Garnet getrennt, war aber immer noch sehr in ihn verliebt und wohnte in Carlton Hill, was für sie auf die Dauer unerträglich wurde. Die Eltern von Garnet waren gegen eine Heirat, weil ihnen die Herkunft der beiden zu unterschiedlich schien. Katherine als Tochter reicher Eltern war ihres Erachtens nicht geeignet, mit einem mittellosen Musiker zusammenzuleben.

Katherine blieb nichts anderes übrig, als Carlton Hill zu verlassen und ins Studentenhaus zurückzukehren. Sie war jung, todunglücklich und fand, daß ihr Leben zerstört wäre. Fern von Garnet, von dem sie glaubte, ein Kind zu erwarten, und ohne jede Aussicht auf eine Heirat begann sie, das hektische Leben im Haus Beauchamp Lodge zu hassen. Ihr fehlte die Ruhe zum Arbeiten, sie hatte kein Zuhause und war verzweifelt.

In dieser Zeit erhielt Katherine lange Briefe von George Bowden, einem Musiklehrer und Konzertsänger. Sie hatte ihn im vergangenen Herbst durch Margaret Wishart, eine Freundin in Beauchamp Lodge, kennengelernt.

Ich besuchte ihn einmal in seiner kleinen Wohnung, die er mit einem Freund teilte, ganz in der Nähe von Paddington, einem trostlosen Quartier, wo überall Katzen herumstreunten. Die düstere Straße endete vor einer hohen Mauerwand, hinter der sich Eisenbahnanlagen oder eine Fabrik versteckten. Die Straße war verlassen; nur von einem Leierkasten klang die bekannte Melodie von »Mabel dear, listen here, I'm afraid to go home in the dark ...« herüber. Noch heute schaudert's mich, wenn ich diese Melodie höre. Ich begegnete einem betrunkenen Mann, der dahergestolpert kam und sich an einem Laternenpfahl festklammerte. Ein gewöhnlicher Anblick damals, den ich aber trotzdem nie vergessen habe.

Bowden war ein netter Mann und sehr in Katherine verliebt. Seine Briefe waren voller Verehrung und Verständnis. Er wußte allerdings, daß sie ihn nicht liebte und daß sie nichts anderes von ihm wollte als eine gewisse Sicherheit und einen Ort, wo sie endlich in Ruhe arbeiten konnte. Als Künstlerin dachte sie zuerst immer daran, wie sie sich die besten Voraussetzungen für ihr Schreiben schaffen konnte. Ihr Bedürfnis nach Sicherheit und Halt war inzwischen so groß geworden, daß sie in eine Heirat mit Bowden einwilligte, ohne freilich der Ehe übermäßige Bedeutung beizumessen. Er seinerseits tat alles, um sie für sich zu gewinnen und sie von seiner Liebe zu überzeugen.

15. *George Bowden, den Katherine heiratete und noch in der Hochzeitsnacht verließ.*

Ende Januar entschlossen sich die beiden, Katherines Eltern nach Neuseeland zu schreiben. Weil ein Brief dorthin fünf Wochen brauchte, mußten sie sich mit der Antwort gedulden. Sie kam in Form eines Telegramms, in dem stand, daß die Familie in größter Sorge sei. Mrs. Beauchamp wünsche den jungen Mann erst zu sehen und kennenzulernen, sie warne das Paar vor überstürztem Handeln. Die Nachricht bewirkte das genaue Gegenteil. Aus Angst vor möglichen Einwänden ließ sich das Paar noch vor der Ankunft von Katherines Mutter standesamtlich trauen. Wahrscheinlich ging alles so schnell, weil Katherine von Garnet tatsächlich ein Kind erwartete. So genau habe ich das nie von ihr erfahren. Sie sagte mir nur, daß am 2. März die Hochzeit stattfinde.

Katherines Benehmen stieß die gesamte Verwandtschaft in England vor den Kopf. Man fand, Katherine hätte den jungen Mann in aller Form erst vorstellen oder zumindest

16. *Mrs. Annie Beauchamp, Katherines Mutter.*

von ihm erzählen müssen. Ich bin sicher, daß sie darauf verzichtete, weil sie überzeugt war, daß Bowden einer kritischen Prüfung nicht standgehalten hätte. Die damaligen Sitten waren sehr streng und mit den heutigen in keiner Weise vergleichbar.

Am Tag ihrer Hochzeit suchte ich Katherine in ihrem Zimmer auf. Sie stand von Kopf bis Fuß schwarzgekleidet da und trug einen fürchterlichen, schwarzen Strohhut auf dem Kopf. Dieser Hut habe ihr gefallen und Mut gemacht, sagte sie, obwohl sie wußte, daß er uns den letzten Penny gekostet hatte. Als Trauzeugin ging ich mit ihr in ein häßliches Gebäude, in dem uns Bowden in einem kleinen Zimmer schon erwartete. Es war leer, bis auf ein sperriges Möbelstück, eine Art Theke, wie sie in Färbereien und Reinigungen stehen. Hier diente das Ding offenbar als Tisch. Der kahle Raum war sehr schmutzig, nicht einmal das Fenster war geputzt. Wir warteten, bis ein kleiner, aufgeregter Mann hereinkam. Von einem zweiten Trauzeugen keine Spur – den mußte Bowden sich noch besorgen.

Und dann war meine geliebte Freundin verheiratet.

Weil Katherine keinen Koffer besaß, in dem sie ihre Sachen verstauen konnte, hatte ich ihr den meinen geliehen, ein Geschenk zu meinem einundzwanzigsten Geburtstag. Als ich ihre Sachen packte, steckte ich einen Zettel in eine der kleinen Seitentaschen, auf dem stand: »Kopf hoch!« Er sollte sie beim Auspacken heiter stimmen.

Nach der Trauung verabschiedete ich mich von dem neuvermählten Paar und machte mich niedergeschlagen auf den Heimweg. Katherine hatte versprochen, mich am folgenden Tag zu treffen. Wir wollten gemeinsam ein Konzert besuchen.

Als wir uns dann sahen, sagte sie erstaunlich ruhig, sie habe ihren Ehemann verlassen. Für immer. Sie denke nicht daran, je wieder zu ihm zurückzukehren. An unser Konzert dachten wir auch nicht mehr. Noch am selben Abend zog Katherine ins Haus Beauchamp Lodge zurück.

56

In den folgenden Wochen war sie verzweifelter denn je. Beauchamp Lodge war ein Haus für Studenten und daher nicht bereit, auf unbestimmte Zeit eine verheiratete Frau aufzunehmen. So blieb uns nicht anderes übrig, als bis zur Ankunft ihrer Mutter einen anderen Unterschlupf zu suchen. Heute kann ich mir nicht erklären, weshalb Katherine damals nicht zu uns gekommen ist. Aber mein Vater wäre wahrscheinlich dagegen gewesen. Ich habe jedenfalls nicht gewagt, ihn um Erlaubnis zu bitten.

Katherine lebte in großer Angst und Verzweiflung. Wir hatten beide kein Geld. Nach langem Suchen fand ich endlich in einem kleinen Haus an der Dorset Street eine unmöblierte Mansarde, fast in Sichtweite unserer Wohnung. Das Haus gehörte einem jungen, netten Paar aus der Schweiz, das sich hier einen Friseursalon eingerichtet hatte. Sie liehen uns ein Bett und ein paar Möbel, mit denen Katherine sich notdürftig einrichtete. An eine Kochstelle erinnere ich mich nicht. Da elektrische Einrichtungen damals erst im Kommen waren, mußte sie sich wohl oder übel mit Petroleum oder Kerzen begnügen. Anderen Luxus wie fließendes Wasser gab es in ihrem Zimmer auch nicht, das Badezimmer unten mußte sie sich mit dem Paar teilen. Als Katherine unerwartet erkrankte, war unsere Hilflosigkeit vollkommen. Zum Glück kannte ich die Leiterin einer Kinderklinik in der Nähe unserer alten Wohnung. Miß Good schickte uns eine Krankenschwester vorbei, die uns beistand und Katherine pflegte. Sie erholte sich und fühlte sich langsam besser, wollte aber um keinen Preis mehr in dieser Mansarde bleiben. Die Ankunft ihrer Mutter, die dieses Schlupfloch niemals gebilligt hätte, stand bevor.

Also ging die Suche weiter. Diesmal fanden wir eine kleine, möblierte Wohnung in Maida Vale, einem Viertel, das damals keinen guten Ruf besaß. Die Wände waren nicht gestrichen, die wenigen Möbel nur aus rohem Holz oder zerschlissenem Bambus. An den Fenstern hingen Vorhänge aus billigster Baumwolle. Obwohl uns insgeheim nicht ganz wohl bei der Sache war, glaubten wir, daß diese Wohnung den Ansprüchen von Katherines Mutter genügen würde. Wie tief waren wir gesunken!

Bis sie kam, richtete sich Katherine mit ihren paar Habseligkeiten so geschickt ein, daß das Zimmer einen freundlicheren Eindruck erweckte und wohnlicher wirkte. Wenn die Sonne schien, kamen sogar die bunten Vorhänge zur Geltung. Katherine war trotzdem sehr unglücklich. Sie wurde sich bewußt, daß sie den Verlust von Garnet selbst verschuldet hatte, und hoffte, sie würden wieder zueinanderfinden, weil sie nun sicher war, daß sie von ihm ein Kind bekam. Alles in ihr sehnte sich nach ihrem Geliebten.

Sie schrieb ihm einen Brief nach dem andern und flehte, er möge sie besuchen oder zumindest auf ihre Briefe antworten. Aber jeden Morgen erwachte sie im Bewußtsein, daß er nicht kommen würde. Sie litt so sehr darunter, daß sie nicht mehr schlafen konnte und nachts von Angstzuständen gequält wurde, einem Zustand, den sie ihr Leben lang nie ganz verlor. Eines Tages besorgte sie sich in einer Apotheke Veronaltabletten. Die Wirkung war erstaunlich: Katherine konnte wieder schlafen. Sie kaufte diese Tabletten immer wieder, bis sie davon süchtig wurde.

Ich hatte es mir zur Gewohnheit gemacht, morgens zu ihr zu gehen, weil sie dann mit Sicherheit zu Hause war. Manchmal frühstückte ich mit ihr, trank mit ihr Kaffee und aß eingemachte Früchte (damals neben dem ewigen Porridge, Speck und Ei etwas Neues). Eines Morgens klopfte ich wie immer an ihre Tür. Vergebens. Weil ich sicher war, daß sie um diese Zeit unmöglich schon weggegangen sein konnte, kam ich wenig später nochmals zurück. Es stellte sich heraus, daß sie mein erstes Klopfen nicht gehört hatte. Sie hatte zu viele Tabletten geschluckt, um die lange Nacht mit ihren Ängsten zu überstehen.

Es ist möglich, daß ich Katherine bis hierher unreifer und undisziplinierter geschildert habe, als sie in Wirklichkeit war. Vielleicht lag der Grund ihrer Unausgeglichenheit in ihrer schöpferischen Art und übergroßen Sensibilität. Ihre Art zu leben war jedenfalls weder verantwortungslos noch unbesonnen.*

Am 27. Mai kam Mrs. Beauchamp in London an. Auf dem Bahnsteig war die halbe Verwandtschaft versammelt. Auch Katherine war da, aber sie wartete am anderen Ende des Bahnsteigs und wurde dank ihres schwarzen Strohhuts von niemandem erkannt. Als Mrs. Beauchamp aus dem Zug stieg, wurde sie sofort umringt, umarmt und ausgefragt, bis sie sich plötzlich erinnerte, sich losmachte und sich suchend nach ihrer Tochter umsah.

Das Selbstbewußtsein und die Macht der Reichen habe ich in meinem Leben nie kennengelernt; Katherine hingegen hatte die Erinnerung daran wohl vergessen. Keine Frage, daß Mrs. Beauchamp im vornehmen Privathotel an der Manchester Street abstieg und Katherine, als wäre es das Selbstverständlichste der Welt, gleich mitnahm. Zuvor jedoch warf sie einen mißbilligenden Blick auf ihren Hut.

»Du liebes Kind! Gib das Ding dem Zimmermädchen!« sagte sie und kaufte Katherine einen reizenden kleinen Hut aus zartem Tüll.

Ich besuchte sie nur zwei oder drei Mal in diesem Hotel. Umso häufiger trafen wir uns in der Stadt. Ich spürte, wie froh Katherine über jede Gelegenheit war, der mütterlichen Autorität für eine Weile zu entrinnen. Alles sah danach aus, als wünschte uns Mrs. Beauchamp zu trennen. Unsere Freundschaft paßte ihr nicht. Eines Tages kam sie zu meinem Vater und sprach lange mit ihm. Kurz darauf erfuhr ich von ihrem Plan, mit Katherine zusammen ins Ausland

---

* Den Angaben im *Tagebuch* nach zu schließen, ist KM in diesem Frühjahr nach Brüssel gefahren, obwohl LM sich nicht daran erinnern kann; der Besuch hat sie eventuell zu den beiden Erzählungen *Journey to Bruges* und *Being a Truthful Adventure* inspiriert, die sie 1910 beendet hat und die in *The New Age* im August/September 1911 veröffentlicht wurden.

zu gehen. Sie hatte ein gastfreundliches Kloster in Bayern gefunden, wo sich Katherine – wie sie sich ausdrückte – von den vielen Abenteuern erholen sollte. Sie selbst wollte wieder nach Neuseeland zurückfahren. Um den guten Ruf der Familie zu wahren, sollte Katherine außer Sichtweite gebracht werden, in der Hoffnung, der Skandal um sie würde bald vergessen sein. Ich nehme nicht an, daß sie von Katherines Schwangerschaft wußte.

Bevor Katherine nach Deutschland gebracht wurde, sagte sie mir, daß sie nicht als Katherine Mansfield, sondern als Mrs. Bowden reisen werde. Ein Ehering gebe ihr als junger, alleinstehender Frau in einem fremden Land das Gefühl größerer Sicherheit.

Zur selben Zeit schlug mir mein Vater vor, mit meiner Schwester für vierzehn Tage auf die Kanarischen Inseln zu reisen. Ich war damit einverstanden. Weil Katherine ohnehin im Ausland und weit weg war, spielte es keine Rolle mehr, wo ich mich aufhielt. Die Kanarischen Inseln waren mir recht. Bayern war ja von da genau so wenig erreichbar wie von England.

Ich war mir damals nicht bewußt, was unsere Eltern alles unternommen haben, um uns dickköpfigen Töchtern beizustehen.

5 »Sie hat dich ausgenutzt.«

WÖRISHOFEN – LONDON – ROTTINGDEAN –
BISHOP'S FLAT 1909 – 1911

Im Juni 1909 hielt sich Katherine in einem Kloster in Bayern auf, wo sie aber nicht lange blieb. Das nächste Ziel war der Kurort Wörishofen. Dort, in der schönen, gesunden Berglandschaft, konnte sie sich von den Anstrengungen und Ängsten der vergangenen Monate erholen. Sie lernte das einfache Landleben kennen, genoß das Barfußgehen und Wassertreten in heilenden Quellen, lebte von frischem Obst und unternahm lange Spaziergänge durch die Wälder in der Umgebung, bis sie schließlich keine Veronaltabletten mehr brauchte. Für mich bleibt Katherines dortiger Aufenthalt mit ihrer Liebe zu Bäumen, Wäldern und frischer Luft verbunden, merkwürdigerweise auch mit ihrer Liebe zu lilafarbenem Flieder. Über viele Jahre haben Flieder und Fliederduft ein tiefes Gefühl in ihr wachgerufen. Das Gedicht *The Storm*, das sie wahrscheinlich in Wörishofen geschrieben hat, deutet auf ihr verändertes Leben hin:

The Storm

I ran to the forest for shelter,
Breathless, half sobbing;
I put my arms round a tree,
Pillowed my head against the rough bark,
›Protect me‹, I said, ›I am a lost child.‹
But the tree showered silver drops on my face and hair.
A wind sprang up from the ends of the earth;
It lashed the forest together.

61

A huge green wave burst and thundered over my head.
I prayed, implored, ›Please take care of me!‹
But the wind pulled at my cloak and the rain beat upon me.
Little rivers tore up the ground and swamped the bushes.
A frenzy possessed the earth: I felt that the earth was
                                                    drowning
In a bubbling cavern of space I alone –
Smaller than the smallest fly – was alive and terrified.
Then, for what reason I know not, I became triumphant.
›Well, kill me!‹ – I cried – and ran out into the open.
But the storm ceased: the sun spread his wings
And floated serene on the silver pool of the sky.
I put my hands over my face: I was blushing.
And the trees swung together and delicately laughed.

17. *In Bad Wöris-
hofen wohnte
Katherine in der
Pension Müller,
heute Hotel
»Allgäuer Hof«.*

Alles, was ich über diese Zeit weiß, habe ich aus Katherines Briefen und unseren späteren Gesprächen erfahren. Sie wohnte in Wörishofen in einem Zimmer im Haus der Postmeistersfrau. Als sie es eines Tages etwas gemütlicher einrichten wollte und deshalb versuchte, einen viel zu schweren Schiffskoffer auf einen Schrank zu heben, lag sie danach mit großen Schmerzen ein paar Tage krank im Bett und erlitt wahrscheinlich eine Fehlgeburt. Sie hat mir nie viel darüber erzählt, aber aus ihren wenigen Andeutungen schloß ich, daß es sich so zugetragen hatte.

Katherine war danach zu längerer Untätigkeit gezwungen und fiel, wie viele Frauen in einer solchen Situation, in Angstzustände und Depressionen. Als mir klar wurde, was vorgefallen war, wußte ich erst nicht, was ich tun sollte, bis Miß Good mir gegenüber zufällig eine kleinen, achtjährigen Jungen in London erwähnte, der sich gerade von einer schweren Lungenentzündung erholte und dringend gesunde, frische Luft brauchte. Ich erzählte das sofort Katherine und schlug ihr vor, den kleinen Rekonvaleszenten zu sich zu nehmen. Sie war von meiner Idee begeistert und brachte ihre erwachte Mutterliebe dem kleinen Jungen entgegen.

62

18. *Bad Wöris-
hofen / Allgäu,
Kneippkur um
1900. (Gemälde
von Edmund von
Wörndle).*

19. *Hotel »All-
gäuer Hof«. Mit
Mansfield-Zim-
mer im Dachge-
schoß.*

Unser Plan ließ sich damals leichter verwirklichen, als
das heute der Fall wäre. Wir kauften dem Jungen eine Fahrkarte, hängten ihm eine Adresse um und schickten ihn auf
die Reise nach Bayern. Katherine nahm den Kleinen in
Empfang, sorgte für ihn und schloß ihn ins Herz. Sie behielt ihn fast drei Monate bei sich, bis er wieder so gesund
und kräftig war, daß er die Heimreise bedenkenlos antreten
konnte. Sie hatte ihm erlaubt, sie Sally zu nennen, wie es
Sidney Hislop damals getan hatte.

Inzwischen hatte Katherine viele Bekanntschaften geschlossen. Mit einigen freundete sie sich sogar näher an,
zum Beispiel mit einer Familie aus Österreich, in deren Gegenwart sie ausgelassen und fröhlich war und die sie später
in Genf wieder traf. Sie schrieb aber auch viel. Die meisten
Erzählungen aus *The German Pension* entstanden während
dieser Zeit und halfen ihr, die vielen bitteren Erfahrungen
zu verarbeiten.

Ein wichtiger Freund in dieser Zeit war Floryan Sobieniowski, ein polnischer Literat, mit dem sie gemeinsame
Interessen teilte und der wahrscheinlich sehr in sie verliebt
war.

Es gab aber auch noch andere Männer, die »Unerwünschten«, die sich am liebsten auf Katherine gestürzt hätten. Man darf nie vergessen, welch außergewöhnlichen Charme sie ausstrahlte und wie sehr sie die Männer mit ihrer heiteren, geistreichen Art bezauberte. Diese »Unerwünschten« verhielten sich aufdringlich, was Katherine große Angst einjagte. Vor einem besonders groben Kerl wäre sie am liebsten geflüchtet.* Katherine war ja erst einundzwanzig Jahre alt, eine verheiratete Frau, aber ohne Mann. Die Begegnungen mit diesen Männern störten sie so sehr, daß ihre wiedergefundene Ruhe und Gelassenheit bald dahin waren. Sie schmiedete mit Sobieniowski, dem Polen, Pläne für eine Reise in seine Heimat und – vielleicht – weiter bis nach Rußland und glaubte, ihm deutlich genug erklärt zu haben, diese Reise lediglich als Begleiterin mitmachen zu wollen. Er verließ Wörishofen und vereinbarte mit ihr ein Treffen in München, wo er bis zu ihrer Ankunft zwei Zimmer ausfindig zu machen versprach, wo sie beide studieren, lesen und arbeiten würden. Nach seinem Weggang schrieb sie ihm zahlreiche Briefe, die erst Jahre später zum Vorschein kamen. Es müssen liebevolle, glückliche Briefe voller Begeisterung und Vorfreude auf das Wiedersehen gewesen sein. Am Tag ihrer Abreise aus Wörishofen fuhr Katherine diesem neuen Abenteuer entgegen. Bei ihrer Ankunft in München fand sie jedoch nur ein einziges Zimmer vor. Überhaupt war der Alltag ganz anders, als sie es sich vorgestellt hatte. Mag sein, daß er dem Polen ganz natürlich erschien, aber Katherine schreckte er ab. Sie reiste deshalb sofort ab und fuhr nach England zurück.

Im Januar 1910 kam Katherine in London an. Auf ihre Bitte hin hatte ich im neuen Strand Palace Hotel, von dem sie gehört hatte, daß eine Übernachtung mit Frühstück nur elf Shilling kostete, ein Zimmer gebucht. Das stimmte

---

* Beschrieben in der Erzählung *The Swing of the Pendulum* im 1911 veröffentlichten Buch *In a German Pension*.

zwar, aber auch elf Shilling waren für sie zuviel, so daß sie fieberhaft überlegte, wie sie zu Geld kommen könnte, denn von ihren veröffentlichten Erzählungen konnte sie nicht leben. Wenn sie von ihren »Mahlzeiten« sprach, meinte sie damit nur das Frühstück. Sie verheimlichte mir weiterhin ihre Geldsorgen. Es fiel ihr außerordentlich schwer, darüber zu sprechen, weil sie wußte, daß ich selbst auch nicht viel mehr besaß.

Irgendwie schafften wir es, daß Katherine einstweilen im Hotel, in dem wir uns immer trafen, bleiben konnte. Dort machte Katherine auch die Bekanntschaft einer merkwürdigen Frau, einer Art Wahrsagerin, die Katherine von ihrer Kunst überzeugen wollte. Fast sah es danach aus, als ob sich Katherine dafür begeisterte. Kurz darauf, im Februar, entschied sie sich plötzlich, ihrer Familie zuliebe wieder zu ihrem Mann zurückzukehren und mit ihm ein neues Leben zu versuchen.

Der erste Schritt dazu war bald getan, doch nicht aus Freude, sondern weil sie es so beschlossen hatte. Da Katherine wußte, wo George Bowden wohnte, nahm ich an, daß zwischen ihnen ein Briefwechsel stattgefunden haben mußte.

Ich wußte damals nicht, daß George Bowden glaubte, ich sei lesbisch und der wahre Grund ihrer Trennung. Ich wußte ja nicht einmal, was unter ›lesbisch‹ zu verstehen war. Trotzdem wollte Katherine nicht, daß Bowden künftig etwas von meiner Anwesenheit erfuhr. Als sie dann in einer kleinen Wohnung am Gloucester Place mit ihm zusammenlebte, durfte ich sie nur sehen, wenn er nicht da war, mußte vor jedem Besuch anrufen und mich mit Lesley Moore melden – mit dem Namen, den ich von da an in jeder heiklen Situation annahm.

Katherine lebte mehrere Wochen mit Bowden zusammen, im Glauben, wieder schreiben zu können. Doch sie litt unter seiner mangelnden Anteilnahme und Zärtlichkeit und war mit ihm alles andere als glücklich. Ende März bat sie ihn dann, er möge mich zu ihr holen. Ich fand sie in einer zweitklassigen Klinik vor, wo mir mitgeteilt wurde, Katherine habe sich einer schweren Bauchfelloperation unterziehen müssen. Sie bat mich, sie so schnell wie möglich von dort wegzuholen, da der Chirurg ein zweideutiges Interesse an ihrem Körper gezeigt habe. Ich ließ sofort eine Droschke kommen und bat den Kutscher, langsam über die unebene Straße zu fahren, weil Katherines Wunde noch nicht verheilt war. Ich fuhr mit ihr zu meiner Wohnung, wo ich Katherine gleich ins Bett steckte. Miß Good, unsere Freundin, kam täglich vorbei, um die Wunde zu verbinden. Wir pflegten Katherine gemeinsam, bis sie wieder in der Lage war, aufzustehen und sich zu bewegen. Leider zu früh, wie sich später herausstellen sollte.

[Einige Monate zuvor, im Frühling 1910, waren der Vater und der Bruder von LM nach Rhodesien gezogen, um dort eine Farm aufzubauen. Der Vater hatte vor seiner Abreise für LM und ihre Schwester in Luxborough House eine kleine Wohnung gemietet. LM hatte Katherine dorthin gebracht, als es ihr so schlecht ging.

KMs Versuch, wieder mit Bowden zusammenzuleben, scheiterte, brachte ihr aber zumindest einen schriftstellerischen Erfolg. Auf Rat von Bowden hatte sie Kontakt mit A. R. Orage aufgenommen, dem Verleger der Zeitschrift *The New Age*. Das Blatt erschien einmal wöchentlich und galt in intellektuellen Kreisen als maßgebende Zeitschrift zu den Themen Politik, Religion, Literatur und Kunst. Orage war dafür bekannt, daß er nicht davor zurückschreckte, Kontroversen zu veröffentlichen. Ferner galt er als Förderer junger Schriftsteller. Er interessierte sich für KM, schätzte ihre Erzählungen und veröffentlichte jene, die sie in Wörishofen geschrieben hatte: *Bavarian Babies*, *The-Child-who-was-Tired*, außerdem drei ihrer satirischen Texte: *Germans at Meat*, *The Baron* und *The Luftbad*. Einige Ideen stammten aus Geschichten von Tschechow, die Katherine gelesen hatte, möglicherweise in deutscher Übersetzung. (*The Child-who-was-*

66

Tired ist eine Adaption von Tschechows Erzählung *Sleepyhead*, die schon 1903 in englischer Übersetzung mit *The Black Monk and Other Stories* zusammen erschienen war.) Zwischen Orage und Katherine entwickelte sich eine dauerhafte Beziehung. Sie riß auch dann nicht ab, als Katherine London verlassen mußte, um sich in Rottingdean einer Kur zu unterziehen. Orage besuchte sie dort zusammen mit Beatrice Hastings, seiner Verlagsassistentin, und wurde zu Katherines schriftstellerischem Berater.]

Im April mietete ich in Rottingdean ein paar Zimmer über einem Gemüseladen an einer kleinen Straße, die zum Strand hinunterführte. Von dort konnte Katherine das Meer rauschen hören und den Salzgeruch einatmen, aber sie fühlte sich immer noch so schlecht, daß wir den Arzt holen mußten. Es dauerte lange, bis sie wieder einigermaßen hergestellt war. Ihre Krankheit wurde damals weder gründlich diagnostiziert noch kuriert. Erst viele Jahre später – 1918 – kümmerte sich Dr. Sorapure richtig um sie und fand heraus, daß die häufigen Schmerzen nicht rheumatisch bedingt waren, sondern von einem anderen Leiden herrührten, das sie sich zugezogen hatte, bevor sie in die Klinik gebracht worden war.

Die Rechnung des Arztes war so hoch, daß Katherine nicht wußte, woher sie dafür das Geld nehmen sollte. Endlich brachte sie den Mut auf, Mr. Kay, den Direktor der Bank von Neuseeland in London, zu benachrichtigen. Sie glaubte sich dazu berechtigt, weil sie überzeugt war, ihrer Familie gegenüber genügend Abbitte geleistet zu haben. Warum sollte man ihre Bereitschaft, mit Bowden nochmals ein Zusammenleben zu versuchen, nicht honorieren? Die Anfrage stieß zum Glück nicht auf taube Ohren. Mr. Kay kam, sprach mit dem Arzt und übernahm schließlich alle Kosten – für Katherine eine riesige Entlastung.

Sobald sich Katherine wieder besser fühlte, mietete ich für sie ein kleines Ferienhaus in der Nähe, wo sie sich vollständig erholen konnte. Es begann eine ruhige, glückliche

20. *Katherine mit dem schwarz-silbernen, ägyptischen Seidenschal, den ihr Ida Baker geschenkt hatte, Rottingdean 1910.*

Zeit. Wir nahmen einen kleinen, herrenlosen Hund auf, den Katherine ins Herz schloß. Die Wiese neben dem Haus begann zu blühen und wuchs zu einem Teppich großer, weißer Gänseblümchen. Ich ging ab und zu nach Brighton und holte für Katherine Bücher aus der Bibliothek. Leider waren es nicht immer die richtigen, weshalb ich auf die Idee kam, ihr öfters einen hübschen Seidenschal mitzubringen, um sie nicht zu enttäuschen. Einen schwarzsilbernen, ägyptischen Schal, mit dem ich sie einmal in diesem Haus fotografiert habe, mochte sie besonders gern.

Meist schien die Sonne. Vom Meer wehte eine leichte Brise zu uns herüber. Endlich konnte Katherine wieder herumlaufen, am Strand sitzen und dem Rauschen des Wassers zuhören. Das hatte sie seit ihrer Reise in Neuseeland, seit jenem Aufenthalt in Day's Bay, nicht mehr tun können. Hier schrieb sie die beiden folgenden Gedichte:

Sea

The sea called – I lay on the rocks and said:
›I am come.‹
She mocked and showed her teeth,
Stretching out her long green arms.
›Go away!‹ she thundered.
›Then tell me what I am to do‹, I begged.
›If I leave you, you will not be silent.
But cry my name in the cities
And wistfully entreat me in the plains and forests;
All else I forsake to come to you – what must I do?‹
›Never have I uttered your name‹, snarled the sea.
›There is no more of me in your body
Than the little salt tears you are frightened of shedding.
What can you know of my love on your brown rock pillow? …
Come closer‹.

The Sea Child

Into the world you sent her, mother,
Fashioned her body of coral and foam,
Combed a wave in her hair's warm smother,
And drove her away from home.

In the dark of the night she crept to the town
And under a doorway she laid her down,
The little blue child in the foam-fringed gown.

And never a sister and never a brother
To hear her call, to answer her cry.
Her face shone out from her hair's warm smother
Like a moonkin up in the sky.

She sold her corals; she sold her foam;
Her rainbow heart like a singing shell
Broke in her body: she crept back home.

Peace, go back to the world, my daughter,
Daughter, go back to the darkling land;
There is nothing here but sad sea water,
And a handful of shifting sand.

Bowden besuchte sie hier noch ein oder zwei Mal. Aber Katherine hatte sich endgültig entschieden. Sie wollte den Versuch, mit ihm zusammenzuleben, nicht noch einmal wiederholen. Um ihn loszuwerden, bat sie mich, ihm das Dorf zu zeigen. Als ich mit ihm vor der Kirche stand, schlug ich ihm vor, allein hineinzugehen, weil ich keinen Hut trug. Da riß er seine Melone vom Kopf und setzte sie mir auf, im Glauben, ich würde auf seinen Scherz eingehen. Er ließ sich dann nicht mehr blicken. Katherine hat ihn erst wieder gesehen, als er ein paar Jahre später noch einmal auftauchte, um sie um ihr Einverständnis zur Scheidung zu bitten.

Als es Katherine besser ging, nahm sie wieder Kontakt zu ihren Freunden auf. Orage und Beatrice Hastings kamen öfters vorbei und blieben ein paar Tage*, ebenso ein paar andere Schriftsteller, deren Namen ich vergessen habe. Wenn zu viele Besucher da waren, fuhr ich zu meiner Schwester nach London, weil das Ferienhaus sehr klein war.

Auf einem unserer Spaziergänge mit diesen Freunden wagten wir einmal eine Kletterpartie über die Klippen, wobei wir zu einem verlassenen, abgesperrten Haus kamen, das nicht betreten werden durfte. Die Klippen waren schon sehr brüchig und der halbe Garten abgerutscht. Trotzdem kletterten wir über die Absperrung – ich nur zögernd – und drangen in die unteren Räume des Hauses ein. Nie habe ich die unheimliche Stimmung darin vergessen. Das Haus schien seinen Verfall zu ahnen und erzitterte, wenn eine große Welle an die Klippen schlug. Ich fand meine Ruhe erst wieder, als Katherine draußen auf dem Uferweg wieder in Sicherheit war. Was mit den anderen geschah, war mir gleichgültig. Dumm waren sie auf jeden Fall, sonst hätten sie nicht mit dem Tod gespielt. Ich konnte mich nicht auch noch um sie kümmern. Hauptsache, daß Katherine und ich der Gefahr entronnen waren.

Ein anderes Mal gingen wir zum Strand hinunter. Katherine stand lange da und blickte aufs Meer. Auf einmal drehte sie sich um und fragte mich, was ich sähe. Ich sagte nur, daß ich die Farbe des Meeres und die bunten Luftballons der spielenden Kinder sähe. Sie antwortete mit Schweigen.

Eines Nachts fühlte sich Katherine nicht wohl. Sie war früh zu Bett gegangen, als plötzlich ein fürchterliches Gewitter losbrach. Wir lehnten uns aus dem Fenster, schauten gebannt den zuckenden Blitzen zu und erschraken, wenn der Donner die Nacht erschütterte. Plötzlich fiel Katherine

---

* Sie hatten Katherines Gedicht *Loneliness* im Mai 1910 in *The New Age* veröffentlicht.

in Ohnmacht. Ich war entsetzt und wußte nicht, was ich tun sollte. In den Sturm hinausrennen und einen Arzt suchen? Ich hatte noch nie einen Menschen ohnmächtig gesehen. Schnell trug ich Katherine ins Bett zurück, deckte sie zu und flüsterte: »Katie, komm zurück! Komm zurück, Katie!« Nach etwa zehn Minuten war sie zum Glück wieder bei Bewußtsein. Bald darauf kam sie zu Kräften, so daß sie nach London zurückkehren konnte, wo ihr die Wohnung von Henry Bishop angeboten wurde.

[Henry Bishop war Maler. Katherine hatte ihn durch Orage kennengelernt. Im August 1910 bezog sie seine Woh-

21. *Katherine in Rottingdean, 1910.*

nung in Cheyne Walk, Chelsea, und blieb fünf Monate dort, während Bishop im Ausland weilte. Im Oktober wurde sie einundzwanzig Jahre alt. Ein neues Leben tat sich auf. Sie begann in den literarischen Kreisen von London zu verkehren und kam mit Leuten ihresgleichen zusammen. Eben waren vier weitere Erzählungen aus ihrer Zeit in Bayern in *The New Age* veröffentlicht worden. Sie schrieb jetzt auch Kolumnen für *The New Age*, in einer Spalte, in der die heftigsten literarischen Kämpfe ausgetragen wurden. Die Zusammenarbeit mit Beatrice Hastings wirkte anregend auf Katherine und schürte ihre Angriffslust.

Beatrice Hastings war neun Jahre älter als KM. Sie lebte mit Orage zusammen und war in jeder Ausgabe von *The New Age* unter verschiedenen Pseudonymen mit mindestens zwei bis drei Artikeln vertreten. Sie schrieb ebenso bissige Berichte über Literatur wie über Frauenrechte und religiöse Fragen. Der Stil der beiden Frauen war verblüffend ähnlich und konnte leicht verwechselt werden. Beide empfanden ihre Zusammenarbeit als Herausforderung und als eine Möglichkeit, einander an Sarkasmus und Witz zu übertreffen. Sogar äußerlich sahen sich die beiden Frauen ähnlich, so daß LM behauptete, die Fotografie in Alpers Buch (Seite 144), die auch als Frontispiz im Band der gesammelten Briefe im Jahr 1951 erschien, stelle in Wirklichkeit Beatrice Hastings dar, nicht KM.

Ende August hörte Katherine für einige Zeit auf, für *The New Age* zu schreiben. Im Dezember schickte sie die Erzählung *A Fairy Story* an *The Open Window*, einer neuen Zeitschrift für Poesie, die Vivian Locke Ellis gegründet hatte.]

Katherine genoß das Leben in Henry Bishops Wohnung in vollen Zügen. Zwei Zimmer standen ihr zur Verfügung: ein großes mit einem kleinen Nebenraum mit Bett und Kochnische. Die Wohnung lag am Embankment, wo die King's Road endet und der alte Pub namens World's End lag. An Sommerabenden tönten von dort die Melodien eines alten

Straßenmusikanten herüber, die sich mit dem Rauschen des Flusses und dem Tuckern der Boote vermischten. Die Platanen entlang der Straße sahen nachts im Licht der Gaslaternen besonders schön aus. Einmal versuchte Katherine, eine windgepeitschte, im Regen stehende Platane zu zeichnen; eine Kohlezeichnung, die ich jahrelang aufbewahrt habe.

Katherine hatte beschlossen, auf dem niedrigen Sofa vorn am Fenster zu schlafen. Das Licht der Straßenlampen schien bis tief in die Nacht in ihr Zimmer, warf bewegte Muster auf die Wände und verjagte ihre Ängste.

Inzwischen hatte ich die Musikakademie verlassen und verfügte über genügend Zeit, Katherine täglich zu besuchen; manchmal blieb ich auch über Nacht bei ihr. Ich erinnere mich noch an unseren Mitternachtstee und – wenn Katherine besonders hungrig war – an die hartgekochten Eier dazu. Als ich eines Nachts hinten in der kleinen Kammer schon zu Bett gegangen war und schlief, wurde ich wieder wach, weil ich sie plötzlich laut sagen hörte, sie spiele mit dem Gedanken, England zu verlassen und nach Japan zu gehen. Ich war bestürzt und höre mich heute noch zurückrufen: »Oh, dann bin ich ja ganz allein!« Darauf beruhigte sie mich und versprach mir hoch und heilig, nicht nach Japan zu fahren. Dieser Vorfall ist mir wohl nur deshalb im Gedächtnis geblieben, weil mir später klar wurde, wie egoistisch es von mir war, sie meinen Schmerz spüren zu lassen und ihr Steine in den Weg zu legen. Die Reise war für sie sicher eine reizvolle Idee, aber sie gab sie sofort wieder auf.

Es ist nicht verwunderlich, daß ein paar unerwünschte Herren den Weg zu Katherine sogar bis hierher gefunden hatten. Zum Glück war damit nur wenig Ärger verbunden. Einer von ihnen war jedoch so aufdringlich, daß ich zur Tür geschickt wurde, um ihn wegzujagen. Er war ausgerechnet an jenem Tag gekommen, als Gwen Rouse, eine frühere Freundin vom College, bei Katherine zu Besuch war. Er hatte das Haus offenbar schon längere Zeit beobachtet, um sich von Katherines Anwesenheit zu überzeugen. Ich ging hinunter und teilte ihm mit, sie sei nicht zu Hause und machte ihm klar, ich würde jede Auskunft über sie verweigern. Darauf sagte er, er möchte auf sie warten und wünsche hereinzukommen. Ich mußte schnell eine Ausrede finden und erklärte ihm, Katherine habe ihr Zimmer einer Freundin und mir zur Verfügung gestellt, da wir dort schneidern wollten. Das war beinahe wahr, denn Gwen nähte tatsächlich gerade. Darauf sagte der Mann, das würde ihn keineswegs stören, im Gegenteil, er würde gerne hereinkommen und uns helfen. Ich blieb aber hart, nah daran, die Tür vor seiner Nase zuzuschmettern, worauf er mich mißbilligend von oben bis unten betrachtete, endlich aufgab und sich nie wieder zeigte.

In diesem Zusammenhang möchte ich versuchen, etwas klarzustellen. Es kam häufig vor, daß man Katherines Umgang mit mir kritisierte. »Sie hat dich ausgenützt«, hieß es. Aber wenn dem so war, dann nur, weil ich sie gewähren ließ. »Es muß furchtbar schwer gewesen sein, mit ihr zu leben« – auch das habe ich häufig gehört. Katherine stellte höchste Ansprüche an das Leben. Niemand vermochte ihnen gerecht zu werden. Obwohl ich ihr voll und ganz zustimmte und mich bemühte, scheiterte ich oft schon bei Kleinigkeiten. Katherine erreichte auch selbst ihre hochgesteckten Ziele nicht, doch gelang es ihr zumindest, sich ihnen zu nähern und trotz aller Schwierigkeiten an ihnen festzuhalten. Was sie von anderen verlangte, forderte sie in doppeltem Maß von sich selbst. Feingefühl und Selbstdisziplin gehörten für sie zu den unabdingbaren Voraussetzungen eines glaubwürdigen Künstlerlebens.

Während der Zeit in Chelsea fand Katherine eine sehr geschickte Frau, die für sie all die zartfarbenen Jäckchen aus weichem Samt nähte. Katherine trug sie über viele Jahre, liebte aber auch die warmen, weiten Winterröcke, die

Kleider mit langgezogenem, eng anliegendem Mieder und die schwingenden, in Falten gelegten Röcke. Alles, was mit Mode und Kleidern zu tun hatte, spielte damals eine wichtige Rolle für sie.

Katherine lernte auch die Frau in der Wohnung über ihr kennen, Madame Alexandra, die Opernsänger ausbildete. Als sie Katherine singen hörte, kam sie schnurstracks zu ihr herunter, um sie zu überreden, Opernsängerin zu werden. Katherine nahm tatsächlich ein paar Stunden bei ihr, gab es aber bald wieder auf, als sie merkte, daß Madame Alexandra sie allzusehr in Beschlag nehmen wollte. Nur ihren Flügel wollten wir ihr abkaufen, damit Katherine üben konnte. Wir teilten den Betrag unter uns auf und zahlten ihn in Raten, doch ehe wir alle abbezahlt hatten, entschloß sich Katherine, den Flügel wieder zu verkaufen. Zum Glück war ich damals in der Lage, die letzte Rate von meinem Ersparten zu begleichen.

In Henry Bishops Wohnung verbrachten wir eine ausgesprochen glückliche Zeit. Katherine war wieder ganz gesund und fühlte sich in ihrem Element. Das Leben schien ihr von neuem lebenswert und ließ sie die vielen Sorgen und Schrecken vergessen. Sie blühte auf. Es war eine erholsame Zeit zwischen Abschluß und Neubeginn – für sie eine notwendige, willkommene Atempause.

Katherine schloß während dieser Zeit viele neue Bekanntschaften. Zu William Orton, einem jungen Lehrer und angehenden Schriftsteller, fühlte sie sich besonders hingezogen. In seiner späteren Autobiographie *The Last Romantic* schilderte er die Zeit seiner Beziehung mit Katherine. In ihrem Verhältnis lag viel Geheimnisvolles und Besonderes. Beide fühlten sich in ihrer Liebe geborgen. Katherine sprach oft mit mir darüber.

Im Gedicht *There was a Child Once* hat sie ihre Gefühle zum Ausdruck gebracht.

There was a Child Once

There was a child once.
He came to play in my garden;
He was quite pale and silent.
Only when he smiled I knew everything about him,
I knew what he had in his pockets,
And I knew the feel of his hands in my hand
And the most intimate tones of his voice.
I led him down each secret path,
Showing him the hiding-place of all my treasures.
I let him play with them, every one,
I put my singing thoughts in a little silver cage
And gave them to him to keep...
It was very dark in the garden
But never dark enough for us. On tip-toe we walked
among the deepest shades;
We bathed in the shadow pools beneath the trees,
Pretending we were under the sea.
Once – near the boundary of the garden –
We heard steps passing along the World-road;
O, how frightened we were!
I whispered: ›Have you ever walked along that road?‹
He nodded, and we shook the tears from our eyes ...
He came – quite alone – to play in my garden;
He was pale and silent.
When we met we kissed each other,
But when he went away, we did not even wave.

Sie schenkte Orton ihren schönen, schwarzen Opalring,
den sie vor langer Zeit von den Maori bekommen hatte, einen Stein, von dem man sagte, es gehe eine geheime Kraft
von ihm aus.

Unter den zahlreichen Besuchern befanden sich auch
Freunde und Freundinnen aus der Queen's College-Zeit,
sogar Walter Rippmann, ihr Deutschlehrer, war dabei,

doch Katherine lehnte die Art der Beziehung, die er sich wünschte, ab.

Ein häufiger Gast war ein knabenhafter, schöner Mann, der Katherine immer hübsche Geschenke mitbrachte. Ich erinnere mich noch an ein Puzzle, das ein kleines russisches Dorf darstellte und Katherine besonders erfreute. Bis in die kleinsten Einzelheiten waren darauf Kirchen, kleine Scheunen und Häuser abgebildet. Der junge Mann spielte selbst damit und lag dabei auf dem Boden vor dem Kamin.

Zu Weihnachten brachte er ein kleines, wunderschön geschmücktes Bäumchen mit winzigen Lichtern mit. Katherine fühlte sich zu diesem Mann sehr hingezogen, er seinerseits verliebte sich in sie. Beide waren glücklich und schmiedeten Heiratspläne. Ihre Affäre war aber nur von kurzer Dauer, denn die Eltern des Mannes waren dagegen. Ihrer Ansicht nach war Katherine als verheiratete, alleinlebende Frau eine Gefahr für ihren Sohn. Sie müssen ihm die Verbindung zu ihr verboten haben, denn er zeigte sich nie wieder.

[Diese glückliche Beziehung hatte KM die innere Sicherheit zurückgegeben. Ein Grund, weshalb sie der klugen, aber zynischen Welt von *The New Age* Ende August den Rücken kehrte und ihre Erzählung *A Fairy Story* bei der Zeitschrift *The Open Window* einreichte.]

Anfang 1911 kam Henry Bishop zurück und wünschte, wieder in seine Wohnung zu ziehen, wo wir eine so heitere, glückliche Zeit verbracht hatten. Wir waren traurig, uns nach einer anderen umsehen zu müssen. Es war, wie ich schon gesagt hatte: ein Ende und ein Anfang – der Beginn eines neuen Lebensabschnitts.

6 »Das Leben in allen Dimensionen leben«

Die neue Wohnung befand sich in der Gray's Inn Road, Clovelly Mansions. Ich weiß nicht mehr, wer von uns sie zuerst gesehen hat, vielleicht wir beide gemeinsam. Es war eine Dachwohnung in einem gediegenen Haus aus rotem Backstein. Eine Zementtreppe mit einem Eisengeländer führte hinauf. Das Haus überragte die Dächer der Nachbarhäuser, so daß man das Gefühl hatte, über ganz London zu schweben. Von weit unten hörte man das Rattern der Straßenbahnen.

Die Wohnung hatte vier Zimmer: ein Schlafzimmer, eine Küche und zwei weitere Räume. Weil Katherine nichts besaß, schmückten wir Boden und Wände des Wohnzimmers mit zartgelben Bambusmatten, da sie am billigsten waren. Die Leute, die uns besuchen kamen, saßen auf Kissen auf dem Boden. Es gab ein Schreibpult auf Rollen, einen Lehnstuhl, einen großen Korbsessel aus meinem Elternhaus und viele Kissen. Viel mehr brauchten wir nicht. In den Nächten, die ich nicht in der Wohnung verbrachte, schichtete Katherine die Kissen zu einem Berg vor der Eingangstür auf, um ohne Angst schlafen zu können.

Katherine wollte die Küche mit großen Reiseplakaten tapezieren, für die ich ganz London absuchte. Bald darauf sah die Küche aus, als segelte sie fröhlich in die Welt. Auch der andere Raum war mit Bambusmatten ausgelegt. Darin standen der Flügel, den wir Madame Alexandra abgekauft hatten, und eine kostbare Buddha-Figur, die mein Vater aus Indien mitgebracht hatte. Sie nahm einen Ehrenplatz ein, und immer stand eine Schale mit Blumen davor.

Kurz nach ihrem Einzug in diese Wohnung merkte Katherine, daß sie wieder schwanger war. Sie schrieb dem betreffenden jungen Mann mehrere Briefe und bat ihn zu sich. Auf keinen einzigen erhielt sie eine Antwort, weshalb ich ihn in seinem Büro aufsuchte, um ihn von der Dringlichkeit seines Besuches zu überzeugen. Trotz seiner Versprechungen kam er nicht und erfuhr deshalb nie etwas von seiner Vaterschaft. Er ließ Katherine im Stich, aber ihre Freude auf das Kind überstrahlte die Enttäuschung. Sie hatte eine neue innere Sicherheit gefunden.

Sie liebte die neue Wohnung und richtete sich häuslich darin ein. In den ersten drei Monaten verbrachte ich die meiste Zeit bei ihr. Wir erlebten glückliche Stunden miteinander, vor allem, wenn Katherine scherzte und Theater spielte, Leute nachahmte, singend von einem Zimmer zum andern tanzte oder auf dem Flügel spielte.

In der sonnigen Küche kochte sie gerne – meist mit einem Lächeln auf den Lippen. Hier brachte sie mir bei, wie man die Mehlsauce für das Eintopfgericht zubereitete, das sie als Kind bei den Waters, ihren Verwandten in Neuseeland, kochen gelernt hatte. In dieser glücklichen Zeit erinnerte sie sich besonders häufig an ihre Kindheit und schilderte mir ihre Erlebnisse in den lebendigsten Bildern. Unser ganzes Leben in dieser Wohnung war lebendig und farbig. Manchmal war uns, als treibe die lichte Wohnung mit uns über Kamine und Dächer hinweg in den Himmel hinein.

Mehrmals am Tag ging ich zu meiner Schwester nach Luxborough House, um Katherine ungestört schreiben zu lassen. Am Abend kam ich wieder zurück, verhielt mich ruhig, träumte vor mich hin, während Katherine arbeitete und schrieb, ohne daß sie sich eingeengt fühlen mußte. Ich blieb so oft wie möglich über Nacht bei ihr, weil sie immer noch nicht ruhig schlief. An diesen Abenden gingen wir immer spät zu Bett. Während Katherine vor dem Kamin saß und der Schein des Feuers sich in ihren Augen spiegelte, begann sie, ihre Gedanken in Worte zu fassen. Gegen

Mitternacht wurde es für mich aber immer schwieriger, in der behaglichen Wärme des Zimmers wach zu bleiben. Sie dagegen entwickelte ihre Gedanken weiter, redete sich in eine Welt voller Licht und Schönheit und entglitt mir – während ich schon schlief.

An einem dieser Abende war ich von tiefem Glück und großem Frieden erfüllt, und mir wurde bewußt, daß ich mich in meinem Leben nie wieder so vollkommen glücklich fühlen würde. Ein unvergeßliches Erlebnis. Ein Höhepunkt unserer Freundschaft.

Endlich schien sich Katherine sicher und aufgehoben zu fühlen. Als ich im April 1911 von meinem Vater einen Brief mit der dringenden Bitte erhielt, zusammen mit meiner Schwester zu ihm nach Rhodesien zu kommen und ein paar Monate bei ihm zu bleiben, entschieden Katherine und ich, daß ich ruhig fahren solle. Katherine erwartete ihr Kind und freute sich darauf. Sie war älter geworden und fähiger, ihr Leben selbständig zu leben. Dennoch eröffnete ich für sie ein Bankkonto mit einem Betrag, von dem sie ohne Sorgen leben konnte, weil ich sie während meiner Abwesenheit in finanzieller Sicherheit wissen wollte. Ich kann es mir trotzdem noch heute nicht erklären, wie ich es damals fertiggebracht habe, sie in dieser Zeit allein zu lassen. Ich muß verrückt gewesen sein. Aber ich fuhr, und Katherine drückte mir einen Nelkenstrauß in die Hand, bevor ich sie im Taxi verließ.

Ich blieb ungefähr fünf Monate fort. Als ich im Herbst zurückkam, war kein Kind da und die Summe auf dem Bankkonto aufgebraucht. Wir haben nie darüber gesprochen. Offensichtlich hatte Beatrice Hastings die Hände mit im Spiel, und es müssen sich schlimme Dinge zugetragen haben.

Orage und Beatrice Hastings hatten während meiner Abwesenheit einen immer größeren, einflußreicheren Platz in Katherines Leben eingenommen und sie mit einem Kreis junger Schriftsteller zusammengebracht. Gewöhnlich beherrschte Katherine jede Situation, gab sich selbstsicher und spontan, aber nur so lange, bis sie sich unvermittelt in ihr Innerstes zurückzog. Sie fand es reizvoll, unter dem Einfluß von Beatrice Hastings unbekümmert dahinzuleben, sich mit Witz und Ironie zu wappnen und oft hart und angriffslustig zu reagieren. Sie sagte selbst einmal, Beatrice habe das Böse in ihr geweckt. Oder sollte das Böse von Beatrice auf sie abgefärbt haben?

Katherines gefährliche Leidenschaft, das Leben in allen Dimensionen leben zu wollen, war wieder entflammt. Sie wollte alles wissen, alles erleben, alles verstehen. Ihr Dasein war atemlos, oft sogar gierig, und beeinflußte ihre schriftstellerische Arbeit. Sie sagte aber einmal, daß ein Teil von ihr auch in intensivsten Augenblicken abseits stehe, um zu beobachten, zu sammeln und zu verarbeiten. Das habe ich nie ganz verstanden.

[Im Juni 1911 begann KM wieder für die Zeitschrift *The New Age* zu schreiben. Es erschienen die letzten Erzählungen aus *In einer deutschen Pension*, *The Modern Soul* und *The Festival of the Coronation*. Im August und September erschienen die beiden Erzählungen *The Journey to Bruges* und *Being a Truthful Adventure*, dann im Oktober das Spottgedicht *Love Cycle*. Die im März und Juni des folgenden Jahres abgedruckten Texte waren im satirischen Stil von Beatrice Hastings geschrieben.]

Während ich in Rhodesien war, kamen Mr. und Mrs. Beauchamp im Mai mit ihrem Sohn Chummie nach England, um ihn in London studieren zu lassen. Nach der jahrelangen Trennung genoß Katherine das Wiedersehen mit ihrem geliebten Bruder. Die beiden waren oft zusammen und fühlten sich einander so nah wie nie zuvor. Katherine schrieb mir nach Rhodesien, wie glücklich sie sei. Ich glaube, daß die Liebe zu ihrem Bruder ihre größte Freude war. Chummie schrieb mir gelegentlich, weil er mich sehr mochte und wußte, wie innig ich mit Katherine verbunden war.

82

22. *Ida Baker (rechts außen sitzend) während ihres Aufenthaltes in Rhodesien 1914 – 1916.*

Während Katherine den Besuch ihrer Eltern genoß und oft mit ihnen zusammen war, entdeckte sie zum ersten Mal, wie nah sie ihrer Mutter stand und wieviel Gemeinsames sie miteinander verband. Mutter und Tochter waren sich tatsächlich sehr ähnlich. Beide stellten hohe Ansprüche und waren kritisch, beide hatten Sinn für Humor, aber auch für Distanz und Zurückhaltung.

Noch als ihre Eltern in London weilten, erkrankte Katherine ernsthaft an einer Lungenentzündung oder Bronchitis. Damals gab es noch keine rasch wirkenden Medikamente. Ich wurde leider weder benachrichtigt noch sonst irgendwie informiert und vernahm nichts davon. Erst später schilderte mir Katherine, wie schwerelos sie sich dabei gefühlt habe, wie von einer unsichtbaren Kraft getragen. Als das Fieber gestiegen sei, habe sie gesehen, wie die roten, kleinen Elefanten auf dem indischen Bettüberwurf begonnen hätten, sich in Bewegung zu setzen, mit den Rüsseln herüberzuwinken und feierliche Runden auf dem schmalen Weg zu drehen.

Sobald es Katherine ein wenig besser ging, schlugen ihre Eltern einen Erholungsaufenthalt in Genf vor, in der Hoffnung, ein Luftwechsel täte ihr gut. Sie hielten es aber weder für nötig, sie dorthin zu begleiten, noch nach jemandem Ausschau zu halten, der ihr auf der Reise behilflich sein könnte. Sie kümmerten sich auch nicht um ihr Geld. Ich weiß nicht, wie Katherine sich dort schließlich durchgeschlagen hat.

Inzwischen befand ich mich auf der Rückreise von Rhodesien nach England und machte in Paris einen Zwischenhalt. Unsere Reiserouten sollten sich dort kreuzen, weshalb ich Katherine die Adresse meines Hotels mitteilte, in der Hoffnung, sie in Paris zu treffen. Sie schickte mir aber ein Telegramm und schlug mir ein anderes Hotel vor. Zum Schluß verpaßten wir uns. Als ich darauf allein nach London zurückfuhr, besuchte mich Chummie schon am ersten Abend, um mir über Katherines Krankheit und ihren Aufenthalt in Genf zu berichten. Er war rührend besorgt um sie, ohne jedoch etwas von ihren früheren Schwierigkeiten zu ahnen. Ich sah ihn danach noch zwei- oder dreimal. Nachdem ich das Geld für die Fahrkarte und zusätzliche fünf Pfund zusammengespart hatte – die Rückreise von Afrika hatte mein Vater bezahlt –, teilte ich Chummie meinen Entschluß mit, nach Genf zu fahren. Als ich Katherine dort traf, war ihre erste Frage: »Hast du Geld bei dir?« Die arme Seele besaß nur noch ein Pfund. Glücklicherweise hatte ich genügend Geld für uns beide, aber die Knauserigkeit ihres Vaters verärgerte mich.

In Genf verbrachten wir ruhige, sonnige Tage in einer Pension, in der wir ein reizendes Dachzimmer mit Blick auf eine blitzsaubere Straße mit vielen Bäumen bewohnten. Jeden Morgen lag weißes Bettzeug in allen Fenstern, sogenannte »duvets«, die wie weiße Wolken in der Sonne hingen, während von den Bergen in der Ferne ein herrlich frischer Wind wehte. Die gute Luft wirkte heilend und schenkte Katherine neue Kräfte, die sie – wie nicht anders zu erwarten – zum Schreiben neuer Erzählungen anregten.

Eines Morgens bebte in der Frühe die Erde. Ich stand sofort auf, vom seltenen Ereignis verwirrt und überrascht. Katherine sprang auf, beruhigte mich und sagte fachmännisch, sie »wisse alles über Erdbeben«, dieses hier sei nicht der Rede wert. Diese spontane Reaktion berührt mich noch heute.

Während dieser Genfer Zeit kam Katherine oft mit der netten Familie zusammen, die sie in Wörishofen kennengelernt hatte. Ich war nicht dabei. Weil mein Geld knapp wurde, zog ich es vor, rechtzeitig nach London zurückzufahren. Ich hatte keine Bedenken, weil ich Katherine in freundlicher Gesellschaft wußte.

Zu der Zeit, als ich in Rhodesien war, hatte Katherine begonnen, Leute ihresgleichen zu treffen, ihren Horizont zu erweitern und sich zu entwickeln. Ich dagegen hatte mit ihr nicht Schritt gehalten und war zurückgeblieben. Langsam begann ich den Unterschied zwischen uns zu begreifen und lernte den Schmerz kennen, den eine solche Erfahrung auslösen kann. Eine Erkenntnis, die unsere Beziehung in den folgenden Jahren stark geprägt hat. Das Gefühl, nicht zu genügen, hat mich fast mein ganzes Leben lang verfolgt.

23. *Ida Baker in Rhodesien.*

Erst in den letzten Jahren habe ich gelernt, mich anzunehmen, wie ich bin. Sich selbst zu sein, ist das einzige, was zählt – wer auch immer man ist. Nichts kann den wahren Kern in einem Menschen zerstören.

Kaum war ich wieder in London, wollte auch Katherine zurückkehren. Sie war ungeduldig, ihren Bruder und die Wohnung wiederzusehen. Im September 1911 war sie in London, aber ich sah sie selten, weil sie sich meist bei ihren Eltern aufhielt. Bevor Mrs. Beauchamp mit ihrem Mann nach Neuseeland zurückfuhr, schrieb sie mir einen reizenden Brief und fügte ein Bild von sich bei, das ich viele Jahre aufbewahrt habe.

[Im Herbst 1911 brachte Stephen Swift Katherines Buch *In a German Pension* mit zehn schon in *The New Age* veröffentlichten und drei neuen Erzählungen heraus. Das Buch wurde sehr gelobt, besonders in Amerika, wo es sechsmal besprochen wurde. KM verdiente damit trotzdem nur 15 Pfund.]

Zu jener Zeit schrieb Katherine sehr intensiv, arbeitete aber nicht mehr bei *The New Age* mit. Ich weiß nicht, warum und kann deshalb nur wenig über ihr damaliges Schreiben erzählen, weil sie sich kaum mit mir darüber unterhielt. Es gab keinen Anlaß dazu. Hätte es ihn gegeben, hätte ich wahrscheinlich nichts davon verstanden. Sie hatte ja nun genügend intellektuelle Freunde, mit denen sie darüber diskutieren konnte.

Gelegentlich wurde sie von Mr. und Mrs. Georges zum Essen eingeladen, wobei sie zum ersten Mal John Middleton Murry begegnete, der damals noch Student war. Sie kamen miteinander ins Gespräch, und nicht lange darauf suchte er sie in der Wohnung an der Gray's Inn Road auf. Jedesmal, wenn er kam, besprach er mit ihr seine Arbeit und lag dabei bäuchlings auf dem Boden, »wie ein kleiner, spielender Junge«, wie Katherine sagte.

Sie war sehr beeindruckt von ihm, von seinem Äußeren, seiner Art und seinen Ansichten. Alles an ihm gefiel ihr. Besonders begeistert war sie von seinem Vorschlag, sie bei der Herausgabe seiner Zeitschrift *Rhythm* mitarbeiten zu lassen. Murry hatte das Studium in Oxford bald satt gehabt und vorzeitig die Universität verlassen, obwohl ihm seine Freunde von diesem Schritt abgeraten hatten. Er kehrte in sein Elternhaus zurück und teilte das Leben einer einfachen Arbeiterfamilie, das er als hemmend empfand. Er beklagte sich bei Katherine darüber und jammerte ihr vor, wie unverstanden er sich fühle und wie sehr er sich nach einem Ort sehne, wo er ungestört seine Pläne weiterentwickeln könne. Damit gewann er ihre ganze Sympathie. Sie bot ihm ein Zimmer in ihrer Wohnung an, ausgerechnet das Buddhazimmer. Murry sehnte sich nach Veränderung. Ostern stand vor der Tür. Warum nicht gleich damit beginnen?

Ich hatte von Murrys Plänen keine Ahnung und freute mich auf das bevorstehende Wochenende bei Katherine. Welche Enttäuschung! Als ich kam, mußte ich ihr helfen, seinen Schrank mit feinen Lebensmitteln vollzustopfen und eine 5 Pfundnote darin zu verstecken, weil er angeblich mittellos war. Verzweifelt ging ich zu mir nach Hause zurück, wobei mich Katherine ein Stück weit auf dem Oberdeck eines Omnibusses begleitete. Es kam selten vor, daß wir uns über unsere Freundschaft unterhielten, aber als sie merkte, wie enttäuscht ich über unsere verlorene Nähe war, schrieb sie ein Gedicht für mich. Sie schrieb es auf die Innenseite meines kleinen Büchleins über Magie und Weisheit, das zu meinen kostbarsten Schätzen gehörte:

The Secret

In the profoundest Ocean
There is a rainbow shell,
It is always there, shining most stilly
Under the greatest storm waves
And under the happy little waves
That the old Greeks called ›ripples of laughter‹.
And you listen, the rainbow shell
Sings – in the profoundest ocean.
It is always there, singing most silently…!

7 »Manchmal kam es mir vor, als lebte ich drei Leben«

LONDON – PARIS – RUNCTON – CHOLESBURY
1912-1914

[Von Ostern 1912 an lebte Katherine mit John Middleton Murry zusammen und begann bei *Rhythm* mitzuarbeiten. Die Idee zu dieser Zeitschrift war entstanden, als Murry sich als Oxfordstudent im Winter 1910 in Paris aufgehalten, in Künstlerkreisen verkehrt und dabei den französischen Schriftsteller Francis Carco kennengelernt hatte. (Carco schilderte diese Zeit später in *Boheme d'Artiste* und *Montmartre à Vingt Ans*. Carco wurde von KM in der Erzählung *Je ne parle pas français* in der Figur von Raoul Duquette porträtiert.) Murry hatte auch den schottischen Maler John D. Fergusson kennengelernt, der in Paris ein Atelier besaß und sich mit dem Rhythmus in der Kunst befaßte. Als er hörte, daß Murry und sein Studienkollege Michael Sadlier (damals Sadler) an die Gründung einer Zeitschrift dachten, war er so begeistert, daß er vorschlug, sie *Rhythm* zu nennen und zum Forum neuer Strömungen innerhalb der Literatur zu erklären. Die erste Nummer sollte bahnbrechend sein und für eine Kunst plädieren, die jede Oberflächlichkeit ausschloß. Eine Kunst, verstanden als Echo auf den Rhythmus unseres Seins, als Antwort auf die Schönheiten und Abgründe unseres Lebens.

Die Zeitschrift erschien erstmals im Sommer 1911, danach vierteljährlich in einer Aufmachung, die sich sehen lassen konnte: Schöne Schrift (*caslon type*), gutes Papier, die Texte durch Holzschnitte, Zeichnungen und dekorativ gestaltete Titel aufgelockert.

Mitarbeiter der ersten Ausgabe waren Frederick Goodyear (ein Studienfreund von Murry in Oxford) – er schrieb über die Zielsetzung der Zeitschrift –, Sadleir und Murry. Die Zeichnungen und Illustrationen stammten von Othon Friesz, Jessie Dismorr, Peploe, Anne Estelle Rice und Picasso. *Rhythm* war die erste Zeitschrift in England, die Zeichnungen von Picasso abdruckte.

Nachdem KM nicht mehr bei *The New Age* mitarbeitete, hatte sie im Dezember an *Rhythm* ein Märchen geschickt, dieses aber wieder zurückbekommen mit der Bitte, einen anderen Text einzureichen. Sie schickte darauf die Erzählung *The Woman at the Store,* die in der Frühjahrsnummer 1912 publiziert wurde. Zur selben Zeit zog Murry in ihre Wohnung an der Gray's Inn Road ein. Seitdem arbeiteten sie zusammen. *Rhythm* war von da an spürbar von KM beeinflußt. Im Juni erschien ihre erste gemeinsame Ausgabe, an der noch mehr Mitarbeiter beteiligt waren als bei den ersten Heften: Laurence Binyon und W. W. Gibson befanden sich darunter, außerdem die Illustratoren Maugin, Dunoyer-Segonzac und die Grafiker Henri Marquet und Lionel Helpert. Für kurze Besprechungen und Anzeigen waren Murry und Katherine verantwortlich.

Anne Estelle Rice, eine junge, amerikanische Malerin in Paris, hatte sich mit Buchillustrationen und Wandmalereien einen Namen gemacht. Sie gehörte zum Kreis der Fauves, war eine großzügige, warmherzige Frau und sollte eine enge Freundin von Katherine werden.

Gordon Campbell, ein irischer Rechtsanwalt, war ein weiterer Freund in dieser Zeit, auch wenn er nicht bei *Rhythm* mitarbeitete. Er war sehr an Kunst interessiert, literarisch gebildet und hatte KM 1911 durch W. L. George kennengelernt. Nachdem Katherine ihn mit Murry bekannt gemacht hatte, kamen die beiden Männer oft zusammen, um stundenlang über Metaphysik, ihr Lieblingsthema, zu diskutieren.]

Nachdem Murry zu Katherine gezogen war, ging ich eine Woche lang nicht mehr zu ihr, weil beide viel zu tun und zu besprechen hatten. *Rhythm* war auf dem besten Weg, sich zu entwickeln. Auch Katherine ging es gut. Sie erzählte mir viel, unter anderem, daß sie es sei, die am Morgen das Ei für Murry zubereite. Wenn sie aber vor ihm gefrühstückt habe, müsse er sich selbst darum kümmern. Nach dem Frühstück machten sie sich getrennt an ihre Arbeit, sahen sich am Abend wieder, gingen zusammen aus oder gönnten sich eine einfache Mahlzeit, oft frischen Aal aus dem kleinen Laden um die Ecke. Katherine sagte später, daß sie schließlich sogar gern Aal aß. Manchmal gingen sie abends aus, um Freunde zu treffen. Von vielen kannte ich nur den Namen, einige lernte ich in Katherines Wohnung kennen. Gordon Campbell war der menschlichste von allen, nicht bloß ein intellektueller, literarischer Kopf, sondern ein sehr verständnisvoller, lieber Mensch, ein enger Freund von Murry. Einmal kam er zu mir an meinen Arbeitsplatz, um mir bei einer Schwierigkeit aus der Patsche zu helfen.

Als *Rhythm* sich profilierte und Katherine mit Murry zusammen immer häufiger in literarischen Kreisen verkehrte, begann sie ihrer äußeren Erscheinung mehr Aufmerksamkeit zu schenken und sich neue Kleider zu wünschen. Jene, die sie von Neuseeland mitgebracht hatte, mußten unbedingt erneuert oder ergänzt werden. Mit größter Mühe sparte sie vier Pfund zusammen, um sich ein neues Kostüm zu kaufen. Ohne großen Aufwand nähte sie sich eine Jacke aus schottisch gemusterter Kunstseide und sah mit einer Ansteckblume am Kragen hochelegant aus. Ich gratulierte ihr dazu und machte ihr Komplimente, bevor sie ausging, um wieder eine »wichtige« Person zu treffen.

Bei dieser Gelegenheit erinnere ich mich an einen Tag, da ich Katherine beim Waschen ihrer langen, gewellten Haare behilflich war. Beim Trocknen waren sie so durcheinander geraten und filzig geworden, daß wir beschlossen, sie abzuschneiden. Katherine war mit dem Resultat sehr zufrieden. Von da an trug sie das Haar immer kurz, immer sehr gepflegt und eng anliegend, so daß die Leute glaubten, sie habe glattes Haar.

24. *Katherine und John M. Murry.*

Gelegentlich gingen wir zusammen aus, dabei unterhielten wir uns einmal länger über Murry. Während wir in einen Bus stiegen (damals noch von Pferden gezogen), sagte sie zu mir: »Ja, er hat einen guten Stil und eine schöne Sprache, aber ich muß …« Die folgenden Worte sind mir entfallen, aber ich weiß noch genau, was Katherine sagen wollte. Sie wollte mir erklären, daß sie seine Arbeit immer genau kontrollieren müsse, um Fehler bei der Wahl seiner Themen und Kritiken zu vermeiden. Sicher tat sie das immer taktvoll und unauffällig, ohne Murry dabei zu verletzen.

Umso mehr empörte es mich, als ich Murry einmal behaupten hörte, er habe Katherines Werk überarbeitet. Ich wußte doch, daß Katherine nie einem Menschen erlaubt hätte, sich in ihr Schreiben einzumischen, selbst wenn es sich bloß um ein Komma gehandelt hätte.

Einmal gingen Katherine und ich über Mittag in eines der großen, damals sehr guten vegetarischen Restaurants an der Tottenham Court Road. Als wir uns an einen Tisch gesetzt und Katherine sich ein wenig umgesehen hatte, wandte sie sich mir zu und flüsterte: »Schau, der dort drüben!

Jetzt gehe ich zu ihm und stelle ihn zur Rede.« Sie hatte den Mann entdeckt, von dem sie schwanger geworden war. Ich hatte immer noch den gutaussehenden, netten Mann von damals vor Augen, aber was ich jetzt sah, war ein dicklicher, plumper Mann mit schlechtem Haarschnitt und einem Allerweltsgesicht. »Von dem bin ich zum Glück verschont geblieben«, murmelte Katherine leise, als sie an unseren Tisch zurückkam. Der Mann wußte immer noch nicht, daß er nicht nur Katherine, sondern auch ein Kind verloren hatte.*

In der folgenden Zeit kam ich seltener mit Katherine zusammen, weil ich sie in der Obhut eines anderen Menschen wußte und ich mir um ihre nächtlichen Angstzustände keine Sorgen mehr zu machen brauchte. Ich hatte wieder Zeit für mich, besaß aber fast kein Geld mehr, weshalb ich beschloß, mich Miß Good, einer vertrauten Bekannten unserer Familie, anzuschließen, die gerade einen Kosmetiksalon namens »Parma« eröffnen wollte. Sie hatte Erfahrung auf diesem Gebiet und wußte über die sorgfältige Behandlung von Gesicht und Haar Bescheid. Sie nannte sich bei der Arbeit Miß Rinsberry, und ich benutzte den Namen Leslie Moore.

Im Juni 1912 eröffneten wir unser Geschäft. Von meinem wenigen Geld bezahlte ich die Miete für ein großes Ladenlokal in der South Molton Street. Wie sich herausstellte, wurde von mir erwartet, daß ich auch die Miete für das zweite Jahr übernahm. In schlaflosen Nächten überlegte ich fieberhaft, wie ich zu Geld kommen könnte, und war schließlich so verzweifelt, daß ich zu meiner Schwester ging, die bereit war, mir zu helfen.

Während Katherine mehr und mehr von ihrer Arbeit für *Rhythm* in Anspruch genommen wurde, versuchten Miß

---

* Dieses Ereignis hat sie vielleicht zu der Kurzgeschichte *A Dill Pickle* inspiriert, die im Oktober 1917 in *The New Age* zuerst veröffentlicht wurde und später in *Bliss and Other Stories* erschien.

Rinsberry und ich, uns mit zehn Shilling in der Woche durchzuschlagen. Ich hatte oft Hunger und stahl mehr als einmal vom Hafer, der für Gesichtsmasken vorgesehen war. Davon konnte ich mir Haferschleimsuppen kochen. Ich magerte ab, sah in unserer lilafarbenen Arbeitskleidung erschreckend aus und war mit meiner Arbeit sehr unglücklich.

Als uns Katherine einmal in unserem Salon besuchte, jammerte sie uns vor, daß sie dringend einen neuen Hut brauche. Daraufhin schnitt Miß Rinsberry von einem Rest schöner, glänzender Seide einen Streifen ab, formte ihn zu einem Band, schlang es um Katherines Kopf und heftete zum Schluß eine künstliche Rose daran. Eine eigenwillige Kreation, von der Katherine entzückt war. Dafür unterstützte sie unseren Salon, indem sie im Anzeigenteil von *Rhythm* für uns Reklame machte, besonders für die Maniküre für Männer, die wir neuerdings am Abend anboten. Sie schickte den folgsamen W. L. George vorbei; aber ich war ungeschickt und stellte verzweifelt fest, daß ich für diese Arbeit nicht geeignet war. Damals wünschte ich mir, meine Unbeholfenheit überwinden zu können, aber vermutlich wäre ich mit einer solchen Aufgabe auch heute noch überfordert.

Katherines Welt begann mir zu entgleiten. Ich erinnere mich nicht, daß ich mir damals übermäßig große Sorgen um sie gemacht habe. Von ihren schriftstellerischen Problemen verstand ich nichts, und ihre persönlichen Sorgen behielt sie für sich oder spielte sie bewußt herunter. So ließ ich mich immer wieder täuschen. Ich sah sie nur noch selten, woraus ich schloß, daß sie das Leben mit Murry in der Wohnung an der Gray's Inn Road genoß. Das Leben dort wurde aber zunehmend hektischer. *Rhythm* nahm sie ganz in Beschlag und stellte sie vor finanzielle Probleme. Mit jeder Nummer wuchsen die Schulden, wuchs der Berg unbezahlter Rechnungen.

Ende April 1912 schrieben Katherine und Murry einen Brief an George Bowden, weil sie heiraten und deshalb die

Scheidung verlangten. Bowden kam und setzte endlose Diskussionen in Gang, ohne daß jedoch eine Lösung gefunden werden konnte. Es blieb alles beim alten, worauf sich Katherine und Murry entschieden, ohne Trauschein zusammenzuleben. Das wiederum paßte dem Besitzer der Wohnung unter ihnen nicht. Das ewige Kommen und Gehen widersprach seinem Bild eines anständigen Lebens und veranlaßte ihn, dem unverheirateten Paar die Wohnung zu kündigen.

Katherine und Murry mußten ihr Heim, das ihnen auch als Redaktionsbüro gedient hatte, so rasch wie möglich verlassen. Was nun? Und wohin? Ich kannte Katherine gut genug, um zu wissen, daß ihr dieses Leben nicht entsprach. Zweifellos gab es Augenblicke, die ihr gefielen – vor allem die Arbeit mit Murry – aber sie wurde zunehmend nervös und müde.

Im Hinblick auf diese unerfreulichen Umstände faßte das Paar den Entschluß, sich einen kurzen Erholungsaufenthalt zu gönnen und im Mai nach Paris zu fahren.* Murry wollte Katherine mit seinen dortigen Freunden bekannt machen und verbrachte mit ihr einige Tage mit dem Maler John Fergusson, mit Francis Carco und Anne Estelle Rice.

Nach ihrer Rückkehr aus Paris standen Katherine und Murry mit *Rhythm* vor dem finanziellen Ruin. Katherine nahm unverzüglich Kontakt mit Stephen Swift auf, der im Vorjahr ihren Erzählband *In a German Pension* herausgebracht hatte. Er erklärte sich bereit, die Zeitschrift samt Schulden zu übernehmen, Katherine und Murry als feste Mitarbeiter zu verpflichten und ihnen ein Monatsgehalt von je 10 Pfund zu bezahlen. Das war eine große Erleichterung, denn Swift war ein fähiger Mann, auf den man sich verlassen konnte.

---

* Dieser Besuch war wahrscheinlich der Anlaß zur späteren Erzählung *Je ne parle pas français* (1918), die 1920 im Band *Bliss and Other Stories* erschien.

[Im Juni 1912 kam die erste Ausgabe von *Rhythm* unter Swifts Leitung heraus. Sie erschien von nun an einmal im Monat, war mit einem blauem Umschlag neu gestaltet worden und wies auch ein neues Impressum auf: John Middleton Murry zeichnete als Herausgeber, Katherine Mansfield und Michael Sadleir als seine engen Mitarbeiter, J. D. Fergusson als Redakteur für Kunst und Julian Park als Amerikakorrespondent. Die neuen Mitarbeiter der nächsten fünf Ausgaben waren Gilbert Cannan (damals Dramatiker und Autor von Kurzgeschichten, später wurde er durch seine Romane bekannt; er befreundete sich mit Murry und Katherine und erfand für das Paar den Spitznamen »die zwei Tiger«), James Stephens, Frank Harris, W. H. Davies, Haldane McFall, William Orton und Lord Dunsay, außerdem der Illustrator Gaudier Brzedka, dessen Zeichnungen ab der September-Ausgabe erschienen. Im August kamen weitere sechs Namen hinzu: Francis Carco, Tristan Dereme, George Banks, Anne Estelle Rice für Paris, Michael Lykiardopoulos für Rußland, Floryan Sobieniowski (Katherines Bekannter aus Wörishofen) für Polen.]

Voll neuer Hoffnungen zogen Katherine und Murry im Juli 1912 in ein kleines Landhaus in Runcton bei Chichester. Es war ein hübsches Haus voll Licht und Sonne, dessen Miete dank regelmäßiger Einnahmen mühelos bezahlt werden konnte. Gelegentlich besuchte ich Katherine und fand sie immer zufrieden vor. Gewisse Einzelheiten des Hauses sehe ich noch heute vor mir, das Eßzimmer zum Beispiel mit Blick auf die Blumen und Bäume im Garten. Dennoch fühlte ich mich dort nicht wohl. Eine seltsame Spannung lag in der Luft. Murry behandelte mich wie ein Nichts, fand mich dumm und ungebildet, und zu Katherines Freunden war mir ein direkter Zugang verwehrt. Heute weiß ich warum. Katherine wollte ihre Beziehungen nicht miteinander vermischen. Ihre Freunde waren meine Freunde, aber nur durch ihre Vermittlung. Deshalb stand ich meist abseits. Kein Wunder, daß Murry mir später einmal vorwarf, ich sei unfähig, Beziehungen zu anderen Menschen zu pflegen.

Ich erinnere mich noch an einen gemeinsamen Spaziergang in Runcton. Während wir durch das Marschland streiften, spielte Murry mit meinem afrikanischen Spazierstock und schlenkerte ihn lieblos hin und her, bis er ihm aus der Hand glitt und mitten ins Schilf fiel. Der Stock war eine kleine Extravaganz, die ich mir erlaubt hatte und die mir viel bedeutete. Er entschuldigte sich nicht einmal und hielt es auch nicht für nötig, den Stock zu suchen.

Erst viele Jahre später begann mich Murry zu akzeptieren. In gewisser Hinsicht wurde er sogar abhängig von mir. Ich mochte ihn gut leiden, auch wenn mich sein Verhalten Katherine gegenüber oft wütend machte. Aber ich war auch nicht viel besser und habe Katherine ebenfalls oft im Stich gelassen.

Wenn ich in Runcton war, saß ich meistens mit Katherine zusammen, schwatzte mit ihr, genoß das einfache Leben und unsere langen Spaziergänge. Jedesmal kam ich erholt nach London zurück, erleichtert, Katherine an einem so schönen, friedlichen Ort zu wissen, auch wenn ich ohne sie sehr unglücklich war. Nach den Aufregungen an der Gray's Inn Road tat ihr das friedliche Leben gut. Sie brauchte tatsächlich beides, sowohl Ruhe als auch Betriebsamkeit. Alles in ihr sehnte sich danach, das Leben auszuschöpfen, in Ruhe zu betrachten, in sich aufzusaugen und in neue Bilder umzusetzen.

Murry dagegen war ein unsicherer, ganz in sich gekehrter Mensch, immer auf der Suche, immer mit Fragen beschäftigt, immer darauf aus, sich auf Kosten anderer helfen zu lassen oder sich in verschiedenen Rollen Halt zu verschaffen, gleichgültig, ob als Teufel oder Heiliger. Er kämpfte mit dunklen, ungelösten Problemen. Katherine lernte ihn immer besser kennen und verstand dank ihrer Lebenserfahrung, mit ihm umzugehen.

Sie sprach mit mir sogar einmal darüber und weihte mich in ihr Geheimnis ein. Er habe wohl seine dunklen Seiten, sagte sie, aber es sei falsch, einen geliebten Menschen mit ständiger Kritik verändern zu wollen. Veränderung sei nur durch Liebe möglich. Liebe sei die einzige Kraft, um den Schwächen eines Menschen zu begegnen, seine Widersprüchlichkeit anzunehmen und seine Persönlichkeit zu bejahen.

Leider war es Katherine nicht vergönnt, die Zeit in Runcton länger zu genießen. Auch dort tauchten Schwierigkeiten auf, alles schien schiefzulaufen. Das Blatt wendete sich. Ein junger Bursche, der sich bis dahin als gute, zuverlässige Hilfe im Haus erwiesen hatte, entpuppte sich als Schmutzfink und Dieb und enttäuschte Katherine bitter.

Bald darauf ging die Freundschaft mit Gaudier Brzeska und seiner Freundin Sophie in die Brüche. Katherine und Murry hatten Gaudier durch seine Zeichnungen für *Rhythm* kennengelernt, als sie noch in der Gray's Inn Road gewohnt hatten. Die Entdeckung, daß sie ohne Trauschein zusammenlebten, hatte die beiden Paare einander näher gebracht. Gaudier und Sophie hatten ebenfalls kein Geld, so daß für sie der Gedanke nahelag, das kleine Haus in Runcton gemeinsam zu mieten. Katherine und Murry fühlten sich gezwungen, den Vorschlag anzunehmen, obwohl Katherine Sophie ablehnte. Als sie einmal mit Murry das Haus für die beiden herrichtete und mit dem Aufhängen der Vorhänge beschäftigt war, ließ sie eine abschätzige Bemerkung über die junge Frau fallen. Gaudier, der sich draußen im Garten aufhielt, hörte das und war so beleidigt, daß er mit Sophie auf der Stelle nach London zurückfuhr.

Im Oktober 1912 folgte dann der schlimmste Schlag. Stephen Swift, der neue Verleger von *Rhythm*, hatte sich auf und davon gemacht und die Druckkosten von 400 Pfund auf Murrys Namen überschrieben. Katherine und Murry standen vor einem Scherbenhaufen. Sie mußten das Haus in Runcton aufgeben und nach London zurückkehren. Später erfuhr ich, daß es ein paar Freunden gelungen war, sie aus ihrer Not zu retten. Im November zogen sie in eine kleine, leider sehr häßliche Wohnung in der Chancery Lane, wo sie so hart wie nie zuvor arbeiteten, um *Rhythm* weiter erscheinen zu lassen.

[Allen Einwänden zum Trotz wollten Katherine und Murry nicht aufgeben. Durch *Rhythm* hatten sie sich kennengelernt, ein Grund, die Zeitschrift weiterzuführen. Davon abgesehen fühlten sie sich zum Weitermachen verpflichtet, weil sich die Mitarbeiter von *The New Age* über sie lustig machten und ihre Arbeit kritisierten. Von nun an verfügten sie über kein regelmäßiges Einkommen mehr. Katherine erklärte sich sogar bereit, alle Einkünfte der kommenden vier Jahre direkt an die Druckerei weiterzuleiten, um ihre Schulden zu tilgen. In dieser verfahrenen Situation stellte sich Martin Secker freiwillig als neuer Herausgeber der Zeitschrift zur Verfügung. Edward Marsh stellte eine Garantiesumme von 150 Pfund zur Verfügung, und Wilfred Gibson wurde zum stellvertretenden Herausgeber gewählt. Die Zahl qualifizierter Mitarbeiter nahm zu: Drinkwater, Lascelles Albercrombie, Rupert Brooke, Walter de la Mare, Frank Swinnerton, J. D. Beresford und Richard Curle befanden sich darunter, außerdem O. Raymond Drey (der spätere Mann von Anne Estelle Rice) als Kunstkritiker. Der Charakter der Zeitschrift blieb unverändert, nur die aufwendige grafische Gestaltung und die Titelvignetten fielen weg, und J. D. Fergusson zeichnete nicht mehr als Kunstredakteur. Die wichtigste Neuerung war eine Literaturbeilage, die zweimal erschien (Dezember 1912 und März 1913). H. G. Wells wurde als Autor gewonnen, und in der März-Ausgabe erschien ein Essay von D. H. Lawrence über die Dichtung zur Zeit Georgs V.]

Die Wohnung in der Chancery Lane, die aus einem Wohnzimmer, einem Schlafzimmer und einer Küche bestand, hatte sich inzwischen als wahre Katastrophe erwiesen. Ein großer, begehbarer, fensterloser Schrank diente Murry als Büro. Vom vorderen Zimmer sah man durch dickes, trübes Fensterglas – das das Licht mehr abhielt als es hereinzulassen – auf die Chancery Lane hinaus. Vom hinteren Raum blickte man auf düstere Häuser. Freunde schenkten Katherine einen Kanarienvogel, in der Hoffnung, ihr damit eine Freude zu machen. Aber der arme Vogel starb, und Katherine, die sich bis dahin immer beherrscht hatte, brach zusammen. Ich glaube, daß ihre spätere Lungentuberkulose in dieser Wohnung begonnen hat. Aber Katherine überspielte die Schwäche, fuhr fort, Leben in die Wohnung zu zaubern und sie mit gemieteten Möbeln so freundlich wie möglich zu gestalten.

Als ich sie eines Abends nach der Arbeit besuchte, kam sie auf mich zu und verzog lächelnd das Gesicht: »Es geht um den Stuhl«, sagte sie, »darf ich ihn wegschaffen?« Dieser Stuhl hatte eine bewegte Geschichte hinter sich. Ursprünglich hatte er im Zimmer meiner Mutter an der Welbeck Street gestanden, wo wir als Kinder nach unserer Ankunft in London gewohnt hatten. Nach ihrem Tod waren wir mit unseren Möbeln und diesem Stuhl in eine große Wohnung gezogen. Dabei erinnere ich mich an einen frühen Morgenbesuch von Arnold Trowell, der gekommen war, um mich zu sehen, und uns mit seinem Klaviergeklimper aufschrekken wollte. Nie werde ich das Gesicht meines Vaters vergessen, als er den rothaarigen Jungen rauchend in *seinem* Salon entdeckte, wie er mit allergrößter Selbstverständlichkeit am Klavier saß, als ob *er* der Hausbesitzer wäre.

Der Stuhl war nach verschiedenen Umwegen und Wirren schließlich in Katherines Wohnung in der Gray's Inn Road gelandet, wo er der einzige Stuhl weit und breit war. Die Besucher, die nicht auf einem Kissen am Boden sitzen wollten, stritten sich oft um ihn. J. M. Kennedy, ein Mitar-

100

beiter von Orage bei *The New Age*, hatte beinahe die Lehne zerbrochen, als er Katherine seine Liebe erklärt und ausgerufen hatte, er würde für sie in den Tod gehen. Armer Mann! Ich will mich hier nicht über seine Schwüre lustig machen, denn er war Katherine sehr ergeben, aber um sein Körpergewicht auszuhalten, mußte ein Stuhl schon sehr stabil sein. Von dort kam der Stuhl nach Runcton, überstand auf mysteriöse Weise den Zusammenbruch und gelangte zuletzt in die Wohnung an der Chancery Lane.

»Du mußt ihn noch heute abend wegschaffen!« sagte Katherine zu mir. »Morgen kommen die Männer von Maples, um die Möbel abzuholen, weil wir keine Kaution bezahlen können. Womöglich nehmen sie den Stuhl auch mit.« So klemmte ich den Stuhl unter den Arm und machte mich auf den Weg. Weil ich niemandem begegnen wollte, kletterte ich über die Feuerleiter an der Rückseite des Hauses hinunter, erwischte einen Bus und manövrierte den Stuhl die Plattform hinauf. Zum Glück hatte ich früher schon einmal einen Schrankkoffer auf diese Art in einem Bus transportiert. Ich hatte Erfahrung.

Nachdem Gilbert Cannan mit eigenen Augen gesehen hatte, unter welchen Bedingungen Katherine und Murry in der Chancery Lane lebten, schlug er ihnen vor, ein kleines Haus in Cholesbury, Buckinghamshire, zu mieten. Es lag in der Nähe seines eigenen Hauses, das er mit seiner Frau bewohnte. Gordon Campbell und seine Frau sollten das Haus mit ihnen teilen und die Hälfte der Kosten übernehmen, Murry dagegen die ganze Woche in der Chancery Lane bleiben und jeweils erst zum Wochenende kommen.

Alle stimmten dem Vorschlag zu, nur Murry war unglücklich. Er wollte nicht allein arbeiten, davon abgesehen häuften sich die Drohbriefe von Gaudier Brzeska. Um *Rhythm* stand es finanziell immer schlechter. Im März erschien die letzte Nummer unter diesem Namen. Nach neuer, zweimonatiger Planung kam im Mai ein neues Heft mit dem Namen *The Blue Review* heraus. Die Leitung lag immer noch in den Händen von Martin Secker, aber für die Kunstseite war nun Albert Rothenstein verantwortlich. Die Mitarbeiter waren Max Beerbohm, Marcel Boulestin, E. J. Dent, James Elroy Flecker, Oliver St. John Gogarty, Edward Marsh, D. H. Lawrence und Hugh Walpole.

Im Mai 1913 drang Gaudier Brzeska in Murrys Büro ein, griff ihn tätlich an und verlangte die sofortige Bezahlung für seine Zeichnungen, die in *Rhythm* veröffentlicht worden waren.

Murry gab den verzweifelten Versuch auf, alle Schulden bezahlen zu wollen. Er ging bankrott, was nicht sein Fehler war. Von Katherine erfuhr ich, daß er sich schämte und sich für alle Zeit vernichtet glaubte. Andererseits war ihm eine große Last von der Seele genommen. In Cholesbury suchte er mit Katherine Zuflucht.

Meine Erinnerungen an jenes Haus bleiben verschwommen, obwohl ich mindestens zwei oder drei Mal dort gewesen sein muß. Eine sehr gemischte Gesellschaft kam dort häufig zusammen: Gordon Campbell mit seiner Frau, dann Gilbert Cannan und seine Frau, die zuvor mit J.M. Barrie verheiratet gewesen war, und ein paar entferntere Bekannte. Viel Liebesglück, aber auch viel Liebesleid spielten sich in diesem Hause ab.

In einem ihrer Briefe teilte mir Katherine mit, sie hätten alle miteinander die Außenwände des Hauses blau gestrichen. Das konnte ich mir nur erklären, weil ich wußte, daß Mrs. Cannan, die Besitzerin des Hauses, an Inneneinrichtung und Dekoration besonders interessiert war. Katherine nahm mich einmal zu den Cannans mit. Das Paar bewohnte eine alte, wunderbar umgebaute Windmühle. Mrs. Cannan hatte die riesigen Wände des großen, runden Wohnzimmers mit Blumenmustern tapeziert, hatte Blüten, Blätter und Zweige ausgeschnitten und sie nach eigenen Entwürfen aufgeklebt. Die Wirkung war erstaunlich, entsprach aber nicht Katherines Geschmack.

Ein anderes Mal nahm mich Katherine zu Vivian Locke Ellis mit. Der Literat hatte eben seine Frau verloren und war in großer Trauer. Ich erinnere mich noch an den Schrank mit ungewöhnlich schönen Kleidern der Verstorbenen. Katherine glaubte, ich könnte dem Mann vielleicht in irgendeiner Weise behilflich sein und auf seinem Hof eine Arbeit übernehmen, aber es wurde nichts daraus.

Ein Vorfall in Cholesbury bleibt mir unvergeßlich. Es war Abend. Im Haus herrschte nach getaner Arbeit schon Ruhe. Katherine nutzte die Gelegenheit, um als erste ein Bad zu nehmen. Das Badezimmer lag im unteren Teil des Hausanbaus und hatte ein Fenster auf den Garten hinaus. Aus irgendeinem Grund beschlossen die jungen Männer im Haus, Katherine einen Streich zu spielen. Murry sollte im stockdunklen Garten plötzlich am Badezimmerfenster auftauchen und Katherine erschrecken. Was tun? Ich wollte weder den Spaß verderben, noch Katherine im Stich lassen. Ich konnte mir nicht vorstellen, daß die Männer den Streich wirklich ausführen würden, bis ich Murry tatsächlich aus dem Zimmer schleichen sah. Entsetzt rannte ich zum Badezimmer und warnte Katherine, weil ich wußte, wie sehr sie sich erschrecken würde. Nie hätte ich gedacht, daß sich Murry zu einer solchen Dummheit hinreißen ließe. Wußte er denn immer noch nichts von Katherines Angstzuständen?

Einer der besten Freunde von Katherine und Murry war Gordon Campbell. Katherine mochte ihn sehr, obwohl er Murry näher als ihr gestanden haben soll. Nach seiner Heirat mit Beatrice Glenavy im August 1912 kühlte sich die Freundschaft aber ab. Schuld daran war Beatrice, die zwar nett und freundlich, aber in ihrem Wesen so anders war, daß Katherine ihr nicht die Zuneigung entgegenbringen konnte, die sie für Gordon empfunden hatte, bevor er verheiratet war.

Nachdem die Campbells sich auf einer kleinen Insel außerhalb von Dublin ein Haus gekauft hatten – ganz in der Nähe des Elternhauses von Beatrice – luden sie Katherine und Murry ein, dort den Sommer mit ihnen zu verbringen. Katherine gestand mir, daß sie nur deshalb zugestimmt habe, weil Murry von dem Vorschlag begeistert gewesen sei. Sie überredete mich, mitzukommen und ein Zimmer in der Nähe zu mieten, damit wir uns jeden Tag sehen und zusammen spazieren gehen könnten. Einerseits hatte sie Mitleid mit mir und wollte mich nicht allein zurücklassen, andererseits war sie froh, mich als Grund ihres Fernbleibens vorschieben zu können. Sie wußte wohl auch, daß sie in meiner Gegenwart für sich und ganz sie selbst sein konnte. Die Nachmittage bei den Campbells verbrachten wir mit Glücksspielen und Kartentricks, von denen ich so gut wie nichts verstand. Aber ich machte gerne mit, riskierte alles und gewann, was Murry jedesmal sehr aufregte.

Die zwei Jahre von 1912 bis 1914 waren restlos ausgefüllt. Manchmal kam es mir vor, als lebte ich drei Leben: Die langen Arbeitsstunden im Kosmetiksalon, das Zusammensein mit meiner Schwester in Luxborough House und schließlich die regelmäßigen Besuche bei Katherine.

Im Mai 1913 beschloß meine Schwester, nach Rhodesien zu gehen, um für Vater und Bruder zu sorgen. Wir gaben unsere Wohnung auf und lagerten einen Teil der Möbel in einem Schuppen ein. Ich erinnere mich noch an den Tag der Abreise. Alles verlief zum Glück reibungslos. Seit ihrer Kinderlähmung war meine Schwester behindert. Meine Mutter hatte mir eingeschärft, immer auf May aufzupassen und mich um sie zu kümmern, obwohl sie sehr eigenständig war, immer unternehmungslustig und an allem Neuen interessiert. Ich half ihr, das Gepäck in der Kabine zu verstauen, verabschiedete mich von ihr und sah zu, wie sich das große Schiff langsam entfernte. Auf dem Rückweg war ich todtraurig und fühlte mich entsetzlich allein. Ich legte mich in ein einsames Feld, wo mich niemand sah, und weinte. Zum ersten Mal in meinem Leben hatte ich kein Heim und keinen Zufluchtsort mehr.

Zuerst wohnte ich bei Miß Good im Schwesternheim, danach teilte ich eine Wohnung mit ihr, was auf Dauer keine gute Lösung war. So zog ich in ein möbliertes Zimmer über einem Pub in der Dorset Street, einem Lebensmittelgeschäft gegenüber. Es war nur mit einer Matratze auf dem Boden, einem Stuhl und einer Waschgelegenheit ausgestattet und kostete sechs Shilling die Woche. Ein kleiner Küchenschrank enthielt Besteck und ein paar Küchengegenstände. Das Zimmer wirkte mit seinen rohen Wänden arm und kahl, war aber sauber, denn ich hatte immerhin einen Besen.

Während dieser Zeit hatte ich kaum Geld, war ständig müde und niedergeschlagen und fühlte mich zu Tode erschöpft. In Erinnerung geblieben sind mir nur noch die bedrückenden Probleme um Katherine und Murry. Viele davon kannte ich, einige ahnte ich bloß. Die von Katherine waren mir vertraut. Ihre Beziehung zu Murry festigte sich, wenn sie auch vielen Stürmen ausgesetzt blieb. Sie liebte ihn wirklich und brachte ihm viel Verständnis entgegen, selbst wenn sie sich von ihm abgrenzen und vor ihm fliehen mußte, um ihr eigenes Leben zu leben. Murry fühlte sich von seiner Liebe zu ihr getragen. Unbewußt stützte er sich auf sie und fiel ohne sie in seine Unsicherheit zurück. Wenn er allein war, spiegelte sich oft eine Verlorenheit in seinen Augen, als blickte er in die versteckten Ängste seiner Innenwelt.

Später verwandelte sich Katherines Liebe in mütterliche Zuneigung, wie sie ihrer Art entsprach. Auch dann blieb ihre Beziehung unstet, war von Streit, Launen und Versöhnungen geprägt. Katherine war von Murry ebenfalls abhängig, doch geschah es leider oft, daß er sie in Augenblicken, wo sie ihn am nötigsten gebraucht hätte, im Stich ließ. Nur in ihren letzten Lebenstagen in Fontainebleau hat sich Katherine ihrer gegenseitigen Liebe sicher gefühlt.

[Anfang 1913 sandte D. H. Lawrence die Erzählung *The Soiled Rose* an *Rhythm*. Sie wurde im Mai publiziert, als die

25. *Katherine, 1913.*

Zeitschrift schon unter dem neuen Namen *The Blue Review* erschien. Im Juni trafen Lawrence und Frieda von Richthofen mit den Murrys zusammen. Ihre erste Begegnung war vielversprechend. Lawrence befand sich auf dem Gipfel seines Erfolges: Er hatte eben seinen dritten erfolgreichen Roman *Sons and Lovers* abgeschlossen (*The White Peacock* war 1911, *The Trespasser* ein Jahr später erschienen), außerdem stand er kurz vor der Heirat mit Frieda, die seinetwegen ihren Mann, einen Englisch-Professor, und ihre drei Kinder verlassen hatte.

Die erste Begegnung mit den Murrys weckte in Lawrence spontanes Interesse, das sich zu einer tiefen, aber schwierigen Beziehung entwickeln sollte. Lawrence zog Murry mit seiner prophetischen, von jüngsten Erfolgen beflügelten Art in Bann. Katherine dagegen stand ihm kritischer gegenüber, weil sie ihm geistig ebenbürtig war. Immerhin übte Lawrence durch die Freundschaft mit Murry in den folgenden drei Jahren einen großen Einfluß auf die beiden aus und spielte in ihrem Leben eine bedeutende Rolle.

Nach nur drei Ausgaben scheiterte *The Blue Review* im Juli bereits wieder. Lawrence, der sich nicht vorstellen konnte, was dieser Verlust für die Murrys bedeutete, schlug den beiden vor, ihre Zelte in England abzubrechen und irgendwo im Ausland ihr Glück zu versuchen. Er selbst wollte mit Frieda nach Italien gehen. Warum dort nicht gemeinsam etwas Neues beginnen? Katherine und Murry waren einverstanden, zogen aber Paris vor, weil Murry keine Möglichkeit sah, von Italien aus als Kritiker zu arbeiten. Um zu sparen, verkauften sie das Haus in Cholesbury, gaben auch die Wohnung in der Chancery Lane auf und arbeiteten in einer neuen Wohnung in Barons Court weiter. Bis das nötige Geld beisammen war, schrieb Murry unermüdlich Buchbesprechungen.]

Die neue Wohnung an der Barons Court war eine typische, recht komfortable Vorstadtwohnung mit gemeinschaftli-

26. *Katherine in Barons Court, London 1913.*

chem Hintergarten, wo sich die Mieter zum Tennisspiel trafen. Murry machte das Wohnzimmer zu seinem Arbeitsraum, während im Salon gegessen wurde. Katherine mußte für ihre Arbeit mit dem Eßtisch vorliebnehmen. Sie schrieb unregelmäßig, je nach Lust und Laune. Ich überließ ihnen den Rest der Möbel, die meiner Familie gehörten und seit der Abreise meiner Schwester nach Rhodesien eingestellt worden waren.

Die Wahl der Wohnung erwies sich aber auf die Dauer als ungünstig. Eine Spannung lag in der Luft, als würde das Paar etwas erwarten. An Katherines Verhalten merkte ich, daß vieles nicht stimmte. Sie begann wieder unter ihren alten Schmerzen zu leiden, die sie als Rheuma bezeichnete und die ihr immer mehr zu schaffen machten.

Ich besuchte sie oft und traf sie meist ohne jede Schreiblust vor. Wir nähten zusammen ein paar Kleider für sie, weil ich dachte, daß ihr eine praktische Arbeit guttun würde. Diese Nähabende dehnten sich meist in die Länge. Wenn Murry dabei war, hatte ich immer das Gefühl, als Besucherin gerade noch geduldet zu sein.

An einem dieser Abende verrechnete ich mich in der Zeit. Draußen auf der Straße stellte ich fest, daß der letzte

108

Bus schon weggefahren war. Mitternacht war vorbei, und bis zu mir nach Hause waren es sechs Meilen. Mir blieb nichts anderes übrig, als zu Fuß zu gehen. Zu Katherine zurückzukehren und sie um eine Schlafgelegenheit zu bitten, wagte ich nicht. Ich hätte sie ja nur gestört. Deshalb machte ich mich auf den Heimweg, wurde aber auf der leeren Straße plötzlich von einem Autofahrer angesprochen, der mir anbot, mich mitzunehmen. Wir wechselten ein paar Worte. Er war zweifellos anständig und ohne böse Absichten, aber nachdem er weggefahren war, verließ mich der Mut. Ich rannte zurück und verbrachte die Nacht auf der Treppe vor Katherines und Murrys Wohnung. Am Morgen machte ich mich früh auf den Weg, weil mich niemand entdecken sollte. Ich glaube nicht, daß Katherine jemals etwas davon erfahren hat.

Einmal versuchte ich Katherine zu fotografieren, aber auf keiner einzigen Aufnahme sah sie wie in Wirklichkeit aus. Sie wollte, daß die Bilder vernichtet würden, aber ich bewahrte sie alle auf. Die einzigen guten Bilder von ihr gelangen mir ein paar Jahre später in der Villa Isola Bella in Menton. Sie zeigen Katherine am Tisch, wie sie Tee trinkt und mit mir redet. Die Ärmste mußte dafür ganze sechzig Sekunden mitten in einem Satz still ausharren!

Katherine und ich kochten oft zusammen, aber leider erinnere ich mich an keine einzige unserer Mahlzeiten. Sie war eine gute Köchin, war flink und geschickt und so anmutig in ihren Bewegungen, daß unter ihrer Hand alles wie von selbst zu gelingen schien. In ihrer Wohnung fühlte ich mich immer fremd, obwohl Katherine auch in dieser Beziehung eine Künstlerin war. Wo immer sie sich aufhielt, herrschten Wärme und Geborgenheit. Sogar eine Nacht war ihr nicht zu kurz, um sich gemütlich einzurichten. Jeder Umgebung verlieh sie Schönheit und Harmonie. Mit ihrem unbestechlichen Sinn für Raum und Form und ihrer Art, Unwesentliches von Wesentlichem zu unterscheiden, verwandelte sie selbst die armseligste Wohnung in ein wohnliches Reich.

Katherine verabscheute verschwommene Situationen. Das hatte sie nie deutlicher bewiesen als an jenem Tag – wahrscheinlich noch vor Murrys Zeit – als sie von einem okkultischen Zirkel zu einer Sitzung eingeladen worden war.*

Alle saßen im Kreis am Boden mit dem Ziel, ihre »innere Wahrheit« kennenzulernen, wobei Haschisch herumgereicht wurde, das so stark wirkte, daß sich das Bewußtsein der Teilnehmer veränderte und sie ihre Hemmungen verloren. Katherine war zum Mitmachen überredet worden (gegen ihren Willen, vermute ich), doch die Gruppe war von ihrer Reaktion enttäuscht. Sie widersprach den Erwartungen im Kreis: Katherine ließ weder ihre Maske fallen, noch entpuppte sie sich als enthemmte Frau. Sie spielte den ganzen Abend nur mit Streichholzschachteln, die sie auf dem Boden zu einem Muster zusammenfügte.

Während dieser Zeit besuchte mich Katherine oft in meinem Dachzimmer in der Dorset Street, wo sie fern von allem Lärm in Ruhe arbeiten oder träumen konnte. Sie hatte einen Schlüssel, konnte nach Belieben kommen und gehen und fand im Küchenschrank immer etwas Eßbares vor. Ich weiß nicht mehr, wie oft sie herkam, fürchte aber, daß ihr das keine wesentlichen Ersparnisse einbrachte. Daß sie über kein eigenes Einkommen mehr verfügte – auch wenn es nur gering gewesen war –, steigerte ihre Unzufriedenheit ins Unerträgliche. Sie mußte unbedingt Geld verdienen. Ich erinnere mich noch an unseren Gang zu einem Filmagenten, der Statisten für einen neuen Film suchte. Sein Büro war so schäbig und die Aussicht auf eine gute Bezahlung so gering, daß ich annahm, Katherine würde auf der Stelle wieder umkehren. Ich wartete am Eingang auf sie. Als sie herauskam, war sie vollends entmutigt und schilderte den Mann im Büro auf eine Weise, daß ich entsetzt war.

---

* Der Leiter dieses Kreises war Aleister Crowley.

Aus diesen Gründen war ich nicht unglücklich, als Katherine und Murry beschlossen, sich für gewisse Zeit in Paris niederzulassen. Damit war die große Spannung gebrochen. Ihr Weggang bedeutete für mich zwar einen Verlust, doch war ich überzeugt, daß sich Katherine in ihrer geliebten Stadt freier und glücklicher fühlen würde. Murry seinerseits hatte vom *Times Literary Supplement* die Zusage für die Mitarbeit als Buchkritiker bekommen, und Francis Carco (ein Freund und Mitarbeiter von *Rhythm*) hatte sich bereit erklärt, eine Unterkunft für das Paar zu suchen.

Im Dezember 1913 reisten sie mit meinen geliehenen Möbeln und ihren eigenen wenigen Habseligkeiten nach Paris. Im Gepäck befanden sich auch die zwei Holzfiguren, die ein paar Insassen eines Gefängnisses in Indien einmal für meinen Vater geschnitzt hatten, als er dort einige Zeit als Arzt und Gefängnisvorsteher gearbeitet hatte, zwei fremdartig gemusterte Holzfiguren, die Katherine und mir viel bedeuteten.

Nach ihrer Abreise putzte ich mit einer anderen Frau zusammen die Wohnung für einen neuen Mieter. Ich war erkältet und wieder von jenem Husten geplagt, den ich seit meinem Aufenthalt in Burma nie mehr ganz losgeworden war. Ich fühlte mich krank, nicht zuletzt wegen Katherines Abreise. Da hatte ich ein schönes Erlebnis, wie es hin und wieder vorkommt und an das ich mich gerne erinnere. Die Frau, die mit mir putzte, war sehr nett und hatte Mitleid mit mir. Kurzentschlossen steckte sie mich nach dem Putzen ins übriggebliebene Bett, ging kurz fort und kam mit einem heißen Punsch zurück. Ich war nicht an Alkohol gewöhnt, trank den Krug aber leer, fiel in tiefen Schlaf und erwachte erst am nächsten Morgen. Da begrüßte mich die freundliche Frau, nahm den Schlüssel zu sich und erklärte zuvorkommend, sie werde die Verantwortung für die Wohnung übernehmen.

Zu jener Zeit ging es mir in jeder Beziehung miserabel. Ich war am Ende meiner Kräfte. Miß Rinsberry und ich vertru-

27. *Katherine in der Villa Isola Bella, 1920.*

gen uns so schlecht, daß etwas geschehen mußte. Kaum war unser Geschäft in London erfolgreich angelaufen, wollte sie in Brighton ein Zweiggeschäft eröffnen. Ich sollte nach Brighton fahren, um passende Räume zu finden, Möbel aufzutreiben und das künftige Unternehmen in Gang zu bringen. Eine ungeeignetere Person als mich hätte man dafür nicht aussuchen können; allein der Gedanke daran machte mich krank. Aber ich gehorchte und ging, fand geeignete Räume und verhandelte mit den verschiedensten Leuten, wobei ich meine altmodischen Kleider tragen mußte, was mich den letzten Rest meines Mutes kostete.

In dieser Situation erhielt ich von meiner Schwester einen unerwarteten Brief. Sie teilte mir mit, daß sie heiraten wolle und froh wäre, wenn ich so bald wie möglich nach Rhodesien kommen würde, um sie dort zu ersetzen. Ein Wink des Schicksals. Ich war froh darüber. Katherine und Murry hatten sich in Paris inzwischen gut eingelebt und waren nicht mehr auf mich angewiesen. (Katherine erzählte mir in einem Brief von ihrer hübschen Wohnung an der Rue de Tournon 31.) Nach einer Unterredung mit Miß Rinsberry machte ich in Brighton alles rückgängig, reiste nach London zurück und organisierte meine Schiffsreise. Mitten in meine Vorbereitungen platzte ein Hilferuf von Katherine: »Kannst Du mir *sofort* Geld schicken?«

Offensichtlich war alles schiefgelaufen. Murry hatte plötzlich keine Arbeit mehr und deshalb auch kein Geld für die Miete. Das Paar sah sich gezwungen, alle Möbel zu verkaufen, um die Schulden zu bezahlen. Ich tat, was ich konnte, kratzte in aller Eile fünf Pfund zusammen, rannte zur nächsten Poststelle, die aber schon geschlossen war. Sechs Uhr war bereits vorbei. Ich eilte zum Postbüro in der Nähe von Charing Cross, von dem ich wußte, daß es rund um die Uhr geöffnet war. »Nein, unsere Post schickt keine eingeschriebenen Geldsendungen nach Paris ... nur innerhalb von England!« lautete die Antwort. Was sollte ich tun? Der Postbeamte war aber sehr nett und hilfsbereit. »Schneiden Sie die Geldnoten in zwei Hälften und schicken Sie sie in zwei getrennten Umschlägen nach Paris, dann werden sie sicher nicht gestohlen (was für ein Vertrauen in die französischen Beamten!). Mit einer halbierten Geldnote kann niemand etwas anfangen!« Man stelle sich das einmal vor: Englische Geldnoten zerschneiden! Höchst verunsichert befolgte ich den Rat und warf zwei Briefe ein. Arme Katherine! Sie erhielt die zwei Umschläge leider nicht zur selben Zeit, war außer sich und glaubte, ich sei inzwischen total verrückt geworden.

Im Alter habe ich gelernt, daß sich jedes Problem mit der Zeit von allein löst und daß Verzweiflung nur alles verschlimmert. Ich oder jemand anders gab Katherine und Murry Geld, und bald waren sie schon wieder in der Lage, in Chelsea eine neue Wohnung zu mieten. Sie gehörte Richard Curle, einem Freund aus *Rhythm*-Zeiten. Ich habe Katherine damals nie klagen gehört, wozu sie Grund genug gehabt hätte. Der Verlust von Arbeit, Geld und Möbeln schien sie entschlossener zu machen. Murrys Nähe stützte sie. Ich hatte immer gehofft und gewünscht, er werde ihr beistehen und ihre Sorgen teilen. Er hatte übrigens Glück: Er wurde von den Kosten des Konkurses befreit und erhielt durch die Vermittlung von Stephen Spender bei der *Westminster Gazette* eine feste Stelle als Kunstkritiker. Damit war sein Leben wieder gesichert. Katherine plante einen Neubeginn in Chelsea, wo sie eine kleine Wohnung mieten wollte.

Inzwischen war es zu spät, um meine Pläne zu ändern. Meine Abreise nach Rhodesien war auf den 27. März 1914 festgesetzt, so daß ich mich nur noch ein- oder zweimal mit Katherine treffen konnte. Die vielen Reisevorbereitungen hatten mich erschöpft, aber ich erinnere mich noch an unseren letzten Abend. Wir saßen im Schein des Kaminfeuers beisammen, schwiegen und dachten an die bevorstehende Zeit unserer langen Trennung. Jede Nervosität fiel auf einmal von mir ab. Dann verabschiedete ich mich von ihr und rannte über die regennasse Straße, erwischte den Bus und packte zu Hause meine Koffer fertig.

Heute muß ich lachen, wenn ich daran denke, daß ich am andern Morgen beinahe den Zug verpaßt hätte. Eine Freundin, die noch weniger Zeitgefühl besaß als ich, begleitete mich. Evelyn Payne, die Cousine von Katherine (unsere gemeinsame Freundin vom Queen's College) war am Bahnhof, was mich sehr rührte. Sie war um mich besorgt und glaubte, mir helfen zu müssen, stieß mich den Bahnsteig entlang und schubste mich in mein Abteil. Noch andere Freundinnen und Bekannte waren dort, aber in meiner Aufregung übersah ich alle.

Nur Katherine fehlte. Wahrscheinlich war sie dabei, eine billige Unterkunft in Chelsea zu suchen.

8 »Ich hatte Katherine nichts als meine Hilflosigkeit anzubieten.«

RHODESIEN 1914 – 1916

In den beiden Jahren, die ich von 1914 bis 1916 in Rhodesien verbrachte, habe ich Katherines Leben nur anhand ihrer Briefe verfolgen können, die ich später alle verbrannt habe. Aus weiter Ferne habe ich Katherines Leben miterlebt und sie in Gedanken von Ort zu Ort begleitet.

Zuerst fand sie mit Murry in der Nähe der Fulham Road zwei Zimmer, im Juli dann eine Dachwohnung in der Arthur Street, Chelsea, die voller Ungeziefer war. Von Murry wußte ich gerade nur soviel, als daß er für die *Westminster Gazette* arbeitete. Die Beziehung zu Lawrence und Frieda vertiefte sich, wobei sich Lawrence aber mehr und mehr als Störenfried entpuppte.

Dann brach, im August, der Erste Weltkrieg aus.

28. *Ida Baker, 1914.*

[Murry wollte nach Kriegsausbruch sofort einrücken, aber sein Arzt erklärte ihn für lungenkrank und daher für dienstuntauglich. Er reiste mit KM für kurze Zeit nach Cornwall zur Erholung, kehrte nach London zurück, um alsbald nach Udimore bei Rye weiterzureisen, wo er sich nach einem Haus umsehen wollte. Die Lawrences, die im Juli nach England zurückgekehrt waren, überredeten sie, ein Haus in ihrer Nähe, nur zwei Meilen von Cholesbury entfernt, zu mieten. Murry zog mit Katherine im Oktober dort ein, doch blieben sie nur vier Monate. Beide Paare verlebten eine unglückliche Zeit. Nicht nur der Krieg war deprimierend, auch zwischen Lawrence und Frieda herrschte Krieg. Eben noch hatten Katherine und Murry das Paar um ihre Hochzeit im Juli beneidet, nun waren die beiden auf einmal zerstritten. Die Span-

116

29. *D. H. Lawrence und Frieda an ihrem Hochzeitstag 1914 mit Katherine und Murry.*

nung zwischen den zwei Paaren nahm zu. Katherine und Murry waren von Lawrence und seiner ständigen Beschäftigung mit Sexualität befremdet und fühlten sich von seinem Fanatismus abgestoßen. Murry und KM fanden keinen Bezug zwischen seinen Theorien und ihrer eigenen, einfachen Vorstellung von Liebe. (Später stellten sie überrascht fest, daß Lawrence sie in seinem Buch *Women in Love* im Paar Gerald und Gudrun porträtiert hatte.)

Lawrence forderte von Murry, daß er sich seiner These, jeder Mensch sollte sein eigener Engel sein, um das Tier in sich wieder wachzurufen, anschloß. Murry konnte diese Auffassung nicht teilen und wandte sich eher Gordon Campbell zu, um mit ihm über metaphysische Probleme zu diskutieren. Höchst anregende Gespräche, die ihn, wie er später selbst sagte, zu einem »intellektuellen Mystizismus« inspirierten. Katherine dagegen fand zu beiden Konzepten keinen Zugang.]

Dann trat über längere Zeit Stille ein. Im ersten Brief danach teilte mir Katherine mit, sie sei mit Murry in die Nähe von

Lawrence gezogen, wo sie sich auf seinen Wunsch hin niedergelassen hätten. Das Haus sei klein und häßlich, außerdem feucht und kalt. Murry, so nehme ich an, war tagsüber in London und arbeitete für die *Westminster Gazette*, so daß sich Katherine sehr einsam fühlte. Sie hatten immer noch finanzielle Sorgen, weil von Katherines Geld die Schulden bei der Druckerei abgetragen werden mußten. Die Hausarbeit nahm viel von ihrer Zeit in Anspruch. Das Cottage war schwer in Ordnung zu halten, so daß sie keine Ruhe zum Schreiben fand. Murry hatte für sich natürlich das einzige Zimmer, worin sich angenehm arbeiten ließ, in Beschlag genommen, während für Katherine nur das Dachgeschoß übrig blieb. Sie selbst hat es nie so ausgedrückt, vielleicht urteile ich zu streng. Vielleicht hatte sie sogar auf dieser Einteilung bestanden, weil Murry offizielle Aufträge zu erfüllen hatte, regelmäßig schreiben und seine Buchrezensionen termingerecht abliefern mußte. Im Rückblick muß ich dennoch feststellen, wie egoistisch und rücksichtslos er sich Katherine gegenüber verhalten hat. Sie begann wieder unter ihren »rheumatischen« Schmerzen zu leiden und sich elend zu fühlen. Murry, Lawrence und ihre Freunde – das kam noch hinzu – waren von ganz anderer Art als sie, eine Erfahrung, die ihr Einsamkeitsgefühl verstärkte.

Das einzig gute und wichtige Ereignis in dieser Zeit war die Begegnung mit Samuel Koteliansky. Er, ein Jude aus Weißrußland, war 1911 nach England gekommen, wo er für den Rest seines Lebens blieb. Er übersetzte russische Bücher ins Englische und arbeitete später mit Murry und Katherine, danach mit Virginia und Leonard Woolf zusammen. Seine Begegnung mit Katherine entwickelte sich zu einer beständigen, aufrichtigen Freundschaft. Sie schenkte ihm ihr volles Vertrauen, obwohl sie mit seinen Ansichten nicht immer einverstanden war. Durch all die Jahre war er wahrscheinlich ihr treuester, zuverlässigster Begleiter. Guter Kot!* Wenn er ein-

---

* Kot: Abkürzung für Koteliansky.

mal an einen Menschen glaubte und ihm vertraute, dann glaubte und vertraute er ihm vorbehaltlos und stand für ihn ein. Wurde ein Mensch aber zu seinem Feind, dann blieb er sein Feind. Mir kam er immer wie ein guter, alter Prophet aus vergangener Zeit vor, der alles anprangerte, was ihm ungerecht erschien. Katherine sandte mir seine Adresse nach Rhodesien und bat mich, meine Briefe gegebenenfalls dorthin zu schicken, weil meine Post bei ihm am sichersten aufgehoben sei.

Koteliansky war Katherine zum ersten Mal im Haus von Lawrence begegnet. Auf einmal, sagte er später, sei Katherine in der Tür erschienen, wie vom Wind hergeweht. Sie ihrerseits schrieb mir, wie oft Koteliansky sie besucht und sie in ihrer Einsamkeit immer wieder aufgemuntert habe. Immer habe er sie mit Geschenken überrascht, einmal mit Zigaretten, das andere Mal mit Süßigkeiten, die in dieser

Kriegszeit schwer zu bekommen waren und die sie sich niemals hätte leisten können. Seine Besuche, stelle ich mir vor, waren auch in anderer Hinsicht hilfreich. Er hatte für Katherines Probleme und versteckte Ängste, die sie in ihrem rastlosen Leben immer wieder heimsuchten, großes Verständnis.

30. *Samuel Koteliansky.*

Katherine wurde zunehmend unzufriedener und unglücklicher, und das nächste, was ich von ihr hörte, war, daß sie nach Paris gefahren sei.

[Die Situation zu Hause hatte sich mehr und mehr verschlechtert. Die Diskussionen zwischen Gordon Campbell, Murry und Lawrence über die Thesen von Lawrence zogen sich ins Uferlose. Lawrence verglich das männliche mit dem weiblichen Prinzip, wobei das männliche Prinzip sich im Wissen, im Geist und im Selbstbewußtsein, das weibliche Prinzip hingegen im Sein, in der Selbsterniedrigung und im »Gesetz des Blutes« manifestiere. Die drei Männer träumten von einem Leben in Harmonie auf einer einsamen Insel. In seinem Buch *Between Two Worlds* beschreibt

Murry, wie er sich in seinen philosophischen Überlegungen ausweglos verstrickte. Katherine distanzierte sich von ihm, fühlte sich befremdet, ausgeschlossen und sehnte sich nach Spontaneität und Leben. An Weihnachten 1914 entschied sich das Paar zur Trennung. Zu dieser Zeit erhielt Katherine Liebesbriefe von Francis Carco an der Front, wo sie ihn unbedingt besuchen wollte. Ihr Bruder Chummie, der im Februar 1915 nach England kam, lieh ihr das Geld für die Reise nach Paris. Noch im selben Monat reiste sie ab und wohnte in Carcos leerer Wohnung.]

Alle Briefe Katherines aus Paris waren vom Licht früher Morgen erfüllt. Ich schloß daraus, daß sie von Carcos Wohnung aus, in der Nähe des Quai des Fleurs, auf den Fluß hinuntersah. In einem der Briefe schilderte sie begeistert einen Marktplatz mit alten Frauen, die Blumen aus großen Körben anboten.

In Paris lebte sie wieder auf, genoß Sonne, Licht und den Tagesbeginn mit dem Duft von Milchkaffee, französischen Brötchen und Blumen. Sie bekam vom Leben in dieser Stadt nie genug. Wenn sie die Blumen beschrieb, hatte ich den Eindruck, als erblühten sie geradewegs vor meinen Au-

31. *Francis Carco 1933 am Quai Fleurs in Paris. Die Wohnung, die er Katherine zum Schreiben überließ, liegt im zweiten Stock des Hauses.*

32. *Katherine, 1915.*

120

gen. Francis Carco war an der Front und stellte Katherine seine ganze Wohnung zur Verfügung. Dank seines Einflusses ermöglichte er ihr den heißersehnten Besuch bei ihm; der offizielle Grund für die Erlaubnis lautete: »Besuch eines alten, erkrankten Verwandten«. Sie schilderte mir die Reise in rosaroten Farben, doch hatte ich dabei den Eindruck, als mischte sich in ihre erwartungsvolle Freude ein Anflug von Furcht. Carco habe sie an uniformierten Soldaten vorbei zu einem Haus geführt, schrieb sie, wo er für sie ein Zimmer reserviert hatte. Alles kam ihr dort wie ein organisiertes Durcheinander vor.

Katherine fühlte sich in Frankreich glücklicher und freier als in England und hoffte auf baldigen Frieden, um in ihrer Wahlheimat ihr schriftstellerisches Werk fortzusetzen.

[Katherines Besuch an der Front ist in ihrer Erzählung *An Indiscret Journey* festgehalten. Sie kehrte im März, von Paris neu belebt, aber von Carco enttäuscht, für kurze Zeit nach England zurück, fuhr aber im März und Mai 1915 wieder nach Paris, um *Three Spring Pictures* und *The Little Governess* zu beenden. Murry behauptet in der 1951 veröffentlichten Ausgabe der Briefe von KM an ihn, daß sie dort *The Aloe*, eine Erzählung über ihre Kindheit in Neuseeland, begonnen habe. Sie wohnte wieder in Carcos Wohnung (der immer noch an der Front war) und kam öfters mit Beatrice Hastings zusammen, die *The New Age* verlassen hatte und nun in Paris lebte, aber immer noch für englische Zeitschriften schrieb.]

Am 19. Mai kehrte Katherine zu Murry zurück, der inzwischen in Elgin Crescent wohnte. Auf Anraten von Lawrence mieteten sie im Juni ein Haus in St. John's Wood in der Acacia Road. Lawrence wohnte mit seiner Frau in Hampstead. Sie hatten eine Gesprächsrunde gegründet, die jeden Donnerstag zusammenkam, um die Psyche des Menschen zu erforschen. Sie bestanden darauf, daß Katherine und

33. *Katherine im Garten des Hauses in der Acacia-Road.*

Murry in der Nähe lebten, an der Gesprächsrunde teilnahmen und sie bei der Herausgabe ihrer Zeitschrift namens *Signature* unterstützten. Lawrence war darin mit seiner Philosophie, Murry mit seinen Ansichten über die Freiheit des Individuums vertreten. Katherines Erzählungen sollten die schwere Kost verdaulicher machen.*

Katherine verbrachte fünf Monate in der Acacia Road, eine der glücklichsten, aber auch einschneidendsten Phasen in ihrem Leben. Chummie, der immer noch in England weilte, besuchte sie hier regelmäßig. Sie war in seiner Nähe so glücklich und ausgefüllt, daß sie mir nur noch selten schrieb. Wenn sie es tat, dann aus dem Bedürfnis heraus, mir ein Bild ihres Glücks zu vermitteln. Sie beschrieb zum Beispiel die Schönheit des Birnbaums in ihrem kleinen Garten, jenes Baums, der in ihrer Erzählung *Bliss* eine Rolle spielt. Dann schilderte sie die langen Gespräche mit Chummie über ihre gemeinsam verbrachte, glückliche Zeit in Neuseeland. Der Bruder vermochte ihre Erinnerungen an Kindheit und Familie in einem Maß zu wecken, wie sie es seit ihrer Abreise von zu Hause im Jahr 1908 nie mehr erlebt hatte. Im September mußte er Katherine verlassen und an die Front ziehen.

Im Oktober 1915 erhielt ich ihren Brief, in dem sie mir den Tod von Chummie mitteilte. Ursache war eine zufällig explodierte Handgranate. Das war wohl der größte Schmerz in ihrem Leben. Ein enger Freund von Chummie hatte Katherine danach geschrieben, wie innig Chummie sie geliebt habe. »Hilf mir, Katie, ich bekomme keine Luft mehr, hilf mir auf!« habe er gerufen, bevor er gestorben sei. Da sei

---

* Es erschienen nur drei Ausgaben (am 4. und 18. Oktober und am 1. November 1915). KM ließ im Oktober drei Erzählungen unter ihrem Pseudonym »Matilda Berry« erscheinen: *Autumn I*, die später den Titel *Apple Tree Story* bekam, aber nie in einer Sammlung ihrer Erzählungen erschien, dann *Autumn II*, später leicht abgeändert und betitelt *The Wind Blows*, und *The Little Governess*. Die beiden letzteren erschienen 1920 im Erzählband *Bliss*.

dem Freund bewußt geworden, wie eng Chummies Beziehung zu seiner Schwester gewesen sein müsse.

Katherine hoffte auf mein Verständnis und meine Anteilnahme. Ich versuchte mein Bestes, konnte aber auch nicht mehr für sie tun als die anderen. Das Leben in Rhodesien verlief ruhig und glücklich; davon abgesehen war ich weit von ihr entfernt. Ich empfand den Tod von Chummie weder als einen persönlichen Verlust noch als eine Tragödie, doch tat mir Katherine in ihrem Schmerz unendlich leid. Ich hatte Chummie zu wenig gekannt, um Katherine so beistehen zu können, wie sie es von mir erwartet hatte. Letztlich kann man nur jemanden trösten, dessen Leid man selbst erlebt hat. Ich wußte deshalb nicht, was ich ihr schreiben sollte und schickte nur einen gewöhnlichen Beileidsbrief, um darin meine »Tiefe Anteilnahme« auszudrücken. Den Brief schloß ich mit Schilderungen meiner Erlebnisse in Rhodesien.

Katherine schrieb später für Chummie folgendes Gedicht:

To L.H.B. (1894 -1915)

Last night for the first time since you were dead
I walked with you, my brother, in a dream.
We were at home again beside the stream
Fringed with tall berry bushes, white and red.
›Don't touch them: they are poisonous‹, I said.
But your hand hovered, and I saw a beam
Of strange, bright laughter flying round your head
And as you stooped I saw the berries gleam –
›Don't you remember? We called them Dead Man's Bread!‹
I woke and heard the wind moan and the roar
Of the dark water tumbling on the shore.
Where – where is the path of my dream for my eager feet?
By the remembered stream my brother stands
Waiting for me with berries in his hands ...
›These are my body. Sister, take and eat.‹

124

Wenn ich heute an diese schmerzliche Zeit zurückdenke, quält mich ein Gefühl der Ohnmacht. Ich hatte Katherine damals nichts als meine Hilflosigkeit zu bieten. In diesem Ungenügen lag der Grund, weshalb sich unsere Freundschaft nie voll entfaltete und viele ihrer Knospen verschlossen blieben. Meine unsichere, zögernde Art hemmte Wachstum und Entwicklung, verhinderte auch die Reifung, die zum Greifen nah gewesen wäre.

Jahre zuvor hatte ich in der Gray's Inn Road einmal zu Katherine gesagt, sie sei wesentlich reifer als ich, worüber sie nur gelacht hatte. Das entsprach aber der Wahrheit. Heute bin ich dem Ziel näher, doch immer noch nicht dort, wo ich gerne wäre. Langsam beginne ich mich zu fragen, ob ich je in der Lage sein werde, dem Leser dieses Buchs auch nur einen Schimmer von Katherines wahrem Wesen zu vermitteln.

Inzwischen hielt es Katherine an der Acacia Road nicht mehr aus. Sie überließ die Wohnung ein paar russischen Freunden von Koteliansky, den Farbmanns, und ließ sich von Murry nach Südfrankreich begleiten, wo er sie im Hotel Beau Rivage in Bandol unterbrachte. Sie wollte mit ihrer Trauer allein sein. Die innere Verbundenheit mit ihrem Bruder und der Verlust seiner Nähe weckten starke Erinnerungen an ihre gemeinsame Vergangenheit. Sie hatte mir einmal gesagt, daß sie entschlossen sei, ein Buch – nicht nur Erzählungen – über ihr Land zu schreiben. Sie fühlte, daß sie viel zu sagen hatte und ihr nur noch wenig Zeit zur Verfügung stand, um ihre Visionen in Worte umzusetzen. Der Tod ihres Bruders verstärkte ihre inneren Bilder, so daß sie schließlich begann, sie in die Erzählung *The Aloe* einfließen zu lassen.*

---

* Sein Tod war auch der Anlaß zu zwei ihrer bedeutendsten, erst sechs bzw. sieben Jahre später geschriebenen Erzählungen *Six Years After* (nicht beendet, in *The Nation*, April 1923) und *The Fly* (in *The Nation*, März 1922).

Im Dezember 1915 reiste auch Murry nach Bandol, wo er mit Katherine in einem kleinen Haus namens Villa Pauline lebte. Drei Monate blieben sie dort beieinander und verbrachten eine sehr schöne, friedliche Zeit. Murry arbeitete damals an einem Buch über Dostojewski.*

Beide waren sehr fleißig. Sie schrieben den ganzen Tag, saßen sich am selben Tisch schreibend gegenüber und erholten sich am Abend gemeinsam von ihrer Arbeit. In einer so harmonischen Atmosphäre gelang es Katherine, wieder zu sich zu finden und die Erzählung *The Aloe* zu beenden, in der sie auf unnachahmliche Art ihrer Heimat ein Denkmal setzte.**

Eines Tages teilte mir Katherine mit, sie werde – gegen ihren Wunsch – mit Murry zusammen Südfrankreich wieder verlassen. Schuld daran sei Lawrence. Er habe sich in Cornwall ein Haus gemietet und Katherine und Murry in einem Brief beschworen, ihm zu folgen und im benachbarten Haus zu wohnen. In den Briefen, die ich aus Cornwall bekam, war mehr von Lawrence und seiner Frau als von irgendetwas anderem die Rede: Lawrence, der Frieda beobachtet, wie sie draußen vor dem Waschzuber steht, der Wind ihr buntes Kleid aufbläht und sie mit Seifenblasen umspielt. Oder Frieda, die vor Lawrence flieht, den Hügel hinaufrennt und in Murrys Haus Zuflucht sucht.

Katherine schrieb mir, wie sehr sie Lawrence und seine ewige Beschäftigung mit der Sexualität satt hätten. Ein anderes Mal erwähnte sie einen Brief von Lawrence voll kränkender Beschimpfungen. Schließlich wurde ihnen die Sache zu bunt. Sie verließen Cornwall und fanden in Mylor

---

* Von Martin Secker in Auftrag gegeben, um den Verlust von ca. 30 Pfund zu decken, der durch die Pleite mit *The Blue Review* entstanden war.

** Später neu bearbeitet und 1918 erschienen als *Prelude* in Virginia und Leonard Woolfs Hogarth Press und mit *Bliss and Other Stories* im Jahr 1921. *The Aloe* wurde in der Originalversion postum bei Constable 1930 gedruckt.

ein freundliches, kleines Haus namens Sunnyside Cottage, wo ich sie nach meiner Rückkehr aus Rhodesien besuchen sollte.

[Katherine fand in Mylor keine Ruhe und beklagte sich bald über die trostlose Landschaft. Sie fuhr so oft wie möglich nach London, um dort ihre Freunde zu treffen. Dabei lernte sie Lady Ottoline Morrell näher kennen und traf sich entweder mit ihr in Garsington oder bei den Campbells in London. Im Frühherbst wurde Murry von der Armee zu einer erneuten Untersuchung eingezogen. Dank Freunden in Garsington gelang es ihm, einen Posten als Übersetzer für den militärischen Nachrichtendienst zu bekommen.

Im September weilten Katherine und Murry in London. Sie verbrachten mit den beiden Malerinnen Dorothy Brett (Lord Eshers Tochter) und Dora Carrington (Freundin von Lytton Strachey) einige Zeit im Haus von J. M. Keyne in der Gower Street. Keyne hatte sein Haus verlassen. Während seiner Abwesenheit sollten Katherine und Murry im ersten Stock, Dorothy Brett im zweiten, Dora Carrington im Dachgeschoß wohnen. In diesem Haus fand das Wiedersehen mit LM statt, als sie im Herbst 1916 aus Rhodesien zurückkehrte.]

9 »Es ist nichts. Nur eine kleine Lungenreizung.«

GOWER STREET – CHURCH STREET –
SÜDFRANKREICH – PARIS – REDCLIFFE ROAD
1916 – 1918

Damals gingen Reisen und Verkehr in Rhodesien nur sehr langsam vonstatten, Nachrichten und Neuigkeiten erreichten uns kaum. Einmal in der Woche gab es eine Zeitung. Wir hatten kein Radio, und Briefe brauchten mehr als drei Wochen. Mein Vater konnte meine Ungeduld nie verstehen, wenn ihm einer unserer »boys« die Post brachte.

»Eine Stunde mehr oder weniger spielt doch keine Rolle!«, pflegte er mich zu necken.

Ich liebte Rhodesien, liebte das langsame und doch so beschwingt dahingleitende Leben im unberührten Land mit seinen wenigen Menschen und seinem meilenweiten Frieden. Im Licht des Mondes wirkten die Eukalyptusplantagen wie gebleichte Steine. In der Morgendämmerung wiegte sich das hohe Gras mit den schweren Tautropfen im Wind, bis plötzlich die Sonne aufging und innerhalb einer halben Stunde die Welt in klares Gold verwandelte. Bald danach stieg aus den Feldern bläulicher Rauch, ein Zeichen, daß die Bauern an der Arbeit waren. Der Rauch kräuselte sich und stieg in feinen Spiralen zum Himmel, zu den weißen Wolken, die wie weiche Kissen über die Hügel zum Fluß hinuntertrieben, bevor sie von der heißen Sonne aufgesogen wurden.

Im fernen Europa dagegen wütete der entsetzliche Krieg. Der Frieden in Rhodesien ließ ihn als etwas Unwirkliches erscheinen. Meine zwei Jahre waren nun aber bald um, und die Abreise nach England stand bevor. Mein Vater reiste mit, um dem Alleinsein zu entfliehen. Wir fuhren mit einem Truppentransportschiff, das südafrikanische Artilleriesoldaten nach England brachte. Dabei lernten wir Robert Gibson, einen der Offiziere, näher kennen. Er war ein bewunderungswürdiger Mensch.

Als am Ende der Reise unser Zug in die graue Bahnhofshalle einfuhr und ich auf dem überfüllten Gehsteig stand, wurde mir seltsam zumute. Ich hielt nach Katherine Ausschau, etwas besorgt, weil sich unsere Freundschaft seit Chummies Tod verändert hatte – zu viele Mißverständnisse hatten uns voneinander entfernt.

Ich verabschiedete mich traurig von meinem Vater, versprach ihm ein baldiges Wiedersehen und ging mit Katherine weg. Sie war mit Murry unerwartet nach London zurückgekommen, weil beide das einsame Leben in Cornwall nicht mehr ausgehalten hatten. Sie wohnten in der Gower Street zusammen mit Dorothy Brett und einer Dame namens Dora Carrington, die beide das Haus mit den Murrys teilen wollten.

Die Atmosphäre in diesem Haus war aber so ungemütlich, daß ich nicht länger bleiben mochte und zu Dolly Sutton zog, meiner alten Freundin aus Kindertagen in Burma.

Sie gab mir die Adresse eines Büros, das Frauen mit höherer Schulbildung gute Stellen als Vorarbeiterinnen in Fabriken vermittelte. Auf diese Weise nahm ich an einem sechswöchigen Intensivkurs für Metallverarbeitung teil und arbeitete danach in einer Flugzeugfabrik in Chiswick, wo es mir sehr gut gefiel. Mr. Gwynne, der Direktor, war ein außergewöhnlich netter Mann. Dort lernte ich Stella Drummond (die spätere Lady Eustache Percy) kennen, mit der ich mich eng befreundete.

Ich besuchte Katherine so oft wie möglich, doch für mein Gefühl zu selten. Sie befand sich in einer Phase größter Zurückgezogenheit, in der sie niemanden sehen wollte. Dafür suchte ich um so mehr meinen alten Vater auf, der im Strand Palace Hotel wohnte, apathisch in den langen Gängen auf und ab spazierte und nicht wußte, was er in diesem völlig veränderten Leben mit sich anfangen sollte. Manchmal besuchte er ein paar seiner alten Freunde und besonders seine Freundinnen, in der Hoffnung, eine von ihnen werde ihn heiraten und mit ihm nach Rhodesien zurückkehren, wo das Leben so einfach schien. Sein Wunsch blieb aber unerfüllt, so daß er schließlich allein zurückreiste. Seit seinem Indienaufenthalt litt er unter gelegentlichen Wutanfällen. Ich war die einzige, die sie ertrug und etwas zu mildern verstand, weil wir uns im Grunde genommen sehr liebten. Als mich wenige Jahre später die Nachricht erreichte, er habe während einer kurzen Abwesenheit seines Sohnes einen »Unfall« mit seinem Gewehr erlitten, wußte ich Bescheid und gab mir die Schuld.

Inzwischen hatte Katherine für mich eine Unterkunft auf dem Holly Mount in Hampstead gefunden, wo ich die Zimmer eines entfernten Bekannten bewohnen durfte, der soeben einberufen worden war und den ich vor seinem Weggang kurz kennenlernte. Er schenkte mir Bücher zum Dank dafür, daß ich ihn vor seiner Abreise in seiner eigenen Wohnung zum Abendessen eingeladen hatte. Leider sollte er nie wieder zurückkehren. Nun übernahm Mrs. Butterworth, die nette alte Vermieterin, die Aufgabe, mich zu verwöhnen. Sie tat es im Glauben, mitten in dieser Kriegszeit ihre Bürgerpflicht zu erfüllen, indem sie für ein warmes Zimmer und ein reichhaltiges Frühstück sorgte, das sie für mich schon um halb sechs Uhr morgens zubereitete (»Selbstverständlich, Miß! Keine Angst! Ich schlüpfe nachher wieder ins Bett!«). Wenn ich am Abend nach Hause kam, wartete sie schon mit dem Essen auf mich, und im Wohnzimmer brannte das Kaminfeuer, vor dem ich mich entspannen und in Ruhe lesen konnte.

Als der Winter nahte, wurde Katherine wieder von ihrer Unruhe überfallen. Im Gegensatz zu Murry ertrug sie die Nähe von Dora Carrington und deren Freundeskreis nicht.

130

Ich spürte, daß sie sich zurückziehen und allein sein wollte. Im Frühling 1917 zogen Katherine und Murry wieder aus und lebten darauf in getrennten Wohnungen. Katherine fand eine Wohnung in der Old Church Street, Murry in der Redcliffe Road.*

Katherine forderte mich in einem Brief auf, am folgenden Abend zu ihr in die Church Street zu kommen, um gemeinsam ihre Wohnung unter die Lupe zu nehmen, eine Unterkunft, die etwas seltsam Bedrohliches ausstrahlte. Ein Vorhang teilte das Wohnzimmer in zwei Räume. Außerdem gab es ein Schlafzimmer und ein Badezimmer. Eine Treppe führte auf einen Balkon, der mich an eine Balustrade für Minnesänger erinnerte. Auch eine kleine Küche war vorhanden. Katherine schlief auf einem breiten Sofa im großen Wohnzimmer. Die ganze Wohnung glich einem Schacht, weil nur durch das Fenster über der Eingangstür Licht einfiel. Anfangs hatte Katherine selten Besuch, und ich konnte erst zu ihr gehen, wenn ich in der Fabrik den Arbeitsbeginn der Nachtschichtarbeiter abgestempelt hatte. Meist war sie dann allein – nachdem sie schon den ganzen Tag allein verbracht hatte. Auch ihre nächtlichen Ängste mußte sie allein durchstehen.

Meine zwei Zimmer in Holly Mount lagen sowohl von der Fabrik als auch von Katherines Wohnung weit entfernt. Um am Morgen um sieben Uhr in Chiswick zu sein, mußte ich schon um halb sechs aufstehen. Manchmal graute mir nach einem Besuch bei Katherine vor dem endlosen Heim-

---

* Aus Murrys Autobiographie *Between Two Worlds* geht hervor, daß er sich völlig zurückzog und sich in seine Übersetzerarbeit im Kriegsministerium vertiefte. Gleichzeitig gewann er einen neuen Freund: J. W. N. Sullivan, den Wissenschaftler und Beethovenbiographen. Sullivan war auf Murry durch dessen Buch über Dostojewski aufmerksam geworden und hatte Dan Ryder, einen Buchhändler, gebeten, ihn mit dem Autor bekannt zu machen. Durch Murry hatte auch Sullivan eine Arbeit im Kriegsministerium erhalten.

weg; deshalb verbrachte ich einmal eine Nacht in der Krypta der Kirche von St. Martin-in-the-Fields.

Katherine und ich entschlossen uns, doch wieder zusammen zu wohnen. So zog ich in der Church Street ein, wo die »Minnesänger-Balustrade« zu meinem Reich wurde. Wenn Besuch kam, blieb ich im Bett und verhielt mich ruhig, weil ich mir vorstellen konnte, wie gehemmt der Besuch wäre, wenn er von einer unsichtbaren dritten Person im Zimmer wüßte. Schließlich vereinbarten wir, daß ich nie vor neun Uhr abends nach Hause kommen sollte. Ich hatte ja immer viel zu tun oder ging noch zu meiner Freundin Dolly Sutton, die immer für mich da war, wenn ich sie brauchte.

Im Juni 1917 kam meine Schwester aus Afrika zurück, um in England ihr erstes Kind zur Welt zu bringen. Die Hebamme war nicht in der Lage, die Pflege allein zu übernehmen und bat mich, ihr zu helfen. Katherine war sofort damit einverstanden. Ich verließ sie, obwohl uns beiden klar war, wie sehr sie sich vor den einsamen Nächten fürchten würde. Ich blieb drei Wochen bei meiner Schwester in Ravenscourt Park. Nach meiner Rückkehr gestand mir Katherine, wie schlimm diese Zeit für sie gewesen sei. Sie sei fast jede Nacht hinaus auf die Straße gegangen und bis zur Morgendämmerung draußen geblieben. Die Zeit, die sie am meisten fürchtete, waren die Stunden zwischen Mitternacht und drei Uhr in der Frühe.

Mit der Zeit bekam Katherine viel Besuch. Murry war ein regelmäßiger Gast, der im Gegensatz zu anderen von meiner Anwesenheit wußte. Katherine hielt ihn für schlecht ernährt und sorgte dafür, daß er täglich eine richtige Mahlzeit zu sich nahm. Eines Abends gab es zwischen den beiden eine schlimme Auseinandersetzung, woraufhin Katherine das Haus verließ und verschwand. Ich, wie immer besorgt um sie, machte den Fehler und folgte ihr, obwohl mich Murry davon abhalten wollte. Katherine war nicht weit gegangen, änderte, als sie mich sah, ihre Meinung und kehrte mit mir in die Wohnung zurück. Aber ich spürte, wie sehr sie meine Einmischung mißbilligte, so daß ich auf der Stelle verschwand und sie ihre Meinungsverschiedenheiten allein austragen ließ.

So ging der Sommer 1917 vorüber. Besuche kamen und gingen. Wenn in der Wohnung wieder Ruhe einkehrte, setzte sich Katherine an die Arbeit. Ich erinnere mich nicht mehr, was sie zu jener Zeit geschrieben hat. Nach so vielen Jahren kommt es mir vor, als blicke ich durch ein langes Fernrohr in die Vergangenheit zurück, wo ich zum Teil gestochen scharfe, zum Teil verschwommene Bilder vor mir sehe.

[KM kehrte 1917 zu *The New Age* zurück. In der Zeit von April bis Juni erschienen folgende Erzählungen: *Two Tuppenny Ones, Please, Late at Night, The Black Cap, In Confidence* (nicht veröffentlicht), *The Common Round* (als *Pictures* in einem Erzählband veröffentlicht), *A Pic-Nic* (nicht gesammelt) und *Mr. Reginal Peacocks Day*. Bis auf die letzte waren alle Erzählungen in Dialogform und in satirischem Stil geschrieben. Nach einer Pause erschien im September ihre Übersetzung der Erzählung von Alphonse Daudet: *Die Ziege des Herrn Séguin,* danach zwei ernstere Texte: *An Album Leaf* und *The Dill Pickle*.

Sie arbeitete außerdem an *The Aloe*, die sie auf Murrys Vorschlag in *Prelude* umtaufte, und sandte sie Leonard und Virginia Woolf, die sie in ihrem Verlag, der Hogarth Press, veröffentlichten.]

Katherine kam immer öfter mit Lady Ottoline Morrell zusammen. Als Kind hatte ich oft wie gebannt durch den hohen, verlotterten Zaun in den Park ihrer Villa am Cavendish Square gespäht. Sie war eine sehr große, auffallende Frau, eine faszinierende Persönlichkeit, die sich über die Konventionen und das Gerede der Leute hinwegsetzte.

Wenn ich heute an sie denke, sehe ich sie am Meer stehen, in einen langen, mantelähnlichen Umhang gehüllt, die Enden über die Schulter geworfen, mit einem kühnen

Federhut auf dem Kopf. Sie trug auserlesene Kleider, exklusiven Schmuck und hatte immer eine Schar begabter, außergewöhnlicher Menschen jeden Alters um sich. Nachdem sie Murry kennengelernt hatte, entdeckte sie Katherine und war begeistert von ihr. Sie besaß einen wundervollen Garten, war von verschwenderischer Großzügigkeit und schickte Katherine oftmals Körbe voller Blumen mit der Erklärung, sie sei eben an den Beeten entlang gegangen und habe alle Blumen gepflückt, die besonders gut geduftet hätten. Noch heute habe ich ihre tiefe, gurrende Stimme im Ohr und sehe, wie sie in der süßlichen Abendluft durch ihr üppiges Blumenparadies wandelte. Katherine widmete ihrem Garten das Gedicht *Night Scented Stocks*.

Night Scented Stocks

White, white in the milky night
The moon danced over a tree.
›Wouldn't it be lovely to swim in the lake!‹
Somebody whispered to me.

›Oh, do-do-do!‹ cooed someone else
And clasped her hands to her chin.
›I should so love to see the white bodies –
All the white bodies jump in!‹

The big dark house hid secretly
Behind the magnolia and the spreading pear tree,
But there was a sound of music – music rippled and ran
Like a lady laughing behind her fan,
Laughing and mocking and running away –
›Come into the garden – it's as light as day!‹

›I can't dance to that Hungarian stuff,
The rhythm in it is not passionate enough‹,
Said somebody. ›I absolutely refuse …‹

But he took off his socks and his shoes
And round he spun. ›It's like Hungarian fruit dishes
Hard and bright – a mechanical blue!‹
His white feet flicked in the grass like fishes …
Someone cried: ›I want to dance, too!‹

But one with a queer Russian Ballet head
Curled up on a blue wooden bench instead.
And another, shadowy – shadowy and tall –
Walked in the shadow of the dark house wall,
Someone beside her. It shone in the gloom,
His round grey hat like a wet mushroom.

›Don't you think, perhaps …‹ piped someone's flute …
›How sweet the flowers smell!‹ I heard the other say –
Somebody picked a wet, wet pink
Smelled it and threw it away.

›Is the moon a virgin or is she a harlot?‹
Asked somebody. Nobody would tell.
The faces and the hands moved in a pattern
As the music rose and fell.

In a dancing, mysterious, moon bright pattern
Like flowers nodding under the sea…
The music stopped and there was nothing left of them
But the moon dancing over the tree.

Katherine war von Lady Ottoline fasziniert und genoß die
Zusammenkünfte mit ihr. Nur einmal, im Oktober 1917,
als sie von ihr aufgefordert wurde, nach Murry zu sehen,
der sich schwer erkältet hatte, war sie über sie verstimmt.
Katherine willigte nur ungern ein und holte sich auf dem
Weg zu ihm – nur mit einem leichten Mantel bekleidet –
selbst eine schlimme Erkältung. Sie kehrte zur Old Church
Street zurück und versprach mir, sich auszuruhen und vor-

34. *Bucht von Bandol.*

sichtig zu sein, klagte aber bereits über leichte Schmerzen in der Lungengegend. »Es ist nichts«, wehrte sie ab, »nur eine kleine Lungenreizung. Das kenne ich, das geht vorbei.« Aber es ging nicht vorbei.

Katherine blieb im Bett und sagte mir, daß Ma Parker*, ihre Haushaltshilfe, wie gewohnt kommen und nach dem Rechten sehen würde. Keinesfalls dürfe ich meine Arbeit in der Fabrik vernachlässigen. Bevor ich nach Chiswick ging, zündete ich ein schönes Kaminfeuer an, kochte Tee, bereitete eine Wärmflasche vor und machte mich auf den Weg zur Arbeit, in der Hoffnung, Ma Parker werde den Rest übernehmen. Leider mußte ich aber feststellen, daß Katherine gelogen hatte. Die Haushaltshilfe war nicht gekommen. Katherine, die mich nicht hatte beunruhigen wollen, war aufgestanden, hatte selbst die Kohlen geholt und den Haushalt besorgt. Wieder einmal hatte ich sie im Stich gelassen, hatte nicht genügend Phantasie, um für sie das Richtige zu tun, selbst wenn ihr damit nicht restlos gedient gewesen wäre. Ihr Wunsch nach Unabhängigkeit war mit

* Ma Parker ist auch die Vorlage für KMs gleichnamige Erzählung.

ihrer gesundheitlich bedingten Hilflosigkeit schwer in Einklang zu bringen.

Danach wurde Mrs. Maufe beauftragt, Katherine zu betreuen und zu überzeugen, sich in einer Klinik pflegen zu lassen. Katherine lehnte den Vorschlag ab, weil ihr das Geld dafür fehlte. Mrs. Maufe holte schließlich einen Arzt, Mr. Ainger, mit dem sich Katherine gut verstand und sogar anfreundete. Er riet ihr, England auf der Stelle zu verlassen, damit sie nicht die »galoppierende« Schwindsucht bekäme. Hätte er auf der Abreise bestanden, wäre manches anders verlaufen, aber mitten im Krieg war es auch fast unmöglich, in die Schweiz zu reisen. Katherine dachte an ein wärmeres Klima und sehnte sich nach ihrem geliebten Bandol in Frankreich, wo sie so glücklich gewesen war.

Sie besprach den Plan mit Murry, der damit einverstanden war und glaubte, daß sie sich dort rasch erholen würde. Da Krieg war, erhielten weder er noch ich eine Bewilligung, sie zu begleiten. So blieb mir nichts anderes übrig, als wenigstens ihr Gepäck vorzubereiten. Der Reisetag fiel auf den 7. Januar 1918. Ich sorgte für warme Kleider und einen großen Pelzmuff, den ich irgendwo aufgetrieben hatte, dann begleiteten Murry und ich Katherine zum Zug. Bei jedem Schritt schien sie vor Schwäche zusammenzubrechen.

Unsere Angst um sie war berechtigt. Sie schrieb, die Reise im überfüllten Zug sei schrecklich gewesen und habe drei Tage gedauert. Nur mit größter Not habe sie noch einen Fensterplatz erwischt, aber durch die zerbrochene Scheibe sei kalte Luft ins Abteil gedrungen. Sogar Schneeflocken seien hereingeweht und hätten sich auf ihren Muff gesetzt. Zu essen habe es nichts gegeben, nicht einmal ein wärmendes Getränk. Eine nette Frau, die bemerkt habe, wie schlecht es ihr ging, habe ihr ein wenig geholfen. Zuletzt sei sie dann doch noch, allem Elend zum Trotz, in Bandol angekommen.

Bandol! Eine große Enttäuschung für sie, nachdem sie dort zwei Jahre zuvor so glücklich gewesen war. Das Hotel Beau Rivage war kaum wiederzuerkennen, das freundliche Personal nicht mehr da, seine Atmosphäre kalt und abweisend. Katherine lag oft im Bett in ihrem Zimmer und freundete sich wenigstens mit dem Zimmermädchen an, einem Frauentyp, dessen Zuneigung Katherine von jeher sicher war. Murry und ich hofften auf eine Besserung ihres Zustands, aber Bandol war nicht der richtige Kurort für sie. In diesem milden Klima litt sie unter leichten Fieberschüben.

Nachdem Katherine die Wohnung in der Old Church Street verlassen hatte, zog ich in die große, komfortable Eyot Villa am Embankment ein, die in ein Y.W.C.A. Heim* für die Arbeiterinnen der Fabrik umgewandelt worden war. Kurz darauf erfuhr ich von Murry, daß es Katherine nicht besser ging, im Gegenteil, sie fühlte sich elender denn je und sehr krank. Nach dieser Nachricht war ich nicht mehr zurückzuhalten. Ich entschloß mich auf der Stelle, zu ihr nach Bandol zu fahren. Aber Murry warnte mich davor. »Nein, geh nicht! Sie wird wütend!« sagte er.

* Y.W.C.A.: Young Womens Christian Associations

Doch mich überzeugten keine noch so vernünftigen Überlegungen. Ich setzte meinen Plan durch und erhielt von Mr. Gwynne die Erlaubnis, für ein paar Wochen wegzufahren. Als aber auf dem Paßbüro mein Antrag abgelehnt wurde, mußte ich mich hinsetzen und heulen. O Wunder – meine Tränen bewirkten, daß ich die Reiseerlaubnis erhielt, aber die Fahrt wurde zum Alptraum. Der Nachtzug von Marseille war mit Franzosen überfüllt. Ich mußte froh sein, wenigstens im Gang auf meinem Koffer sitzen zu können. Alle Bahnstationen waren in pechschwarze Nacht gehüllt; ich hatte keine Ahnung, wo ich mich befand. Auch wenn man die Ortsnamen ausgerufen hätte, wäre ich daraus nicht klug geworden. Wir fuhren langsam die schöne Küste entlang, aber ich kann mich heute beim besten Willen nicht mehr erinnern, ob ich damals die Nacht im Zug, auf dem Bahnhof oder sonstwo verbracht habe. Wie ich den Weg zum Hotel Beau Rivage in Bandol gefunden habe, weiß ich auch nicht mehr.

Ich begegnete Katherine auf der Treppe in der Hotelhalle. Das erste, was sie sagte, war: »Was hast du denn hier zu suchen?« Da war es um mich geschehen. Da war mir, als fiele ich in ein tiefes Loch. Sollten die lange, anstrengende Reise, die Aufregungen und alle ausgestandenen Ängste umsonst gewesen sein? Ich war hier nicht willkommen, war in Katherines Reich eingedrungen, das scheinbar ihr allein gehörte. Aber ich war nun einmal da und mußte mich auf ihren Tagesablauf einstellen.

Sie blieb immer bis zum Mittag in ihrem Zimmer. Wir trafen uns erst zum Mittagessen, danach begann sie wieder zu schreiben oder war mit anderen Dingen beschäftigt, während ich spazieren ging oder mich in einem Park aufhielt.*

---

* KM schrieb im Januar und Februar in Bandol *Sun and Moon* und ihre beiden wichtigen Erzählungen *Je ne parle pas français* und *Bliss*. Im Februar schrieb sie in einem Brief an Murry: »Liebster, ich bin immer noch mitten im Schreiben. Du weißt ja: Tiefe Ruhe und Stille – und dann leise weg und hinüber.«

Zum Abendessen trafen wir uns wieder und schwatzten eine Weile im Salon, wo Katherine inzwischen andere Gäste kennengelernt hatte. Ich kam während dieser Zeit, als in England alles rationiert war, fast um vor Appetit auf Süßes und war selig, in den Läden Süßigkeiten und Früchte vorzufinden. Katherine mißfiel mein Appetit auf Datteln. Möglich, daß ich wirklich zu gierig war.

Es kam vor, daß wir uns auch tagsüber sahen und ich Katherine in ihrem Zimmer aufsuchte. Doch sie gab mir deutlich zu verstehen, daß sie weder in ihrem Tagesablauf noch in ihrem privaten Bereich gestört werden wollte – vielleicht gerade von mir nicht. Immerhin nahm sie mich manchmal mit, um mir die Geschäfte zu zeigen, in denen sie damals mit Murry eingekauft hatte, als sie zusammen in der Villa Pauline gewohnt hatten.

Eines Nachts wütete ein schreckliches Gewitter. Es erinnerte mich an jene Nacht in Rottingdean, die Katherine und ich am Fenster zugebracht hatten, die zuckenden Blitze vor Augen. Ich stand auf und ging zu ihr ins Zimmer, bis sich das Unwetter beruhigt hatte. Diesmal war sie es, die glaubte, mich beschützen zu müssen!

Ein paar Tage später wollte sie mir beweisen, wie gut es ihr wieder ging. (Als hätte ich selbst keine Augen!). Sie schlug mir einen Spaziergang durch die schöne Gegend vor, an den graublauen Olivenbäume und den farnüberwachsenen Hügeln entlang. Ich willigte nur zögernd ein, weil ich spürte, daß der Ausflug sie überfordern würde, aber ich schwieg. Sie kannte den Weg und schlug ein viel zu rasches Tempo an. Bald stellte sie fest, daß sie am Ende ihrer Kräfte war, obwohl noch ein großer Teil der Strecke vor uns lag. Wir setzten uns und ruhten uns aus, wobei ihr eine Abkürzung einfiel, die immer noch sehr lang war. Als wir wieder beim Hotel ankamen, war Katherine völlig erschöpft. Am anderen Morgen ließ sie mich rufen und zeigte mir ihr Taschentuch, das voller Blutflecken war. Sie habe eine Weile am Fenster gestanden, sagte sie, sei wieder zu

Bett gegangen und dann von einem Hustenanfall überrascht worden. Der Gedanke an eine mögliche Tuberkulose erschreckte sie. Ich ließ sogleich einen Arzt kommen, den einzigen englischen Arzt in Bandol. Es kam ein kleiner, schrecklicher Mann, der zuviel getrunken hatte und keine Hilfe sein konnte. Katherine war entsetzt und hatte nur noch den Wunsch, diesen Ort zu verlassen und so rasch wie möglich nach England zurückzufahren, Murry wiederzusehen und ihren vertrauten Arzt in London aufzusuchen.

Mitte März 1918 traten wir die Rückreise an. Aber nach wievielen Schwierigkeiten! Die ewigen Gänge zum Rathaus! Das endlose Warten in einem winzigen Büro, das mit seinem Blumenschmuck und den vielen Früchten aussah, als mache es sich über unsere Probleme lustig!

Warum Madame denn das schöne Südfrankreich verlassen wolle? fragte man überall. Sie täte besser daran, hierzubleiben in einer Zeit, wo das Reisen so beschwerlich und an eine Reisebewilligung nicht zu denken sei … Katherine mußte wahrscheinlich als verrückt betrachtet worden sein, weil sie als Lungenkranke das kalte, feuchte Klima Englands dem warmen Süden vorzog. »Aber bitte, ganz wie Sie wollen! Wenn Monsieur le docteur es so verordnet und er findet, die Heimreise sei dringend, dann …« Also mußte der schreckliche Doktor mit seiner Alkoholfahne und seinem einfältigen Lächeln nochmals gerufen werden. Katherine ließ dabei ihren ganzen Charme und alle Reize spielen und war so liebenswürdig, daß er den notwendigen Brief für sie schließlich schrieb. Siegessicher brachte ich das Schreiben ins kleine Büro und erhielt unsere Reisebewilligungen, allerdings nur bis Marseille. Dort verbrachte ich wieder unzählige Stunden auf dem Konsulat und rannte treppauf und treppab, während Katherine irgendwo auf mich wartete.

Allein hätte sie die lange Reise niemals überstanden, und unser Geld wurde knapp. Wir kamen schließlich bis Paris, wo wir im Select Hotel an der kleinen Rue de la Sorbonne wohnten. An eine Weiterreise nach England war nicht mehr zu denken. Es war März 1918. Die Deutschen waren mit ihrem letzten Großangriff im Anzug. Die Frontlinie von Amiens rückte in bedrohliche Nähe, und die Dicke Bertha ließ pünktlich alle fünfzehn Minuten ihre Bomben fallen.

Wir mußten immer auswärts essen, was für Katherine außerordentlich anstrengend war. Wir gingen meistens ins Restaurant Duval, wo das Personal nur aus älteren Frauen bestand, weil die jungen Leute für den Kriegsdienst eingesetzt worden waren. Ich erinnere mich noch an die schönen Kleider dieser Frauen, an ihre frisch gestärkten Hauben und Schürzen und ihr freundliches Lächeln, während sie Blatt für Blatt den Salat prüften, bevor sie ihn uns anboten. Kaum näherte sich aber die Zeit des nächsten Bombenangriffes, veränderten sich ihre Mienen, denn die Dicke Bertha war auf die Minute genau. Das feine Lächeln schwand aus den alten Gesichtern, die runzligen Wangen zitterten vor Angst, bis – pang! Danach waren alle wieder geschäftig und lächelten weiter ... für die nächsten fünfzehn Minuten.

Die Bombenangriffe richteten weniger Schaden an als erwartet. Aber in moralischer Hinsicht wirkten sie verheerend. Sie machten wohl einiges kaputt und zerstörten, was ihnen im Weg stand, schienen aber keine große Sprengkraft zu haben. Und so wurden einige Leute leichtsinnig: Wenn's dich trifft, dann aus und Schluß! Wenn nicht, umso besser! In einer Straße entdeckte ich ein Haus, dessen Vorderfront wie von einem Messer abgeschnitten aussah, sonst aber unversehrt geblieben war.

Zu Beginn befolgten Katherine und ich bei Bombenalarm die strengen Regeln und eilten in den Keller. Der war aber so eisig kalt und die Stufen so hart und steinig, daß wir beschlossen, lieber in unseren Betten bombardiert zu werden, als in einem dunklen, kalten Loch zu leiden. Von da an blieben wir ruhig und gelassen liegen, wenn die klei-

142

nen Fahrzeuge, die zur Bombenwarnung eingesetzt wurden, mit ihrem Sirenengeheul die Straße hinunterrasten.

Drei Wochen waren wir auf diese Weise in Paris gefangen. Reisen waren verboten, bis die Front sicher und die Deutschen zurückgedrängt waren. Die Spannung zwischen uns nahm zu. Katherine war tapfer, auch wenn sie sich um ihre Gesundheit Sorgen zu machen begann. Bis dahin hatte sie kaum Zeit gehabt, sich über ihren körperlichen Zustand Gedanken zu machen. Als sie eines Tages über Rückenschmerzen klagte, strich ich mit meinem Finger sanft ihre Wirbelsäule entlang bis zu einer kleinen Schwellung, die wahrscheinlich von einer Muskelzerrung herrührte. »Ja, da ist irgend so eine kleine Wucherung«, sagte ich. Was für ein Wort! Ich weiß heute noch nicht, wie ich dazu gekommen bin, es auszusprechen. Für Katherine brach eine Welt zusammen. Sie stellte sich die schlimmsten Dinge vor und fühlte sich einer neuen Bedrohung ausgesetzt.

Als wir uns eines Morgens nach dem Frühstück auf dem Weg zurück ins Hotel befanden, setzten wir uns noch in ein kleines Café. Die dicke Wirtin weckte in Katherine die Erinnerung an glücklichere Zeiten in Paris, worauf sie mir alle Orte und Plätze schilderte, die sie mit Murry damals besucht hatte. Die meiste Zeit verbrachte Katherine aber im Hotel. Unsere Zimmer befanden sich im Dachgeschoß und waren überraschend gemütlich. Jede Nacht schlich ich mich mit Kissen und Decken zu Katherine hinüber und richtete mich bei ihr auf dem Fußboden ein, schlief meist sehr gut und ging am anderen Morgen wieder in mein Zimmer zurück, ehe die anderen Gäste im Hotel erwachten.

Der lange Aufenthalt verschlang unser ganzes Geld. Eines Tages nahm Katherine allen Mut zusammen und traf sich mit jemandem, den sie lieber nicht gesehen hätte – und vor dem sie sich sogar fürchtete. Ich nahm an, daß es sich dabei um Francis Carco handelte, wagte aber nicht zu fragen. Katherine kam jedenfalls mit soviel Geld zurück, daß wir uns davon unsere Fahrkarten kaufen konnten.

Ich wußte damals nicht, daß uns das Konsulat wahrscheinlich geholfen hätte. Es war mir auch nicht eingefallen, meiner Freundin Stella Drummond zu schreiben, deren Vater, General Drummond, Oberbefehlshaber des südlichen Truppenverbandes war. Mit seiner offiziellen Erlaubnis hätten wir wahrscheinlich unsere Heimreise schnell antreten können. Immerhin war nun die Zeit der Sorgen und Nöte beinahe vorbei. Die Front bei Amiens wurde gehalten, die Züge begannen wieder zu fahren, und wir befanden uns auf einem Schiff, das uns sicher nach England brachte.

Auf diesem Schiff geschah ein Wunder. Als Katherine in ihrer Kabine war, fielen plötzlich alle Ängste und Sorgen von ihr ab. Die Spannungen zwischen uns lösten sich, und wir fanden zu wunderbarem Glück und schönstem Einverständnis zurück. Wir spielten ein einfaches Spiel – Patience –, das ich Katherine früher einmal beigebracht hatte. Seitdem spielte sie es oft zum Zeitvertreib und zur Ablenkung auf Reisen. Zufrieden und voller Vorfreude reisten wir weiter und erreichten die Redcliffe Road, wo Murry eine große Wohnung gemietet hatte und Katherine erwartete.

Ich packte Katherines Koffer aus und tat alles, um ihr das Leben zu Hause so angenehm wie möglich einzurichten. Danach suchte ich meine eigenen Sachen zusammen. Meinen Koffer hatte ich damals am Bahnhof von Bandol zurückgelassen und bekam ihn jetzt genau ein Jahr später gegen eine lächerlich kleine Gebühr zugeschickt. Dann kehrte ich zur Eyot Villa und meinen Freunden in der Fabrik zurück.

Katherine war unendlich dankbar und glücklich, wieder in ihren eigenen vier Wänden zu sein, ihr Ei selbst zu kochen, das Wasser für den Tee selbst aufzusetzen oder – wenn sie körperlich zu schwach war – Murry dabei zuzuschauen.

Redcliffe Road, 12. April 1918, Freitag

Liebste Jones,*
eben hat mich der kleine Bote vor der Tür in frühere Zeiten zurückversetzt. Hab Dank, Liebste, für die guten Sachen. Ich bin ja so froh, daß die Schachtel wieder aufgetaucht ist. Was ist wohl der nächste Schritt? Und wer von uns muß ihn gehen? Ich bin auch froh, daß Stella dort war. Ich möchte gerne wissen, um welche Streitereien es sich gehandelt hat.** Ich habe so viel über Dich nachgedacht …

Unser »Heim« ist so schön wie noch nie. Ich will gar nicht mehr ausgehen. Zuerst habe ich nichts anderes getan, als die vielen kleinen, schönen Dinge wieder zu entdecken und alle Veränderungen zu betrachten. Ribni*** saß wie immer auf einer Briefschachtel, den Blick aufmerksam nach draußen gerichtet. Als er das Taxi sah, begann er zu winken und mit den Zehen ans Fenster zu klopfen. Als ich zu ihm ging, sagte er zu mir, er habe nur nach dem Milchmann Ausschau gehalten. Der Schlingel führt mich an der Nase herum und weist mich in die Schranken, wenn ich es nur wage, irgendetwas an einen anderen Ort zu stellen!

Johnny (John D. Fergusson) war gestern abend da. O Gott, war das ein Wiedersehen! Bevor ich etwas sagen konnte, umarmten und küßten wir uns, und Johnny sagte immer wieder: »Das ist ein großer Erfolg!« Das war es tat-

---

* KM und LM nannten sich gegenseitig Jones, wenn alles zwischen ihnen in Ordnung war. KMs Mutter und eine ihrer Freundinnen, deren Namen auch mit B anfing, hatten sich gegenseitig »B« genannt. Katherine schlug vor, daß sie und LM doch auch denselben Namen für einander brauchen sollten, und wählte den Namen Jones. (KM liebte es, ihre Namen zu wechseln: Kathleen, Kass, Katherine, Katie, KM, K, Jones und andere.)

** Stella Drummond. Die Streitereien beziehen sich auf Auseinandersetzungen mit einer anderen, schwierigen Vorarbeiterin in der Fabrik.

***Eine kleine japanische Puppe, von KM nach Oberst Ribnikov benannt, dem japanischen Spion und Helden einer Erzählung von Kuprin.

145

sächlich. Wie sich Johnny über die zwei Feigen freute! Heute abend kommt er zum Essen. Ich fühle mich entsetzlich schwach und wacklig und leider richtig krank – und bin trotzdem selig und überglücklich. Ich habe Ainger angerufen. Er ist erst nächste Woche wieder da. Ich muß warten. Ich habe mich heute gewogen, hol's der Kuckuck: nur 7,7 Stone*. Ich habe ein Stone abgenommen, ist das nicht ärgerlich? Seit unserer Heimkehr esse und esse ich, habe immer Hunger. Vielleicht nehme ich jetzt genauso schnell zu, wie ich abgenommen habe.

Oh, Jones! Der eigene Herd! Das Gas anzünden, das Teewasser aufsetzen, das heiße, wirklich heiße Bad genießen – und Jack und Jack und immer wieder Jack.

Kommen Dir die Stunden auf dem Schiff nachträglich auch wie ein Wunder, wie eine Kostbarkeit vor? Du auf dem Boden mit den Karten in der Hand, ich im Sessel daneben, und wir legten Rot auf Schwarz und wünschten uns eine Sieben ... weißt Du noch? Ich war so glücklich, Du auch? Bitte versuche die traurige, kranke Katie mit ihren ewigen Schmerzen zu vergessen – mal tut ihr der Rücken im Kopf, mal der Kopf im Rücken weh. Der Nachmittag ist heute so schön und warm. Ich möchte jetzt bei Dir sein und sagen: »Oh, Jones, es ist alles gut zwischen uns!«

Wegen Samstag – Jack hat am Nachmittag frei. Wir müssen wieder einmal seine Mutter besuchen – das verstehst Du doch, nicht wahr? Versuche eine Minute zu finden und schreibe mir. Brauchst Du Geld?

Alles Liebe
Katie

* 1 stone: 6,35 kg.

10 »Früher als du denkst, bin ich am Ende meiner Straße.«

REDCLIFFE ROAD – LOOE – HAMPSTEAD 1918

[Seit 12. April 1918 lebten Murry und KM wieder zusammen. Sie wohnten an der Redcliffe Road und heirateten am 3. Mai (nachdem Bowden in die Scheidung eingewilligt hatte). Sie hatten ihre Heirat schon lange geplant und sich darauf gefreut. J. D. Fergusson und Dorothy Brett waren die Trauzeugen.]

Katherine war inzwischen schwer krank. Ich selbst hatte viel zu tun, mußte in der Fabrik hart arbeiten und konnte Katherine nur besuchen, wenn ich eine freie Minute fand und auch sie Zeit für mich hatte. Leider ging es ihr in der neuen Wohnung nicht besser. Sie fühlte sich von der letzten Lungenattacke und der beschwerlichen Rückreise von Bandol geschwächt. Der »Rheumatismus« und die Lungenschmerzen quälten sie so sehr, daß sie zeitweise nur mit Hilfe eines Stocks gehen konnte. In ihrem Brief vom 18. April schilderte sie mir ihre Lage:

Redcliffe Road, 18. April 1918, Donnerstag

Liebste Jones,
ich habe mich gestern mit Ainger getroffen und dabei herausgefunden, daß er gebürtiger Neuseeländer ist. Daher mein untrügliches Vertrauen. Leider wird er nächsten Samstag nach Frankreich beordert und bis Kriegsende dort bleiben müssen. Wie ärgerlich! Es bestehe keinerlei Zweifel, daß ich Schwindsucht habe, sagte er, betonte aber, daß mich ein Sanatorium (für mich eine zweite Irrenanstalt) eher umbrin-

147

gen als kurieren würde. Ich solle es deshalb mit einer Kur zu Hause versuchen. Das kann sowohl in Hampstead, Highgate als auch weiter entfernt, aber auf jeden Fall auf dem Land in einem Sommerhaus sein (wo steckt der Sommer?). Ich solle möglichst viel essen, Milch trinken, mich nicht anstrengen und aufregen, nicht herumspringen... Du kennst ja diese weisen Sprüche. Bitte, wiederhole sie für Dich fortissimo mit kräftiger Betonung jedes zweiten Worts: ›Sie *muß* das *Leben* einer *Achtjährigen* führen!‹ Hörst Du die Oboe, wie sie in diesen traurigen Satz einstimmt und ihn mit kleinen Trillern, Wirbeln und Schluchzern zu beleben versucht? O Gott, ich will mir weder ein Taschentuch in die Hand drücken lassen (im Ernst: Du weißt ja, daß ich es dauernd verliere), noch mag ich brav den Kinderbecher leertrinken, den Haferbrei auslöffeln oder mich sonst auf irgendeine Art kindisch gebärden. Immerhin siehst Du, wie heiter ich gestimmt bin. Wie meine Finger zu Strahlen wachsen und meine Zehen beim Gehen Funken sprühen.

(Was das Geld betrifft – na ja – ich bin zur Zeit auf Taxis angewiesen – kann leider nicht anders. Sobald es mir besser geht, lebe ich wieder auf Sparflamme.)

Schreibe mir bitte alles über Mantel und Rock, Liebste – sehr wichtig für mich. Überhaupt, schreibe mir über alles, was Du siehst und Dich beschäftigt. Bell und Chaddie* kamen gestern in einer Kalesche zu mir und brachten Orangen und verwelkte Rosen mit. Fergusson kam später zum Abendessen, wobei wir seltsamerweise über das »Kunstgeschäft« und die Frage »Was ist Ehrlichkeit?« diskutierten. Wie oft ich auch in *diesem* Obstgarten umherwandere, immer entdecke ich noch frischere Früchte, noch größere Äste, noch höhere Bäume – er ist und bleibt ein Abenteuer.

Leb wohl, Liebes
Katie

---

* Bell Dyer, jetzt Trinder, KMs junge Tante, und Chaddie, ihre Schwester

Obwohl viel Zuversicht aus diesem Brief spricht, vermag er Katherines Schock über die Diagnose ihrer Krankheit nicht zu verbergen. Sie konnte sich damit nicht abfinden. 1918 zählte die Tuberkulose zu den gefürchtetsten Krankheiten. Erfolgversprechende Behandlungen und Aussicht auf Heilung gab es nicht. Ainger, ihr Arzt, hatte klar erkannt, daß sie keinen Sanatoriumsaufenthalt durchstehen würde, und hatte ihr deshalb eine »Kur« zu Hause vorgeschlagen.

Katherine sprach mit Murry darüber. Beide kamen überein, daß Murry nach einem Haus auf einem der Hügel im Norden Londons Ausschau halten sollte. Er fand ein geeignetes in Hampstead und taufte es auf den Namen »The Elephant«.

[Murry spürte, daß er der Gesundheit von Katherine und ihrem Zusammenleben zuliebe die Hoffnung auf eine Besserung nicht aufgeben durfte – obwohl ihn die Tatsache, daß sie krank war, fast verzweifeln ließ. In *Between Two Worlds* schrieb er:

»Wir waren in der Falle. Ich fühlte mich in einer seltsam irrealen Welt gefangen … Zwischen Katherine und mir gab es auf einmal eine unsichtbare, unüberwindbare Mauer.«

Ironie des Schicksals, daß sich dies alles im Jahr ihrer Heirat abspielte.]

Katherine hielt es in Murrys Durcheinander nicht länger aus. Murry seinerseits fehlte in schwierigen Situationen jede Selbstbeherrschung und Entschlußkraft; er war überfordert und empfand Katherines Zustand als Qual. Anne Estelle Rice (seit 1913 Mrs. Drey, Frau des Kunstkritikers O. Raymond Drey) kam dem Paar zu Hilfe, indem sie Katherine vorschlug, für einige Zeit zu ihr nach Looe in Cornwall zu kommen, an die sogenannte Côte d'Azur von England. Katherine war einverstanden, obwohl ihr eine Trennung von Murry so kurz nach ihrer Heirat schwerfiel. Anne hatte für sie in einem guten Hotel ein Zimmer reserviert, stand ihr überall bei und sorgte dafür, daß Katherine ihre Diät einhielt, was während der Lebensmittelrationierung schwierig war. Anne war eine wunderbare Freundin. Katherine genoß ihre Zuwendung, genoß die gute Ernährung, die Ruhe und Entspannung. Letztlich blieb das Haus aber eben doch nur ein Hotel, eine Institution, und Katherine sehnte sich von ganzem Herzen nach der Nähe ihres geliebten Mannes, nach Geborgenheit, nach dem Frieden eines richtigen Heims.*

In Looe erlitt Katherine eine neue Attacke, die sie, wie immer, als Rheumatismus bezeichnete. Ihre Briefe, die sie mir aus Looe schickte, zeugen von ihrem Kampf mit diesen Schmerzen, aber auch von ihrer Angst vor der Tuberkulose.

Headland Hotel, Looe, Cornwall, 21. Mai 1918

Liebe Jones,
vielen, vielen Dank für Deinen Brief. Sei doch bitte so lieb und geh so schnell wie möglich zu Jack, um nachzusehen, wie schlimm es um seine Erkältung steht – und wie er aussieht und wie es ihm geht. Es tut so weh, von ihm getrennt zu sein, auch wenn ich weiß, daß meine Nähe ihn quälen würde – letztlich nehme ich an, daß unsere Trennung doch das kleinere von zwei Übeln ist.

Im Augenblick geht es mir sehr viel besser. Meine Schmerzen sind erträglicher geworden, ich spüre sie kaum. Seelisch aber – um die Wahrheit zu sagen – bin ich wie eine Fuchsiaknospe: kalt, verschlossen und hart. Mein Haß auf das Leben, meine Verachtung allem Lebendigen gegenüber beherrschen mich – ausgerechnet hier, wo so viel Schönheit ist, reicher noch als im Süden – aber das bedeutet mir alles nichts mehr, sogar weniger als nichts. Bald – wahrscheinlich schnel-

---

* In Looe schrieb Katherine *Carnation* (postum veröffentlicht im Band *Something Childish*, 1924) und *A Married Man's Story* (nicht beendet und postum erstmals im April 1923 im *London Mercury* veröffentlicht).

ler als erwartet – höre ich den Sensenmann kommen. Man kümmert sich hier auf jede erdenkliche Weise um mich, es ist wie ein perfektes Sanatorium, wo das Leben mir nur noch ein müdes Lächeln schenkt. Aber es ist irrsinnig teuer. Da kann man nichts machen. Ich wünschte, ich könnte Dir etwas anderes sagen, aber ich kann nicht, weil ich ehrlich sein will. Du kennst diese Stimmung. Ich flehe Dich an, mich über Jacks Zustand genau ins Bild zu setzen. Mir etwas zu verheimlichen, wäre entsetzlich.

Wie immer Deine
Katie

Liebe Jones,
ich weiß nicht mehr, ob ich es Dir wirklich schon geschrieben oder ob ich mir nur vorgenommen hatte, dir zu erzählen, daß ich mich nach vielen Widerständen für den »Elephant« entschieden habe und mir unser Leben zu dritt dort gut vorstellen kann. Ich denke, es ließe sich nicht nur tadellos einrichten, sondern wäre sogar ein großer Spaß. Ja, wirklich.

Habe ich Dir schon für den Tee gedankt?* Eine große Entlastung. Die Rechnung für eine Woche – meine Extramilch etc. dazugerechnet – hat mich fast umgeworfen. Danke, liebe Jones, ich will keine Zigaretten. Virginia** hat mir aus Richmond sechs Päckchen von dieser belgischen Sorte geschickt.

Ich fühle mich besser denn je – hasse das Leben mehr denn je – beobachte Tag für Tag nichts als BESTECHLICHKEIT – die Leute sind verdorben und gemein, fast alle.

Das Denken bleibt unerwünscht, zumindest das laute. Was ist das Leben doch für eine erbärmliche, enttäuschende Sache.

Deine Katie

* Tee oder T – ihr Geheimwort für Geld.
** Virginia Woolf.

Liebe Jones,

bis heute nachmittag habe ich sehnlich auf ein Zeichen von
Dir gewartet. Nun bin ich beunruhigt, weil die Nachmit-
tagspost nichts von Dir gebracht hat. Du mußt krank sein.
Laß es mich bitte sofort wissen. Wenn Du nicht selbst
schreiben kannst, laß es bitte Miß Oldfield* oder eine Deiner Freundinnen für Dich tun. Aber bitte, teile mir so
schnell wie möglich die ganze Wahrheit mit, schreibe mir,
was geschehen ist. Ich weiß doch, daß Du nicht ohne
Grund so lange schweigst.

    Immer Deine
    Katie

Looe, 14. Juni 1918, Freitag

Liebe Jones,

wie froh war ich, daß ich heute morgen einen Brief von
Dir bekommen habe – es tut mir so leid, daß Du krank gewesen bist. Vielleicht waren schlechte Ernährung, Dein
Gehetze oder die Hitze daran schuld. Auf jeden Fall hoffe
ich, daß Du einen Arzt aufgesucht hast. Da Du schon wieder aufgestanden bist, scheinst Du das Ärgste überstanden
zu haben und auf dem Weg der Besserung zu sein. Hätte
ich meinen Brief nicht eingeschrieben geschickt, wüßte ich
noch heute nichts von Dir. Bitte, denke daran: Du bist für
mich keine Dienststelle, die ich nur dann brauche, wenn
ich Medikamente und Zigaretten benötige – kostenlos natürlich. Aber genau das drückt Dein Brief aus. Du wirfst
mir darin vor, ich hätte unsere Freundschaft mißbraucht.
Bitte, wenn Du unbedingt darauf bestehen willst, dann bestehe darauf. Weiß Gott, in den Augen der WELT verdiene
ich es ja! Bis jetzt habe ich immer geglaubt, daß Du der

---

* Eine der Frauen aus der Fabrik, die auch in der Eyot Villa lebte.

152

Mensch bist, zu dem ich mich flüchten kann mit meinen schlechten Launen, mit Problemen, Depressionen, Geldsorgen, Wünschen, Wutanfällen – und mit meinem Schweigen. All die kleinen Flaschen, Schachteln und Postanweisungen waren für mich nichts weiter als kleine Beilagen – nicht die Hauptsache. Du denkst darüber scheinbar ganz anders – wie demütigend und beschämend für uns beide.

Paß auf Dich auf – boshaftes Wesen!
Katie

Looe, 22. Juni 1918, Sonntag

Liebe Jones,
hab Dank für die B.P.* und die Zigaretten, ich habe mir beides »verordnet«. Jack schreibt, Du habest ihn wunderbar gepflegt. Der Ärmste hat unbedingt Hilfe gebraucht, und er hat die denkbar beste von Dir bekommen.

Ich schreibe Dir in einem Lehnstuhl am Fenster. Vor meinem Blick dehnt sich das weite Meer, darüber türmen sich weiße Schlösser und Berge am Himmel – und ich bin in meine rosafarbene Decke gehüllt, mit einer Wärmflasche an den Füßen. Ich habe einen Rheumatismusanfall hinter mir, einen so heftigen wie noch nie. Er hat mich völlig umgeworfen. Diese entsetzlichen Schmerzen!

Draußen haben eben einige Kinder ein paar Lieder vor dem Devon Hospital gesungen, von einer Geige und einem Cello begleitet. Keine richtigen Psalmen, aber Melodien, die an Psalmen erinnerten und Sonntagsgefühle in mir geweckt haben. Man möchte dabei weinen und an den Tod denken. Die Möwen fliegen ins Unendliche – dabei fragt man sich, warum man auf dieser Erde mit ständigem Kranksein bestraft wird. Ein Witz, mit neunundzwanzig Jahren »nichts als ein Gerippe« zu sein, wie mich Mrs. Ho-

---

* BiPalatinoid, eine starke Eisentablette.

ney jüngst bezeichnete. Ich, die ich mich so sehr danach sehne, etwas zu tun, etwas zu sein, etwas zu haben.

(Ich wünschte, ich würde jetzt nicht hören, wie Du innerlich leise sagst: Aber Katie, denke daran, Du könntest auch gelähmt sein, ein amputiertes Bein oder ein Gesicht voller Pockennarben haben.) Das ist für mich in keiner Weise ein Trost. Nein, ich will rennen, will hüpfen und klettern, will mich ins Leben stürzen und lachen.

Ach, Du – ich weiß nicht, warum ich Dir heute so vertraulich schreibe. Du hast mich ja aufgegeben, mich nicht mehr haben wollen, bist ohne Gruß aus dem Haus gegangen. Wer weiß – vielleicht hat schon jemand am Tor auf Dich gewartet – Stella, Wenna, Herrey of the Eyebrow oder andere. Ich weiß es nicht, es ist mir auch egal.

Ich liebe Dich nur, wenn Du im Haus bist. Nicht, wenn ich sehe, daß Du Dich umgezogen hast und ausgehen willst. Du siehst in Deiner Jacke und mit Deinem Hut so entsetzlich gewöhnlich aus – wie alle andern. Ja, das ist wahr, ich liebe Dich nur, wenn Du ausschließlich für UNS da bist und den andern gegenüber blind bleibst. Das ist die Wahrheit.

Katie.

27. Juni 1918

Jones, Liebe,
unsere Briefe haben sich gekreuzt – ich habe den Deinen mit dem »T« heute bekommen. Vielen Dank. Vergiß nicht, *mignonette*, Dich am Samstag von Deinen Verehrern loszureißen und ins Haus Nummer 47 zu kommen, einverstanden?

Du hast mir einen überraschend lieben Brief geschrieben – ich bin begeistert von den Samen, aber auch von Deinem Mantel und Deinem Kleid. Besonders reizvoll finde ich die keimende Pflanze, die auf dem Kopf zu stehen scheint.

154

Ich bin so froh, daß Du Dich mit Deinen Leuten triffst und sie »gut« zu Dir sind. Ich wünschte, Du würdest Webb* oder Gibson** heiraten und ein paar Kinder bekommen. Kommen Du und ich in dieser Beziehung nicht viel zu kurz? Ich sehne mich so sehr nach Kindern, aber sie, sie wollen mich nicht (kein Wunder). Du wärst eine wunderbare Mutter, das spüre ich. Laß Dir das gesagt und ans Herz gelegt sein, Jones.

Seit Jack wieder hier ist, rühmt er Dich pausenlos und preist Dich in den höchsten Tönen. Wie auch immer Du in Deinen dunklen Stunden über ihn denken magst: Du besitzt in ihm einen treuen, äußerst ehrlichen Freund. Er ist *für* Dich, steht zu Dir und glaubt an Dich – in einem Maß, das sogar Dich freuen muß. Das habe ich Dir einmal sagen wollen, weil es gut ist, solche Dinge zu wissen. Meinem Rücken geht's leidlich – mehr nicht. Das ändert sich von Tag zu Tag und hängt von vielem ab – nicht zuletzt von meinen Flügeln. Der linke ist lahm, den rechten spüre ich nicht. Ich habe mich an beide gewöhnt und werde spielend mit ihnen fertig, weil sie für meinen Flug ohnehin nichts mehr taugen.

Ich habe von Margaret Wishart*** einen sehr lieben Brief bekommen. Sie hat durch einen Artikel über *Prelude* von mir gehört. Wenn ich wieder zu Hause bin, wollen wir uns treffen – sie hat schon zwei fast erwachsene Söhne. LY ist nicht gekommen, sie sagt immer in letzter Minute ab. Sie war wieder krank und trägt ihr Haar kurz , die Männer verabscheuen sie, was sie natürlich verbittert hat. (Das ist der neueste Klatsch, den ich für Dich gesammelt habe.) Du siehst, Mrs. H. ist immer noch eine scharfzüngige Klatschbase. Doch der wirkliche Grund ist der: LY ist ständig in irgendwelche

* Webb, der Fabrikvorsteher.
** Gibson, der Offizier, den LM auf der Heimreise von Rhodesien 1916 kennengelernt hat.
***KMs Freundin vom Studentenhaus Beauchamp Lodge, durch die sie George Bowden kennenlernte.

Frauen verliebt, ist schrecklich vernarrt in Frauen so wie damals in Robin* und Poppy Robinson. Sie gibt sich ihnen hin, macht sich zu ihren Sklaven, als sei sie immer noch das kleine Mädchen. Sie ist in meinen Augen eher eine tragische Figur. Willst Du sie nicht einmal treffen?

Meine Schrift ist heute schlimm. Eine meiner Hände zittert immer. Ich fülle mich nach wie vor mit scharfer Munition in Form dieser BiPalats-Tabletten – sie sind sicher gut, aber wenn Du mich jetzt auf den Kopf stelltest, würdest Du sie rumpeln und rasseln hören.

Ich mache mir nichts mehr aus diesem Dasein, Jones – auch wenn es für einen weniger verbitterten Betrachter schön und wunderbar sein muß. Es ist mir gleichgültig geworden. Ich habe keinen Platz mehr darin. Früher als Du denkst, bin ich am Ende meiner Straße. Hier gibt es Felsen und Buchten, Muscheln, Teiche und Blumen und vieles mehr – aber weißt Du – ich lasse alles fallen und gehe daran vorbei – gleichgültig, ob Meer oder Land, diese oder jene Stadt. Wie wählerisch sie geworden ist! wirst Du denken. Nein, Liebste, ich liebe nach wie vor Bücher und Zigaretten, Blumen und Früchte – und eben jetzt, in diesem Moment, fühle ich wie Du.

Heute habe ich von Mack** auf seinem Weg nach Peking, wo er zum Kaiser von China gekrönt werden soll, einen langen Brief bekommen. Er lädt Jack und mich ein, mit Vera und den Jungen nach Kanada und Neuseeland zu fahren. *So* nett.

Also denn, ich sehe Dich am Samstag. Vergiß bis dahin bitte nicht, daß Du – trotz allem – eine Freundin hast, qui s'appelle

Katie

---

* Miß Robinson, die Assistentin der Hausvorsteherin im Internat des Queen's College.
** Der Mann von KMs Schwester Vera.

Wie vereinbart, holte Murry Katherine in Cornwall ab und brachte sie im Juni in die Redcliffe Road zurück. Dort blieben sie, bis der »Elephant« bezugsbereit war. Wenige Wochen nach ihrer Heimkehr aus Cornwall erhielt Katherine die Nachricht vom Tod ihrer Mutter. Als ich sie besuchte, fand ich sie in tiefer Trauer vor. Zum ersten Mal wurde sie sich ihrer starken Gefühle für ihre Mutter bewußt, einer Verbundenheit, die in den Tagen von Clovelly Mansions begonnen hatte, als die Familie nach England gekommen war. Katherine gestand mir, daß sie viele ihrer eigenen Charakterzüge unerwartet in ihrer Mutter wiedererkannt habe.

Eines Abends – im Juli – fragte mich Katherine, ob ich nicht mit ihnen nach Hampstead ziehen wolle, um ihren Haushalt zu führen. Sie hatte mich mit diesem Vorschlag schon einmal in einem Brief aus Cornwall überrascht.

Ich erschrak sehr, denn inzwischen hatte ich mich in der Fabrik eingelebt, fühlte mich in der Villa Eyot zu Hause und hatte viele Freundinnen und Freunde. Stella Drummond zum Beispiel hatte mich gebeten, ihre Familie zu besuchen, weil Eustace Percy, ihr zukünftiger Mann, seinen Besuch angekündigt hatte. Abgesehen davon waren noch andere nette Leute da. Ich kam außerdem immer besser mit »meinen« Arbeitskolleginnen zurecht. Wegzugehen hätte bedeutet, alles zu verlieren. Kam noch hinzu, daß ich von Haushalt, Kochen oder Einkäufen so gut wie nichts verstand. Mit Katherine und Murry zusammenzuleben, bedeutete für mich, zu ihrer Familie zu gehören. Andererseits fühlte ich mich in Katherines Gegenwart immer leicht angespannt, da ich Angst hatte, alles falsch zu machen. Ich konnte sie ja nicht dauernd fragen: »Tun wir jetzt dies oder das im »Elephant«? Dieses Haus war für Katherine die letzte Möglichkeit, sich in ihren eigenen vier Wänden einzurichten. Auf meine Fragen hätte sie immer nur mit »Oh, das sehen wir dann!« geantwortet, in der Absicht, das Haus letztlich doch für sich allein zu beanspruchen.

Ich zögerte wie vor einem Sprung ins kalte Wasser, was Katherine sehr verletzte. Sie hatte sich nichts sehnlicher gewünscht, als daß ich dieses neue Abenteuer mit ihr gemeinsam unternehmen würde. Im Grunde meines Herzens hatte ich aber doch schon zugestimmt. Etwas anderes wäre für uns gar nicht möglich gewesen. Im folgenden Brief nahm sie dazu Stellung:

47 Redcliffe Road, 1. Juli 1918

Liebe Jones,
unsere Begegnungen sind nicht vom Glück begünstigt. Bitte, ich will keinen Streit, obwohl ich spüre, daß Du das von mir glaubst. Der wahre Grund liegt in meiner Krankheit, die mein Wesen verändert hat. Weißt Du, es gibt keine einzige Stunde ohne Schmerzen. Wenn sie nicht von der Lunge herrühren, dann vom Rücken, was noch viel schlimmer ist. Dann tun mir auch die Beine weh. Bei der geringsten Bewegung knacken die Gelenke. Hinzu kommen die schlaflosen Nächte. Das alles erschöpft mich und verwandelt mich in ein Scheusal. Wenn Du in einem solchen Augenblick zu mir kommst und mich nach der Gewürzdose fragst, an die ich mich beim besten Willen nicht mehr erinnere, dann ist es aus. Dann sprichst Du in einem so gehässigen Ton mit mir, daß alles zwischen uns kaputtgeht.

Ich bitte Dich heute trotzdem noch einmal – im vollen Bewußtsein dieser Schwierigkeiten –, mit uns nach Hampstead zu kommen. Zumindest, bis es mir ein wenig besser gehen wird. Unserer alten Freundschaft zuliebe bitte ich Dich. Ich weiß, daß es mir dort besser geht und ich mich wieder erholen werde. Bitte, begleite mich durch die nächsten paar Monate.

Ich weiß genau, warum Du davon redest, was Du nach dem Krieg tun wirst – ›Carrie‹ – ›Das große Haus‹ – ›Vielleicht arbeite ich in einer Fabrik‹. Du tust das, weil ich Dir nie zu verstehen gegeben habe, wie sehr Du zu diesem Haus gehören wirst, und weil ich Dir jedesmal, wenn Du »Unser Haus« gesagt hast, einen vernichtenden Blick zugeworfen habe. Das war falsch von mir, ich weiß. Ich kann mich gegenwärtig schlecht beherrschen und will jetzt versuchen, Dir alles zu erklären. Von meiner Außenwelt ist mir nur noch das Haus geblieben, das zu meiner einzigen, kleinen Welt geworden ist. Besser gesagt: Ich will es zu meiner Welt machen – zu meiner großen, über alles erhabenen Welt – um darin das bißchen Leben, das mir noch bleibt, bis zur Neige auszuschöpfen. Deshalb bin ich von einer so schrecklichen, kindischen Eifersucht geplagt – so, als würde mir meine letzte Puppe genommen, gegen meinen Willen in fremde Kleider gesteckt und demonstrativ vor meinen Augen umarmt. Wahrscheinlich verstehst Du mich nicht. Warum solltest Du? Zumindest mußt Du mir glauben, wenn ich Dir sage, daß sich dort alles ändern und zum Guten wenden wird. Allein der Gedanke, daß Du dort für mich sorgst, macht alles gut. Wie werden wir im Treppenhaus zusammen lachen und scherzen!

Es ist unglaublich schwierig, das alles erklären und zerreden zu müssen. Bis jetzt habe ich immer geglaubt, wahre Freundschaft brauche keine Erklärungen. Aber ich bin selbst schuld. Ich habe mich an unserer Freundschaft vergangen.

Ich glaube, daß ich der einzige Mensch auf dieser Welt bin, der von unsterblichem, ungebrochenem Vertrauen erfüllt ist. Das ist für Dich wahrscheinlich ein zu großer Widerspruch. Aber es ist so.

Falls ich Dich vor Deinem Wochenende nicht mehr sehen sollte, wünsche ich Dir heute schon eine glückliche Zeit. Richte Deiner alten, gesunden Katie einen Platz in Deinem Herzen ein und denke ein wenig an sie, wenn Du Gelegenheit hast.

In dieser unvollkommenen Gegenwart mögen Du und ich voreinander versagt haben – in der Ewigkeit haben wir

159

uns aber nicht verloren, dort bleiben wir unverändert voreinander bestehen.

Immer Deine,

Katie.

So kam es, daß ich das Y.W.C.A.-Heim, wo ich mich über lange Zeit wohlgefühlt hatte, verließ. Robert Gibson, mein Freund, kam zum letzten Mal auf einen Tee vorbei und unternahm mit mir einen Ausflug nach Kew. Meine Kolleginnen in der Fabrik, alle inzwischen gute Freundinnen von mir, waren sehr traurig und schenkten mir zum Abschied eine goldene Armbanduhr.

Da immer noch Krieg herrschte, war es schwierig, aus der Fabrik auszutreten, aber ich reichte Mr. Gwynne dennoch meine Kündigung ein. Nach einem langen, ernsthaften Gespräch willigte er ein, gab mir aber zu bedenken, wie töricht es von mir sei, an eine Genesung meiner Freundin zu glauben. Er meinte, ohne strenge Kur in einem Sanatorium würde sich keine Besserung zeigen, unter Freunden zu Hause sei die gefühlsmäßige Belastung zu groß. Dummerweise erzählte ich Katherine davon, weil mich sein Rat überzeugte. Das war der Grund, weshalb sie in einem späteren Brief einmal von einer Irrenanstalt sprach, die Mr. Gwynne und ich für sie angeblich in Erwägung gezogen hätten. Manchmal redete ich tatsächlich zu unüberlegt mit ihr, ohne an die Folgen meiner Worte zu denken.

Als ich Dolly Sutton, meiner langjährigen Freundin, von meinem Plan erzählte, lachte sie: »Was, Du? Du willst Dich um einen Haushalt kümmern?«

Das war vielleicht das Echo auf meine eigenen Befürchtungen. Dennoch ließen wir uns auf das Abenteuer ein. Ende Juli begannen wir damit, den Umzug vorzubereiten, der einige Wochen in Anspruch nahm. Katherine war tapfer, klagte nie und blickte dem neuen Leben entschlossen entgegen. Damit begann ein neues Kapitel in ihrem Dasein.

160

11 »Es muß für Katherine nicht immer leicht gewesen sein, mit mir zusammenzuleben.«

[Ende Juli 1919 zogen KM, Murry und LM ins Haus »Elephant« ein. Im Mai zuvor hatte die Hogarth Press KMs Erzählung *Prelude* herausgebracht, und im August erschien in der *English Review* die Erzählung *Bliss*. Beide Erzählungen fanden Anklang und machten KMs Werk einem breiteren Publikum bekannt.]

Im »Elephant« begann das Leben wieder in geregelteren Bahnen zu verlaufen. Katherines Wunsch, erst in aller Ruhe das Haus einzurichten, um danach umso ungestörter schreiben zu können, schien sich zu erfüllen.

Vor unserem Einzug war Katherine den Malern im Haus begegnet, als diese eben im Begriff waren, den Anstrich der Zimmer vorzubereiten und die Grundierung aufzutragen. Als Katherine das schöne Taubengrau der Zimmer entdeckte, ließ sie die Arbeit sofort einstellen und wünschte, daß alle Räume unverändert blieben.

Im Haus rannte ein kleiner, schwarzweißer Kater unentwegt treppauf, treppab. Er hieß Charles, war eigens für dieses Haus ausgesucht worden und wurde – o Gott! – Mutter zweier Jungen: Wingly und Athenaeum.

Im »Elephant« wechselten Höhen und Tiefen pausenlos. Die arme Katherine hatte es nicht leicht mit mir. Weil ich abends meist lange aufblieb, kroch ich morgens zu spät aus den Federn und hatte Mühe, das Kaminfeuer in ihrem Schlafzimmer anzuzünden, das ganze Haus zu wischen, überall abzustauben und bis um neun Uhr mit allem fertig

36. »The Ele-
phant«.

zu sein. Fünf Minuten für Teppiche und Böden, drei zum Abstauben, zwei zum Polieren – dann lief alles rund. Wenn aber auch noch das zweite Kaminfeuer angezündet werden mußte, du liebe Zeit! Denn wenn Katherine herunterkam, wollte ich das ganze Haus in Ordnung haben, damit sie im schön hergerichteten Zimmer arbeiten konnte. Ein leichtes Frühstück hatte ich ihr selbstverständlich schon vorher ans Bett gebracht.

Kaum war sie unten, ging sie herum und berührte mit den Händen die Blumen, die immer auf sie reagierten. Danach verschob sie ein paar Gegenstände um wenige Millimeter nach rechts oder links und zauberte auf ihre Weise Leben ins Zimmer. Eine Gewohnheit, die sie beibehielt, auch wenn ich mich noch so sehr bemühte, am Vorabend die Gegenstände an ihren ursprünglichen Platz zu stellen. Alles im Haus verlangte nach Katherines Gegenwart. Sie wollte aus dem »Elephant« ein schönes, perfektes Haus machen, was ihr auch gelang. Dennoch lag etwas seltsam Unerfülltes darin. Wenn alle Dinge an ihrem Platz waren, besprach Katherine mit mir das Tagesprogramm und den Speiseplan. Danach schloß ich die Tür und ließ sie bis Mittag in Ruhe arbeiten. Sie saß dabei an ihrem gelben Tisch, die kalten Füße in einem wärmenden Muff aus Pelz und Satin.

Das Mittagessen bekam sie pünktlich um 13 Uhr auf einem Tablett serviert. Katherine haßte es, warten zu müssen. Verzögerungen brachten ihr Tagesprogramm durcheinander und unterbrachen ihre Gedanken beim Schreiben. Heute weiß ich, daß die kleinste Störung unser Denken beeinflussen kann, so daß ich Katherine im nachhinein sehr gut verstehe.

Nach dem Lunch wünschte sie Tee, meist Pfefferminz- oder Kamillentee, den sie oft mit mir zusammen trank. Danach arbeitete sie konzentriert weiter bis zur Teezeit, wenn Murry nach Hause kam oder sonst jemand vorbeischaute.

So ungefähr sah unser Tagesprogramm aus, obwohl der Ablauf nicht immer streng eingehalten wurde.

162

Wenn weder Einkäufe in der Stadt noch Hausarbeiten zu besorgen waren, ging ich am Nachmittag oft in den kleinen Garten, um abgebrochene Stengel und dürres Laub zusammenzukehren. Damals hatte ich vom Gärtnern keine Ahnung, wußte nur, daß es wilde und gezüchtete Blumen gibt und der Löwenzahn zu den wilden zählt. Eines Tages entdeckte ich im verwilderten Garten einen riesigen Löwenzahn in voller Blüte. Ich riß ihn aus, im Glauben, es handle sich um ein ganz gewöhnliches Unkraut. Noch heute habe ich Katherines Wehgeschrei im Ohr, als sie meine Untat entdeckte und den Verlust der goldenen Pracht beklagte.

An einem dieser Nachmittage machte ich erneut einen schrecklichen Fehler. Seit der Wohnungsauflösung meiner Familie hatte ich alle Briefe von Katherine, die sie mir in der Zeit zwischen 1906 und 1908 aus Neuseeland geschrieben hatte, in einer großen, viereckigen Schachtel aufbewahrt und über all die Jahre wie einen Schatz gehütet. Die späteren Briefe, die sie mir zwischen 1914 und 1916 nach Rhodesien geschrieben hatte, waren auch dabei. Obwohl es mich eine große Überwindung kostete, gab ich Katherine die Briefe zurück, weil ich glaubte, sie würde darin reichlich Stoff für ihre Arbeit finden. Sie öffnete die Schachtel, überflog ein paar Briefe und rief: »Schreckliches Zeug! Ins Feuer damit!«

Es dauerte nicht lange, bis schmale, feine Rauchspuren aus dem Garten aufstiegen, wehmütig, wie mir schien. Sie zogen an ihrem Fenster vorbei und verflüchtigten sich in der Luft – für immer. Seite um Seite ihrer frühen Mädchenzeit gingen dahin, die Freuden, Hoffnungen und Visionen verbrannten, die Bilder ihrer Heimat und das England ihrer Träume verschwanden. Ich hätte weinen können, als sich meine kostbaren Erinnerungen an jene weit zurückliegenden Jahre in Rauch auflösten. Aber Katherine hatte es so gewollt.

Es muß für Katherine nicht immer leicht gewesen sein, mit mir zusammenzuleben. Ich hatte in diesem Haus Arbeiten zu erledigen, für die ich ungeeignet war. Unsere

Freundschaft blühte dort nie richtig auf. Ich war dafür zu unreif, zu gefühlsbetont und viel zu unsicher. Koteliansky hatte mich einmal als »lebensängstlich« bezeichnet. Nie konnte ich Katherine jene unbeschwerte, bedingungslose Liebe geben, die sie gebraucht hätte. Stattdessen erdrückte ich sie mit meinem Verantwortungs- und Pflichtgefühl, was für sie als kranke Frau unerträglich gewesen sein muß, weil sie alle Kraft für ihre Arbeit brauchte. Ich weiß nicht, ob es aus Selbstmitleid geschah – auf jeden Fall brachte mich mein häufiges Versagen zur Verzweiflung.

Schon als Kind war ich untröstlich, wenn ich etwas falsch gemacht hatte. Ich hatte mich bei allem, was ich tat, immer so sehr angestrengt, daß ich einen Mißerfolg kaum ertrug. Weil ich während der Collegezeit viel Schlaf brauchte, war ich immer erst in letzter Minute die Treppen hinuntergerannt und oft zu spät zur Morgenandacht erschienen. Eines Tages hatte mich die alte Miß Wood zu sich gerufen, um mich zu tadeln, und gesagt: «Ich weiß, du magst es nicht, wenn man dich auf deine Fehler aufmerksam macht, aber …«

Wenn ich mich dabei ertappte, wie ich etwas sagte oder tat, das der kranken Katherine mißfiel, zog ich mich zurück, was Katherine wiederum veranlaßte, für mein Ungenügen ihre Krankheit verantwortlich zu machen. Noch heute wünsche ich mir, ich wäre damals tapferer, klüger und – vor allem – eine stärkere Persönlichkeit gewesen.

Es gab Zeiten – vor allem in Hampstead –, in denen ich Katherine mit meiner aufdringlichen Fürsorge auf die Nerven gegangen bin, weil sie frei und ungebunden sein wollte. Wenn sie die Treppe herunterkam, um unbemerkt hinauszugehen und allein einen kleinen Spaziergang zu unternehmen, rannte ich schon mit einem Mantel hinter ihr her, weil sie so empfindlich war und sich sicher in der Temperatur geirrt hatte. Aus Wut über mich hätte sie am liebsten auch noch ihre Jacke ausgezogen und auf den Boden geschmissen.

Wenn sie krank war – und das war sie oft, einmal so sehr, daß sie auf ein Sauerstoffgerät angewiesen war – litt Murry entsprechend mit. Wenn er am Abend von seiner Arbeit zurückkehrte, beklagte er sich, wie schrecklich dieses Leben sei, wie sehr er leide und diesen Zustand nicht länger aushalte. Er war viel zu sehr damit beschäftigt, sich selbst zu bedauern, als daß er Katherine eine Stütze gewesen wäre. Ich dagegen schlich mich auf Zehenspitzen bis vor ihr Zimmer und klopfte leise an die Tür, aus Angst, ich könnte sie stören. Was Katherine damals gebraucht hätte – gefestigtes Vertrauen und Lebensfreude – konnten Murry und ich ihr nicht geben. Es gelang uns leider auch nicht, frischen Wind ins Haus zu zaubern.

Ich erinnere mich noch an einen Silvesterabend. Ich war nachdenklich gestimmt, stand abseits, haderte mit meinem Schicksal und schaffte es nicht, mit Katherine fröhlich zu feiern. Silvester hatte sonst immer zu unseren besonderen Festen gezählt. Jedesmal war Katherine von den Lichtern in London begeistert gewesen: von den lichtgesprenkelten Fronten der dunklen Häuserzeilen, den erhellten Quadraten, Rechtecken und Schlitzen, hinter denen sie vielfältig gelebtes Leben vermutete; oder vom Laternenanzünder, der sich mit züngelnder Flamme langsam durch die Straßen bewegte. Über viele Jahre war es unser Brauch, das neue Jahr gemeinsam am Fenster lehnend zu begrüßen. Aber in diesem Jahr war alles anders. Katherine war mit Murry schon vor Mitternacht in ihr Zimmer hinaufgegangen. Daß Katherine unsere liebe Gewohnheit mißachtet hatte, verletzte mich sehr. Allein und verlassen ging ich vor Mitternacht zu Bett, was ich am anderen Morgen bitter bereute. Ich schämte mich sogar, als mich Katherine fragte, wo um alles in der Welt ich denn am Abend gewesen sei. Sie habe mich überall gesucht und sogar aus dem Fenster nach mir gerufen.

Kurz nach ihrem Einzug in Hampstead hatte Katherine das Glück, Patientin von Dr. Sorapure zu werden. Er war ein äußerst liebenswürdiger und kluger Mann, der ihre Krankheit sofort erkannte und die notwendige Heilmethode, die für sie in Frage kam, anordnete. Sie erzählte mir, er habe ihr über die unerträglichen Schmerzen während einer Behandlung einmal hinweggeholfen, indem er in aller Ruhe vom Wunder der Schöpfung und von der Unbegreiflichkeit des Universums gesprochen habe. Er zeigte tiefstes Verständnis für ihre Probleme und fand sogar die Ursache ihres Rheumatismus heraus – eine Infektion, an der sie seit 1910 litt. Es gelang ihm, Katherine davon zu befreien, so daß sie nach einem Jahr die quälenden Schmerzen los war. Auf das Manuskript *Daughters of the Late Colonel* schrieb sie ein paar Worte, aus denen deutlich hervorgeht, daß die Erzählung Dr. Sorapure gewidmet war. Ich fand das Manuskript mit der Widmung in ihrem Papierkorb und rettete es. Als ich es später für die Veröffentlichung kopierte, vergaß ich leider, auch die Widmung zu kopieren, so daß sie ungedruckt blieb. Sie muß hier erwähnt werden, weil sie Katherines Dank ausdrückte und ein Zeichen ihrer großen Zuneigung war.

Im »Elephant« gab es aber auch heitere und glückliche Zeiten. Ich erinnere mich noch an einen schönen Tag, als die Fenster von Katherines Zimmer weit offenstanden und der Wind in die leichten Vorhänge blies. Ich war im Garten mit Säen beschäftigt, als Katherine sich aus dem Fenster lehnte und mich auf die zwei jungen, im Gras herumtollenden Katzen aufmerksam machte. »Schau«, rief sie, »ihre Pfötchen sehen wie unreife Himbeeren aus.« Auch drinnen sah sie den Katzen gerne zu, wenn sie mit den Rüschen des Tischtuchs spielten. Als sie noch ganz klein waren, hielten sie sich meistens bei ihr in ihrem Zimmer auf.

In Hampstead hörte man oft die Eulen in der Nacht. Katherine liebte das, vor allem in schlaflosen Nächten. Für mich klang ihr Ruf eher wie eine Warnung: »Kummer bald da! Kummer bald da!«

Katherine liebte es, bunte Farben und schöne Stoffe zu tragen und auch ihre Umgebung damit zu schmücken. Ich nähte Kleider aus feinem Leinen für sie und zarte Taschentücher aus Batist und Spitzen. Besonders glücklich war ich, wenn ich in einem Geschäft farbige Seide oder Charmeuse fand, woraus wir entweder Kleider oder allerlei Dekorationen für das Haus schneiderten. Wenn sich Katherine besser fühlte, gingen wir manchmal gemeinsam einkaufen.

Gwynne hatte recht gehabt, als er gesagt hatte, für eine lungenkranke Frau komme nur ein Sanatorium in Frage, weil dort für die richtige Ernährung gesorgt werde. Als wir uns noch immer mit den Lebensmittelkarten durchschlagen mußten, wurde Katherine für jeden Tag ein Steak verordnet, das in Hampstead nicht zu bekommen war. Und so ging ich jeden zweiten Tag nach London, um in einem der großen Geschäfte eine winzige Portion zu kaufen. Katherine versuchte mir beizubringen, wie das feine Fleisch zubereitet werden sollte, und ich gab mir dabei alle erdenkliche Mühe. Später sagte sie mir, ich hätte oft ein Stück Leder daraus gemacht, das sie kaum habe kauen können. Um mich nicht zu beleidigen, habe sie es häufig ins Kaminfeuer geworfen. Arme Katherine! Heute würde mir alles besser gelingen.

Als sich später herausstellte, daß mich die Hausarbeit überforderte, wurden Hilfen eingestellt. Die eine war eine waschechte Londoner Putzfrau, eine ältere, schmächtige Frau, die mir sehr sympathisch war. Sie brachte mir bei, wie man das Kaminfeuer in Katherines Zimmer mit Papierkugeln entfachte, wenn kein Kleinholz vorhanden war. Gertie, die andere Hilfe, war ein Mädchen aus einer Londoner Arbeiterfamilie. Katherine zeigte an beiden Frauen großes Interesse und unterhielt sich jeden Morgen mit ihnen, bevor sie ihnen die Arbeit zuteilte.

Selbstverständlich gab es auch Schwierigkeiten, vor allem mit einer Köchin, die im Haus wohnte, während die anderen Frauen nur tagsüber kamen. Katherine hatte die

Frau von einer Arbeitsvermittlung empfohlen bekommen. Anfangs erwies sie sich als überaus korrekt und höflich – doch als sie genug Geld verdient hatte, begann sie zu trinken. Erst trank sie nur wenig, aber bald gab es einen unerfreulichen Auftritt, so daß Katherine sich gezwungen sah, sie wegzuschicken.

Zu Weihnachten waren Haus und Haushalt vollständig eingerichtet. Katherine fühlte sich so gut, daß sie sogar eine Weihnachtsparty veranstaltete und das Fest mit einem kleinen, kerzengeschmückten Weihnachtsbaum feiern wollte. Sie sah fast so heiter und gesund aus wie früher und war von lautem Schwatzen und Lachen umgeben. Sie trug ein pflaumenblaues, rüschenverziertes und mit kleinen Blumenmustern besticktes Seidenkleid. Der Abend war ein »großer Erfolg«, wie John Fergusson zu sagen pflegte. Die treu ergebenen Hausangestellten taten ihr Bestes und trugen viel zum Gelingen bei. Wenn mich nicht alles täuscht – war selbst ich erstaunlicherweise einmal zufrieden.

[Im Januar 1919 wurde Murry die Leitung der Zeitschrift *Athenaeum* angeboten, eine Aufgabe, die mit der Erwartung verbunden war, das Blatt nach den Kriegsjahren neu zu beleben. Zu seinen engsten Mitarbeitern wurden J. W. N. Sullivan und Aldous Huxley ernannt, zu den weiteren Mitarbeitern gehörten E. M. Forster, T. S. Eliot, Bertrand Russell, George Santayana und Herbert Read. Der Wechsel der Leitung wurde mit einem neuen Format und einem veränderten Schriftbild in der April-Ausgabe deutlichgemacht.]

Abends kamen oft Murrys Freunde im »Elephant« zusammen. Einige von ihnen freundeten sich auch mit Katherine an, Sullivan zum Beispiel, ein junger Wissenschaftler aus Irland, über den ich mich ärgerte, weil er den ganzen Abend scheußlich stinkenden Tabak rauchte und Katherine immer mehr zum Husten brachte. Ein ungeschliffener Bursche, von dem dennoch etwas Besonderes ausging, das ihn von den anderen unterschied und ihn zum Familienmitglied werden ließ. Wie Gordon Campbell war auch er wohltuend ehrlich, von einfacher Wesensart, und er begegnete mir mit einer Liebenswürdigkeit, die ich zeitlebens geschätzt habe. Er war mit Evelyn Bartrick Baker verheiratet, Katherines Freundin aus der Zeit im Queen's College. Nach Katherines Tod freundeten wir uns näher an. Er war ein interessanter Gesprächspartner, besessen von seiner Arbeit und der Liebe zu Beethoven, den er tief verehrte.

Zu den engsten, regelmäßig auftauchenden Freunden gehörten Richard, Jacks Bruder, und die ehrenwerte Dorothy Brett, die beide auch schon fast zur Familie gehörten.

Richard, eigentlich auf den Namen Arthur getauft, war Katherine zutiefst ergeben. Sie erwiderte seine Zuneigung mit großer, beinahe mütterlicher Herzlichkeit und unterhielt sich stundenlang mit ihm, weil sie spürte, wieviel sie für ihn tun konnte und welche Gemeinsamkeiten sie miteinander verbanden. Er brachte immer seine Zeichnungen mit, um sie von Katherine begutachten zu lassen, wobei ich mich noch gut an die zarte Skizze eines Kinderkopfs erinnere. Richard war damals im Begriff, die Kunst zu seinem Beruf zu machen – wie ich glaube, mit beachtlichem Erfolg.

Einmal fotografierte ich Katherine mit den beiden Brüdern zusammen im hellen Eßzimmer. Die Männer setzten ein Lächeln auf, während Katherine finster dreinblickte, weil sie sich zusammennehmen mußte, um – so erklärte sie mir später – nicht laut herauszulachen.

Dorothy Brett bewohnte ganz in der Nähe ein Haus, das sie gemietet hatte, um Katherine und Murry so häufig wie möglich besuchen zu können. Sie war beinahe taub, und ihre Augen hatten den durchdringenden, immer fragenden Blick einer Gehörlosen. Sie war schlank, zierlich und hielt den schmalen Mund meist leicht geöffnet, als müsse er ihr beim Hören behilflich sein. Sie gehörte zu den Freunden, die von Katherines Großzügigkeit besonders profitierten.

Einer ihrer Besuche im Sommer bleibt mir unvergeßlich. Ich trug Kissen und Stühle auf den Rasen vor dem Haus, anschließend tranken wir draußen den Tee. Katherine und Brett saßen genüßlich in der Sonne, während ich von ihnen ein paar Aufnahmen machte, die leider alle mißlangen.

Ich glaube, Dorothy Brett war schon damals in Murry verliebt. Nach Katherines Tod hat er sich in gewisser Weise auf sie eingelassen und war der Meinung, sie sei darauf erpicht, von ihm geheiratet zu werden.

Eine andere Besucherin im »Elephant« war Katherines Cousine Elizabeth, die Countess Russell (Autorin von *German Garden*). Ich sehe die kleine Frau mit der betont aufrechten Haltung immer noch vor mir, lernte sie aber erst nach Katherines Tod näher kennen. Damals begriff ich, was Katherine ihr bedeutet haben mußte. Leider hatte Katherine sie einmal mit einer Bemerkung in einem Brief an eine Bekannte verletzt, als sie darin ihre »klauenartigen, juwelenüberladenen Hände« erwähnt hatte. Als Schriftstellerin hat Katherine nie der Versuchung widerstehen können, ein persönliches Erlebnis in ein Bild umzusetzen. Diese Äußerung war sicher nicht zur Veröffentlichung bestimmt, denn sie war wirklich verletzend. Wahrscheinlich war sie aus einer Gedankenlosigkeit heraus entstanden, in der Absicht, die Briefempfängerin zu amüsieren, denn ich weiß, daß Katherine ihre Cousine sehr gemocht hat.

Auch Virginia Woolf war zu Gast in Hampstead; allerdings eher selten. Katherine besuchte sie meistens in ihrem Haus, weil sie und Murry an ihrer Druckmaschine interessiert waren. Leonard Woolf hatte Katherines Erzählung *Prelude* damit gedruckt, woraufhin Murry beschlossen hatte, ebenfalls gewisse Texte selbst zu drucken, und eine Handpresse anschaffte. Sie war außerordentlich schwer, stand unten im Gartenzimmer und machte einen fürchterlichen Lärm, wenn Murry sie bediente. Gewiß eine spannende Angelegenheit, aber Katherine war an technischen Dingen nie besonders interessiert.* •

Einmal war ich mit Katherine bei den Woolfs zu Hause. Während wir eine Weile im Wohnzimmer warteten, machte mich Katherine auf ein Taschentuch aufmerksam, das in die Ecke eines Sessels gestopft und dort vergessen worden war. In belustigtem Ton sagte sie, Virginia sei in Gedanken immer woanders. Wenn ihr beispielsweise auf dem Weg von der Küche zum Eßtisch der Wackelpudding zu Boden fiele, würde sie sich danach bücken und ihn verträumt wieder in die Schüssel löffeln, als sei nichts geschehen. Sie erzählte mir auch, wie berühmt Virginia und ihre Schwester für ihre Schönheit seien. Ich war daher nicht überrascht, als eine großgewachsene, schlanke Frau mit langem, schmalem Gesicht, dessen feine Züge an ein Porträt aus dem 19. Jahrhundert erinnerten, das Zimmer betrat. Sie begrüßte uns und verschwand danach mit Katherine zu einem Gespräch in ihr Zimmer. Ich hatte immer den Eindruck, daß ihre Beziehung mehr literarischer als persönlicher Natur war und ihre Diskussionen »gelehrt«, vielleicht sogar ein wenig überspannt waren. Dennoch mußte ihre Beziehung tiefer gewesen sein, denn Katherine bekam von Virginia einmal Blumen geschickt.

Einmal kam Ottoline Morell zu uns. Ich erinnere mich noch an ihre außergewöhnliche Erscheinung. Sie war häufig in steife, meergrüne Seide gekleidet und hatte eine merkwürdig tiefe Stimme und ein längliches Gesicht. Sie blieb zum Mittagessen bei uns, aber davon ist mir nicht mehr viel im Gedächtnis geblieben, weil ich völlig überfordert war. Das Zubereiten des Mittagessens war eine Tortur für mich, ebenso das Servieren. Daß ich mich zuletzt an den Tisch setzen und im Beisein eines fremden Gastes essen mußte, war noch schlimmer.

---

* KMs Erzählung *Je ne parle pas français* wurde im November 1919 auf dieser Maschine von Murry und Richard Murry gedruckt. Ihr Impressum lautete *Heron Press*, nach dem Namen ihres Traumhauses auf dem Lande.

Heute kann ich zum Glück darüber lachen – aber einmal waren meine Hände vom Gemüse so verfärbt, daß ich mich schämte und immerzu versuchte, sie am fein gedeckten Tisch zu verstecken und beim Servieren unter das Geschirr zu schieben. Nach dem Essen räusperte sich Ottoline und flüsterte Katherine zu: »Mhm ... warum trägt »The Mountain«* die Schüsseln so seltsam zum Tisch?« Ich bin überzeugt, daß Ottoline für Katherine echte Sympathie empfand und sie auch als Mensch – nicht nur als Paradepferd in ihrem gesellschaftlichen Zirkus – aufrichtig schätzte. Bevor Katherine in die Old Church Street gezogen war, hatte Ottoline sie zu überreden versucht, mit ihr nach Paris zu fahren, wo sie ihr die interessanten Lokale, Cafés und die besonders schönen Plätze und Winkel zeigen wollte – »ganz privat und ohne Aufhebens, nur wir beide«. Katherine hatte sich damals bei dem Gedanken lachend gefragt, wie diese große, alles beherrschende Erscheinung mit ihren schwingenden Mänteln, den seltsamen Kleidern und den federgeschmückten, Wagenrädern ähnlichen Hüten wohl unauffällig bleiben wollte. Ottoline war sich ihrer Wirkung aber scheinbar nicht bewußt. Katherine erzählte mir, wie sie im Freundeskreis manchmal ihre Kleider hochraffte, um ein Strumpfband zu befestigen. Ein paar Jahre später wurde sie schwer krank und ließ mich durch Koteliansky fragen, ob ich sie pflegen würde. Ich hatte dabei aber ein ungutes Gefühl und sagte ab.

Im Herbst 1918 kehrte Lawrence nach London zurück und war in den folgenden Monaten oft mit Katherine zusammen. Ich glaube, er wohnte damals in Holly Mount in Hampstead, denn ich begegnete ihm einmal, als er die Steintreppe herunterkam. Mit seinem ernsten, bärtigen Gesicht sah er aus wie eine Christusfigur, wie sie auf alten, italienischen Bildern zu sehen sind. Eines Tages kam auch er zu einem Essen zu uns, das bis in alle Einzelheiten ge-

---

* »The Mountain« war ihr Spitzname für LM.

172

plant und vorbereitet worden war. Katherine führte ihn in ihr »Reich« ein, auf das sie mit Recht stolz war. Noch heute sehe ich ihn vor mir, wie er mit markanten Schritten im Eßzimmer auf und ab ging, als ich mit der Vorspeise hereinkam, leider drei Minuten zu spät. Wie Katherine besaß auch er ein peinlich genaues Zeitgefühl, und weil sie beide warten mußten, war die Atmosphäre spürbar gespannt. Ich bin leider ein Mensch ohne Zeitgefühl und war an jenem Tag sehr erkältet.

»Das Essen kommt zu spät«, sagte Katherine in strengem Ton. Ein Schandfleck für ihre Gastfreundschaft. Als sie die Tränen in meinen Augen bemerkte, fügte sie mildernd hinzu: »Kein Grund zum Weinen.« Glaubte sie tatsächlich, mich mit dieser Bemerkung zu trösten? Sie machte meine Situation eher schlimmer! Ich rannte aus dem Zimmer in die Küche und war froh, allein zu sein, weiß aber noch, daß das Essen Anklang gefunden hatte.

Unter den häufigeren Gästen befand sich auch der Dichter Walter de la Mare, der mit seinen Kindern oft zum Tee kam. Da es sich dabei eher um eine familiäre Angelegenheit handelte, war ich beim Tee anwesend und beschäftigte die Kinder, während sich de la Mare mit Katherine unterhielt. Bei einem dieser Besuche fiel dem Poeten Katherines eigenartige Gewohnheit auf, den Löffel, mit dem sie im Tee gerührt hatte, in der Hand zu behalten und in die Luft zu strecken. Wahrscheinlich war sie gerade mitten in einem Satz und dachte nicht mehr daran, ihren Löffel wegzulegen.*

[Nachdem Murry die Leitung von *Athenaeum* übernommen hatte, gewann sie an Form und Profil. Katherine war sehr daran interessiert und arbeitete regelmäßig mit. Eine anspruchsvolle Aufgabe, die sie fast zwei Jahre lang beschäftigte. Aber ihr wesentlichster Beitrag bestand darin, Murrys Tätigkeit als Herausgeber zu überwachen. Vom

---

* Sein Gedicht *To KM* enthält eine Anspielung darauf.

April 1919 bis Dezember 1920 schrieb sie wöchentlich zwei bis drei Buchrezensionen (sie wurden später gesammelt und von Murry 1930 unter dem Titel *Novels and Novelists* herausgegeben). Im *Athenaeum* konnte Katherine ihre Arbeiten veröffentlichen, beispielsweise ihre Gedichte, die unter dem Pseudonym Elizabeth Stanley von April bis August 1919 erschienen. Außerdem übersetzte sie mit Koteliansky die Briefe von Anton Tschechow ins Englische und ließ sie von April bis Oktober 1919 in dreizehn Folgen erscheinen. Eine kleine Skizze, *Perambulations,* wurde im Mai publiziert.

In Hampstead schrieb sie drei neue Erzählungen: *See Saw* (*The Adelphi,* Juli 1924), *This Flower* (*Something Childish,* 1924), *A Suburban Fairy Tale* (*The Adelphi,* Dezember 1923), und sie begann die Erzählung *Second Violin,* die unbeendet blieb.]

Nun, nachdem Katherine eine anerkannte Schriftstellerin geworden war, ein eigenes Haus mit Angestellten besaß und einen Mann mit beachtlichem Einkommen hatte, zeigte ihre Familie in Neuseeland plötzlich Interesse, verlangte genaue Auskunft über ihren Gesundheitszustand und schickte den Sohn von Mrs. Beauchamps früherem Arzt vorbei. Nach einem langen Gespräch hoffte Katherine, er würde ihr mit Rat und Tat beistehen und ihr seine Hilfe zusichern. Aber alles, was er beim Weggehen sagte, gipfelte in der Bemerkung: »Nun, meine Liebe, alt werden Sie sicher nicht!« Wie so häufig, wenn es um ihre Familie ging, wurde Katherine auch dieses Mal enttäuscht. War Dr. Sorapure wirklich der einzige Arzt, der sie verstand?

Manchmal fuhren ihre Schwester Chaddie und Tante Bell (jetzt Mrs. Trinder) in Hampstead im Zweispänner vor. Obwohl beide reich waren, brachten sie immer nur kleine Geschenke mit, Früchte oder Blumen. Nie wären sie auf die Idee gekommen, Katherine einmal zu einer Spazierfahrt einzuladen.

Als Katherine damals – kurz nach ihrer Ankunft in England im Jahr 1908 – in Geldnöte geraten war, hatte ich fast das ganze, von meiner Mutter hinterlassene Erbe aufgebraucht. Nun verfügte ich nur noch über eine jährliche Rente von 45 Pfund. Das bedeutete, daß Katherine in den folgenden Jahren, die wir ihrer Gesundheit zuliebe in der Schweiz und in Frankreich verbrachten, für uns beide sorgen mußte. Von Murry wurde sie nicht unterstützt. Wenn sie zusammenlebten, teilten sie ihre Ausgaben und rechneten alles peinlich genau ab – was nicht hieß, daß sie sich nicht ab und zu mit einem Geschenk überraschten. Als es ihnen besser ging, erhielt ich von beiden ein wöchentliches Haushaltsgeld. Das war gut so, denn oft war ich bei meinen Einkäufen nicht sparsam genug und hatte für bestimmte Dinge mehr ausgegeben, als sie sich damals leisten konnten. In Hampstead bezog Murry von *Athenaeum* ein gutes, regelmäßiges Gehalt und war in der Lage, Katherine monatlich 10 Pfund für ihre Buchkritiken zu bezahlen.*

Ich möchte hier noch zwei andere Besucher erwähnen, die nach Hampstead kamen. Es waren Freunde von mir, Robert Gibson und sein Freund Marshall. Mit ihnen waren Katherine und ich früher einmal zum Essen ausgegangen, und wir hatten einen ausgesprochen vergnügten Abend miteinander verbracht. Als sie uns nun schrieben, sie kämen auf Urlaub nach Hause, schlug Katherine vor, sie zum Tee einzuladen. Dummerweise tauchte dabei auch Murry auf. Die beiden Männer hatten sicher einen freundlichen Empfang erwartet, wie er zu jener Zeit Soldaten gegenüber üblich war, vor allem, wenn sie sich so weit von ihrer Heimat entfernt aufhielten. Aber Murry blieb völlig auf sich bezogen und ging nicht auf die Männer ein. Ihr Leben und ihre anderen Interessen interessierten ihn nicht. Das Ge-

---

* Er verdiente 1000 Pfund im Jahr, wie einem Brief von KM an Murry am 21. Oktober 1920 zu entnehmen ist.

*37. August 1919.
Katherine vor der
Abreise nach San
Remo.*

176

spräch wurde immer angespannter, ich immer hilfloser, und selbst Katherine schien es nicht zu gelingen, die Situation in den Griff zu bekommen. Zum Schluß hatten die beiden Männer die Nase voll, standen auf und erklärten, sie müßten gehen.

Ich habe seitdem nie wieder von Gibson gehört. Nachdem ich aus Rhodesien zurückgekehrt war, hatten wir uns noch mehrmals getroffen und uns zueinander hingezogen gefühlt. Wenn ich damals in einer anderen Situation gewesen wäre, hätte ich ihn sicher geheiratet und nach Afrika begleitet. Aber ich lebte ein Doppelleben: mein eigenes und das von Katherine. Nicht im Traum dachte ich daran, sie jemals zu verlassen. An jenem Nachmittag muß sie das gespürt haben, aber so weit ich mich erinnern kann, sprachen wir nie mehr darüber.

Als der Sommer vorüberging und das Wetter umschlug, geschah das Unvermeidliche. Katherine mußte ihr Haus vorübergehend verlassen und den Winter in einem gesünderen Klima verbringen. In London, so meinte Dr. Sorapure, würde sie den Winter nicht überstehen. In jenen Tagen kroch der gefürchtete Nebel bis zu uns nach Hampstead herauf.

So beschlossen wir, gemeinsam in den Süden zu fahren, wohin uns Murry begleiten sollte. Diesmal fiel die Wahl auf San Remo. Wir entschieden uns für ein Hotel, das von einem Engländer geführt wurde.

12 »Seltsam, daß ich mich danach sehne, die Leute zu heilen und ganzheitlich werden zu lassen.«

SAN REMO – OSPEDALETTI – VILLA FLORA – MENTON 1919 – 1920

[Am 14. September 1919 fuhr Murry mit KM und LM nach San Remo. Acht Monate später sollte er Katherine wieder abholen und sich inzwischen um das Landhaus »Heron« kümmern. Sie hatten das Haus auf den Namen von Katherines Bruder Chummie (Leslie Heron Beauchamp) getauft. Das Haus wurde zum Pfand ihrer gegenseitigen Liebe und zum Zeichen ihrer Hoffnung auf eine gemeinsame Zukunft. Seit ihrer Begegnung im Jahr 1912 bedeutete dieser Winteraufenthalt die erste lange Trennung. Sie war umso schwieriger, weil Katherine eindeutig an Schwindsucht litt und außerdem wußte, daß sie fast die ganze Zeit mit LM als Begleiterin allein sein würde, was zu großen Schwierigkeiten führen sollte.

Murry gab weiterhin »*Athenaeum*« heraus, und KM schrieb von Italien aus ihre wöchentlichen Rezensionen.]

Wir brachen im September auf. Von der Fahrt nach San Remo ist mir nichts mehr in Erinnerung geblieben, außer daß sie unendlich lang war und ich mich über Katherines Müdigkeit sehr beunruhigte. Auch die ewige Frage, wieviel dieses und jenes kostete, war belastend und verleitete mich auf der Reise zu einem dummen Fehler. Wir saßen zu dritt am Tisch. Weil ich keinen großen Hunger hatte, bestellte ich zum Abendessen nur ein Ei, weil ich dachte, es sei billiger als alle anderen Speisen mit ihren raffinierten Namen. Nach langem, unangenehmem Warten vor leerem Teller –

178

Katherine und Murry hatten bereits gegessen – wurde für mich eine riesengroße Omelette Soufflée aufgetragen, die teurer als alle anderen Gerichte war.

Das Hotel in San Remo machte auf uns einen sauberen und ruhigen Eindruck. Nach zwei Wochen verließ uns Murry und kehrte nach Hause zu den zwei Katzen Wingly und Athenaeum zurück.

Katherines Husten war beunruhigend. Den Hotelangestellten und Gästen blieb ihre Tuberkulose nicht verborgen. Schon bald suchte uns der Direktor des Hotels auf und bat uns nach umständlichen Entschuldigungen, das Hotel zu verlassen. Es sei ihm schrecklich peinlich, sagte er, aber die Gäste hätten sich alle beschwert, nicht nur über den Husten, sondern auch über die Möglichkeit einer Ansteckung.

So kurz nach der anstrengenden Reise war diese Nachricht für Katherine ein neuer, harter Schlag. Sie fühlte sich unerwünscht, ausgegrenzt, kranker denn je, und sie wußte nicht, was für sie das Schlimmste war. Die Situation wurde noch unerträglicher, als Katherine das Desinfizieren ihres Zimmers bezahlen mußte.

Der Hoteldirektor entpuppte sich als freundlicher Helfer in der Not, obwohl er mit seinem Vorschlag auch sich selbst einen Gefallen erwies. Er sagte uns nämlich, daß er am Hang oberhalb von Ospedaletti ein kleines Ferienhaus mit Badezimmer, allem wünschenswerten Komfort und schöner Aussicht besitze; er würde es uns gerne vermieten. Das klang so verlockend, daß wir uns rasch einig wurden. Wir packten unsere Koffer, bezahlten und wurden nach Ospedaletti in die Casetta Deerholm gefahren.

Alles, fast alles entsprach der Wahrheit:

Das Haus lag hoch über dem Meer, und die Straße, die an der Küste entlang führte, blieb unsichtbar in der Tiefe. Aber im Haus gab es kein fließendes Wasser! Das hieß für uns: keine Bäder. Tag für Tag mußte ich das Wasser unten von einem Brunnen an der Straße holen und zu uns heraufschleppen. Das Haus war äußerst einfach möbliert, nur mit dem Allernötigsten ausgestattet und sehr klein. Katherines Zimmer war winzig. Daneben gab es nur noch einen Raum zum Wohnen und Essen. Auch die Küche war klein. Mit Reihen aufgehängter Kupferpfannen bot sie zwar einen hübschen Anblick, war für mich aber eine wahre Tortur. Nach jedem Gebrauch liefen die Pfannen schwarz an und mußten regelmäßig gescheuert werden. Weil kein Putzmittel vorhanden war, blieb mir nichts anderes übrig, als Sand vom Hang zu holen. Heizen konnte man das Haus nur mit Holzkohle. Das wäre an und für sich ganz amüsant gewesen, wenn damit nicht auch hätte gekocht werden müssen. Das lange Warten, bis das Essen, das Wasser für den Tee oder die Wärmflaschen heiß war, wurde jedesmal zu einer wahren Geduldsprobe. Wie mußte diese merkwürdige Einrichtung angezündet werden? Und was war zu tun, damit das Feuer nicht erlosch? Katherine wußte noch von Bandol her, wie man damit umging. »Das ist doch wirklich ganz einfach«, sagte sie, was für mich aber alles nur noch schlimmer und demütigender machte.

Für das Kaminfeuer mußten wir eine Menge Holz kaufen, das sehr teuer und oft noch grün und feucht war. Davon abgesehen war der Holzhändler ein elender Schwindler.

Doch das Leben dort hatte auch sehr schöne Seiten. Vom Haus und dem etwas tiefer gelegenen Ort überblickte man eine kleine, von hohen Hügeln geschützte Meeresbucht, die aussah, als wäre sie einmal von einem Erdrutsch heimgesucht worden. Dort, wo sich die Bucht öffnete und die Hügel flacher wurden, wuchsen wunderbar duftende Gräser und Kräuter. Wenn die Sonne schien, lag ein würziger Honiggeruch in der Luft.

Unser Garten bestand zwar nur aus einer kleinen Terrasse, war aber herrlich. Ich erinnere mich noch an den schmalen, von Blumenbeeten eingefaßten Rasenstreifen und die vielen Zyklamen, die uns mit ihren kleinen Blüten zuzunicken schienen. Neben dem Gartentor wuchs ein Baumwollstrauch, dessen Knospen gerade aufblühten. Der ganze Strauch war über und über mit weiß leuchtenden Büscheln bedeckt und erinnerte Katherine an ihre Heimat. Sie hielt sich oft in diesem Garten auf, wagte sich gelegentlich auch weiter, zum Tor hinaus oder bis in die Stadt hinunter. Ungefähr in der Mitte dieses Weges standen zwei Hotels. Dort ruhte sie sich oft ein wenig aus, um einen Blick auf »die Welt« zu werfen, bevor sie den anstrengenden Rückweg antrat.

Der Aufenthalt in Ospedaletti hätte wunderschön sein können. Für ein junges, verliebtes Paar wäre der Ort sogar ideal gewesen, aber Katherine hatte die ganze Zeit leichtes Fieber und litt unter starken Schmerzen. Die zunehmende Schwäche und der aussichtslose Kampf um ihre Gesundheit entmutigten sie und machten aus harmlosen Zwischenfällen große Probleme. Aber noch waren wir geduldig. Wir wußten, daß uns nichts anderes übrigblieb, als mehrere Monate auszuharren.

Katherine fühlte sich schrecklich einsam. Jack schrieb nicht und kam auch nicht. Er schickte ihr nicht einmal die Zeitungen nach Ospedaletti, die er gewöhnlich mit seinen Randbemerkungen und Hinweisen vollkritzelte, obwohl Katherine ihn ausdrücklich darum gebeten hatte. Jeden Tag ging ich den Hügel hinunter bis zur kleinen Post und kam immer mit derselben Nachricht zurück:

»Nichts, Katie! Auch keine Briefe!«

Ich konnte nicht verstehen, warum sich Murry in diesen Monaten so grausam gedankenlos verhielt. Auch Katherine konnte sich sein Verhalten nicht erklären, was ihre Situation verschlimmerte. Er war jung und hatte vielleicht keinen starken Charakter. Sein Mitleid Katherine gegenüber war auch Selbstmitleid. Immer war er mit sich, selten mit ihr beschäftigt. Möglich, daß ihn ihre Abwesenheit von einem gewissen Druck befreite, dem er sich unbewußt nicht wieder aussetzen wollte. Schwer zu sagen, was in ihm vorging.

Ich selbst war unfähig, Katherine immer von neuem aufzuheitern. Dieses Unvermögen quälte und beschäftigte mich so sehr, daß ich ängstlich und unsicher wurde. Sie ertrug zu dieser Zeit nicht einmal mehr meine Stimme, wenn ich die Treppe hinaufrief: »Katie, der Holzhändler ist da! Er verlangt diesmal sieben Francs mehr!« oder »Katie, keine Post! Zwischen England und Italien gibt es Probleme!«

Ich hatte sie immer Katie genannt, beim Namen meiner Mutter. Aber nun sagte ich nur noch KM oder gelegentlich Katherine zu ihr. Wir dachten beide über einen Ersatz für mich nach und überlegten, wer in Frage kommen könnte, um die Spannung zwischen uns zu mildern. Es fand sich aber niemand. Wir diskutierten offen darüber – das immerhin ließ unsere Beziehung zu.

Trotz allem gab es etwas Wunderbares, das uns verband: Zu gewissen Zeiten vernahm man das Brechen der Wellen von der Bucht bis zu uns herauf. Es klang wie ferne, seltsam anschwellende, dann allmählich leiser werdende Musik, wie ein ganzes Orchester. Katherine hörte sogar die einzelnen Instrumente heraus, ich dagegen vernahm nur die Melodie. Katherines Sehnsucht nach Musik blieb unerfüllt. Es gab weder ein Radio noch einen anderen Kontakt mit der Außenwelt, ja, nicht einmal eine Buchhandlung gab es in Ospedaletti. Katherine mußte sich mit ihrer Shakespeare-Ausgabe zufriedengeben, die sie dauernd las und mit Randnotizen vollschrieb. (Sie wurde später auf Katherines Wunsch ihrer Cousine Elizabeth geschenkt.)

Unser Aufenthalt in Ospedaletti fiel genau in die Nachkriegszeit, in der man England gegenüber sehr kritisch eingestellt war. Es gab sogar eine Zeit, wo jede Verbindung zwischen Italien und England abgebrochen wurde und man Engländern böse Blicke zuwarf und sie als Feinde einstufte. Das hatte die unliebsame Folge, daß wir noch mehr aufeinander angewiesen waren und Katherine sich dadurch noch einsamer fühlte. Ihre wenigen Freunde waren Engländer: ein Arzt, der auf der anderen Seite der Bucht einen großen Rosengarten besaß, dann eine nette Wohngemeinschaft englischer Frauen, die Katherine ab und zu mit Besuchen überraschten. Sie freute sich darüber, konnte aber die Besuche nicht erwidern. Wenn ich weiter als gewöhnlich fortging – nach Ventimiglia zum Beispiel – machte ich mir immer große Sorgen um Katherine. Die Fahrverbindungen waren kompliziert, die Autobusse verkehrten spärlich, und Katherine haßte es, allein gelassen zu werden. So geschah es einmal, daß jemand während meiner Abwesenheit an die Haustür kam und aus dem offenstehenden Vorraum einen Mantel entwendete, ohne daß Katherine etwas davon bemerkte.

Sie versteckte immer einen kleinen Revolver im Wohnzimmer, das gleich hinter der Haustür lag. Als ich einmal nicht da war, kam der Besitzer des Rosengartens Katherine besuchen. Da er die Einheimischen kannte, warf er beim Weggehen einen Blick auf den Revolver und sagte nur: »Was soll der denn? Den schlägt man Ihnen hier blitzschnell aus der Hand!« Das mochte wohl stimmen, denn Katherines Handgelenke und Arme waren aufgrund ihrer Krankheit kraftlos geworden. Allerdings wirkten solche Worte alles andere als beruhigend auf uns.

Mein Schlafraum befand sich Katherines Zimmer gegenüber, aber ich schlief immer auf dem Sofa in ihrem Zimmer, weil sie allein zu unruhig gewesen wäre. Sie schlief unter einem Moskitonetz. Ein einziger Stich hätte schlimme Folgen gehabt, deshalb stand ich mehr als einmal auf, um ein hereingeflogenes »Monster« aufzuspüren und zu töten.

Eines Abends lag sie so merkwürdig still im Bett, daß ich fürchtete, sie sei in Ohnmacht gefallen. Aber auf einmal bewegte sie sich und sagte mit lauter Stimme zu mir: »Ich habe einen wunderbaren Traum gehabt. Ich habe geträumt, ich sei tot und spaziere durch einen Garten. Die Blumen waren mit ihren leuchtenden Farben so schön, schöner als alle, die ich je zuvor gesehen oder mir vorgestellt habe.«

In dieser Nacht schlief sie sehr ruhig.*

---

* Auf diesen Traum bezieht sich KM wahrscheinlich im *Tagebuch*, am 15. Dezember 1919.

Wir lebten wirklich sehr einsam auf diesem Hügel, so daß unsere ständige Angst verständlich war. Sie übermannte uns vollends, als wir eines Nachts auf dem Kies vor unserem Haus Schritte hörten. Der Hügel stieg hinter dem Haus so steil an, daß ein Sprung auf das Dach des Schuppens, der fast an Katherines Zimmerfenster heranreichte, ein Kinderspiel war. Katherine war schon im Bett, als die Hausglocke läutete. Mit klopfendem Herzen ging ich zur Tür und fragte in meinem besten Französisch: »Qui va là?« Keine Antwort. Nach wiederholter Frage abermals Stille. Ich ging zu Katherine zurück. Wir warteten beide ab. Über längere Zeit geschah nichts. Ich behielt durch das Zimmerfenster das Dach im Auge. Ungefähr eine Stunde später wurde wieder geläutet. Diesmal drückte mir Katherine den Revolver in die Hand, worauf ich meine Frage »Qui va là?« erneut zum Fenster hinausrief und mit ein paar Revolverschüssen bekräftigte. Dann geschah nichts mehr. Der Vorfall wurde nie aufgeklärt – jemand äußerte später den Verdacht, daß vielleicht eine Schnecke über die elektrische Türklingel gekrochen sei und sie zum Läuten gebracht habe.

Am anderen Morgen benachrichtigten wir die *blanchisseuse*. Katherine beriet sich mit der netten Frau und schlug ihr vor, uns einen jungen Mann zu schicken, der über Nacht bei uns bleiben würde. Sie fand einen Verwandten, der für seine Leistung aber eine Summe verlangte, die das bescheidene Budget von Katherine überstieg.

Die *blanchisseuse* war eine attraktive, lebenslustige Französin. Sie wohnte etwas unterhalb des Hügels, holte unsere Wäsche zum Waschen und Bügeln, brachte die Milch und schwatzte viel mit uns. Mit ihrer herzerfrischenden Art war sie für Katherine eine Wohltat. Ein französischer Arzt, der uns besuchte, war weniger hilfreich. Er nutzte seine Besuche zu unverschämten Annäherungsversuchen. Möglicherweise glaubte er, eine kranke Frau benötige sie zur Aufmunterung. Allerdings war er der Meinung, Katherines Aufenthalt im Süden sei zwecklos und empfahl ihr das belebendere Klima in den Alpen.

Jeden Morgen ging ich den Berg hinunter, um auf dem Markt einzukaufen, wobei mir der Umgang mit dem italienischen Geld schwerfiel. Katherine war erzählt worden, ich sei bekannt als »die Engländerin, die ihr Wechselgeld nie nachzählt«. Sie empörte sich darüber, weil sie in Geldfragen – unseren Umständen entsprechend – übergenau geworden war.

Unsere finanzielle Lage wurde kritisch. Von Gesetzes wegen hätte Katherine Anspruch auf Murrys Unterstützung gehabt, aber er rührte keinen Finger. Von nun an mußte sie auch mir unter die Arme greifen. Sie schrieb deshalb Mr. Kay, dem Bankdirektor in London, und schilderte ihm ihre Situation, um ihn um seine Hilfe, eventuell sogar um ein Darlehen, zu bitten. Da auf sein Beharren hin die anderen Töchter von Mr. Beauchamp eine größere Unterstützung erhalten hatten, gewährte Mr. Beauchamp nun auch Katherine eine Summe von 260 Pfund im Jahr, was ihr wieder etwas auf die Beine half.

Zu dieser Zeit wohnten Connie Beauchamp, eine Cousine von Katherines Vater, und ihre Freundin Jinnie Fullerton in einer luxuriösen Villa in Menton, kurz hinter der Grenze an der französischen Riviera.

Die beiden Damen, die vor langer Zeit zum Katholizismus übergetreten und gute Freundinnen geworden waren, leiteten seit Jahren eine große, teure Privatklinik in Hampstead. Connie war eine altmodische Lady, meines Erachtens aber sehr liebenswürdig und aufrichtig. Ihre Freundin Jinnie war groß, schlank und leider sehr herrschsüchtig. Ihr Ziel bestand hauptsächlich darin, alle Menschen zum katholischen Glauben zu bekehren. Da sie eine gute Krankenpflegerin war und es sich außerdem leisten konnte, ihre Patienten in der Klinik mit jedem erdenklichen Luxus zu verwöhnen, war sie bei ihren Bekehrungsversuchen sehr erfolgreich. Selbst der Papst hatte ihr einmal eine Audienz gewährt und ihr als Belohnung für ihre Arbeit erlaubt, seine Hand zu küssen.

Im November stattete Mr. Beauchamp auf einer seiner Europareisen den zwei Damen einen Besuch in Menton ab. Dabei wurde beschlossen, daß sie gemeinsam zu uns nach Ospedaletti zum Lunch kommen sollten. Oh, dieses schreckliche Essen! Fünf Personen in diesem winzigen Raum! Ich kam in der Küche fast um vor Angst, röstete viel zuviel Zwiebeln und hatte zu wenig Koteletts eingekauft. Immerhin war die Nachspeise – eingemachtes Obst mit Schlagrahm verziert – narrensicher. Aber Katherine hatte so viel daran gelegen, bei den Besuchern einen guten Eindruck zu hinterlassen.

Nach dem Essen unternahmen sie einen gemeinsamen Ausflug. Katherines Vater erzählte nach der Rückkehr humorvoll, daß ihm fünfzig Pfund entwendet worden seien. »Stellt euch diesen Kerl vor! Stiehlt mir mein Geld aus der Hosentasche! Wie hat er das bloß fertiggebracht?« Offensichtlich hatte ihn das stärker beeindruckt als der Verlust selbst. Ich hatte sehr auf seine Großzügigkeit gehofft und erwartet, daß er Katherine wenigstens ein Geschenk mitbringen würde. Aber als er wieder ging, ließ er in Katherine nichts als das Gefühl einer verwandtschaftlichen Beziehung zurück. Ich rechnete indes bitter enttäuscht aus, was uns das teure Essen gekostet hatte!

Einige Zeit danach schlugen Connie und Jinnie in einem Brief vor, Katherine solle doch zur Erholung nach Menton kommen und sich von ihnen gesundpflegen lassen. Ich glaube, daß Connie von Katherines Schwierigkeiten tief berührt war. Ihre Villa in Menton bot alles, was man sich für einen Erholungsaufenthalt im Süden wünschen mochte. Allein die Lage des prächtigen, weiträumigen Hauses in den süß duftenden Hügeln über dem Mittelmeer war wunderbar. Später kam Katherine – wenn auch ungern – auf dieses Angebot zurück.

38. *Katherine (rechts) in der Villa Flora in Menton, 1920 mit Connie Beauchamp (Cousine ihres Vaters), Mrs Dunare und Jinnie Fullerton (von unten nach oben).*

Als der Winter nahte, wurde Katherine zunehmend unruhig. Sie war über Murrys Abwesenheit und sein Schweigen zu Tode betrübt. Kurz vor Weihnachten fragte sie ihn in einem Brief, ob er nicht zu ihr kommen wolle. Als er absagte, war sie sehr enttäuscht und verletzt. Kaum hatte sie sich mit seiner Antwort abgefunden, änderte er seine Meinung und entschied sich doch zu einem Besuch. Als er kam, spürte ich, daß etwas vorgefallen sein mußte. Ich weiß nicht, was es war, aber auf jeden Fall brachte Murry keine Fröhlichkeit mit. Die zwei Wochen seines Aufenthalts waren überschattet. Die Nächte verbrachte er allein im kleinen Nebenzimmer. Katherine bat mich, am Abend jeweils so lange in meinem Zimmer zu warten, bis im Haus alles still war. Erst dann sollte ich mit meinen Wolldecken zu ihr hinüberschleichen, um wie üblich auf ihrem Sofa zu schlafen. Sie wollte offenbar nicht, daß Murry von meinen nächtlichen Besuchen erfuhr (weil er sie deswegen schon zu oft verletzt hatte).

Anfang Januar verließ er uns wieder.

[Die Briefe, die Katherine im September 1919 an Murry schrieb, waren anfangs sehr heiter. Aber nach zwei Wochen veränderte sich ihre Stimmung. Sie fühlte sich einsam und verlassen, was sich in den Briefen niederschlug. Ende Oktober befand sie sich in einem Zustand tiefster Verzweiflung. Daraufhin muß Murry vorgeschlagen haben, seine Arbeit für *Athenaeum* vorübergehend einzustellen, um die Weihnachtstage bei ihr zu verbringen. Katherine lehnte den Vorschlag, als es ihr etwas besser ging, entschieden ab. Einen Monat später fiel sie aber wieder in eine tiefe Depression und beschuldigte Murry in einem Gedicht vom 4. Dezember 1919, sie verlassen zu wollen. Das war der Grund, weshalb sich Murry doch noch entschied, sie zu Weihnachten zu besuchen. Sie hingegen bat ihn, nicht zu kommen, aber am 16. Dezember stand er vor der Tür. Ein Ereignis, auf das LM in ihren Aufzeichnungen anspielt.

Katherine hatte die vergangenen zwei Jahre, seit Anfang 1918, im Bewußtsein ihrer Schwindsucht gelebt. Besonders die drei einsamen Monate in Ospedaletti hatten ihr ihren bevorstehenden Tod bewußt gemacht. Kein Wunder, daß sie sich verstärkt an ihre Liebe zu Murry klammerte und an ihrer Hoffnung auf das Landhaus »Heron« festhielt. Aber Murrys Reaktion auf ihr Gedicht vom 4. Dezember und ihre tiefe Verzweiflung zwangen sie, sich mit ihrer Situation abzufinden. Am 15. Dezember 1919 schrieb sie in ihr Tagebuch: »Endlich, nach ein paar Tagen, beginnt Jack auf meine verzweifelten Briefe zu antworten. Je deprimierter ich bin, desto deprimierter ist er, aber nicht meinetwegen. Er beklagt sich, wie belastend ich für ihn sei, betont *sein* Leiden, *seine* Nerven, die weder Stricke seien noch aus Stahl gemacht. Er sei nicht gewillt, in den sauren Apfel zu beißen. Dann sein ewiger Schrei nach Geld. Er hat keines und sieht keine Möglichkeit, welches zu bekommen, beklagt seine großen Schulden – »wie Du weißt, bin ich bankrott« – »ich weiß, es klingt herzlos« – »ich kann mich nicht damit abfinden«. »Diese Briefe, vor allem die über

Geld, haben etwas zwischen uns zerstört und unsere Situation endgültig verändert.«

Das scheint der Auslöser gewesen zu sein, der Katherines fast kindliche Liebe zu Murry zerbrechen ließ. Sie brauchte neues Selbstvertrauen und fand es wieder, indem sie sich vermehrt ihrem Schreiben zuwandte und ihre Arbeit in den Vordergrund stellte.

Nach Murrys Besuch zu Weihnachten schrieb sie *The Man without Temperament* (*Arts and Letters*, Frühling 1920) und begann die Erzählung *The Wrong House*, die unvollendet blieb. Das waren die zwei einzigen Erzählungen, die sie während ihres Aufenthalts in Italien schrieb, bis auf zwei Gedichte, die im Januar in *Athenaeum* erschienen.]

Im neuen Jahr entschloß sich Katherine, bei Connie und Jinnie in Menton zu wohnen. Ich glaube, daß sie von den beiden – aus Ohnmacht ihrer Krankheit gegenüber – in eine Abhängigkeit gedrängt wurde, die sie ablehnte und als einengend empfand. Was sie brauchte, war jemand außerhalb ihres Kreises. Sie sehnte sich aber auch nach etwas mehr Komfort und Luxus. Als wir uns sehr viel später einmal über unsere gemeinsame Zeit in Ospedaletti unterhielten, stellten wir zu unserer Überraschung fest, daß wir uns beide ausschließlich nur noch an die angenehmen Dinge erinnerten.

Im Januar 1920 mußten wir das Haus verlassen. Ich ging nach Ventimiglia, die Grenzstadt zwischen Italien und Frankreich, um uns Visa zu besorgen und irgendwo einen Mietwagen aufzutreiben. Unser Fahrer teilte uns mit, daß er die Hauptstraße am Meer entlang meiden müsse, weil die antibritische Stimmung im Land zu heftig sei. Es wäre viel zu gefährlich, ja sogar unmöglich, zwei Engländerinnen auf dieser Straße nach Frankreich zu bringen. So mußten wir Meile um Meile auf einer kaum befahrenen Bergstraße zurücklegen, bis wir zu einem kleinen Grenzübergang kamen, und auf der anderen Seite der Grenze wieder hinunterfahren, die ganze Zeit nur die eine Frage im Kopf, wie teuer uns dieser Umweg zu stehen kommen würde. Am Schluß kamen wir wohlbehalten an, aber nicht in der Villa Flora, denn Jinnie Fullerton hatte inzwischen beschlossen, Katherine in eine Klinik – ein großes Hotel für reiche Patienten – zu schicken. Jinnie und Connie erwarteten eine Patientin aus ihrer Londoner Klinik und befürchteten, daß diese Frau gegen eine tuberkulöse Mitbewohnerin in der Villa Flora Einspruch erheben könnte. So löste sich Katherines Vorfreude nach der anstrengenden Fahrt abermals in eine Enttäuschung auf.

An ihrer Stelle zog ich in die Villa Flora ein. Am Abend kam Miß Fullerton zu mir ins Zimmer, um sich nach meinem Befinden zu erkundigen und mir indiskrete Fragen über Katherines Privatleben zu stellen. Zweifellos hatte sie angenommen, daß jemand, der so unkultiviert und einfachen Gemütes war wie ich, alles ausplaudern würde. Aber ich war in allem, was Katherine betraf, äußerst verschwiegen und verweigerte jede Auskunft. Das hatte zur Folge, daß ich in den wenigen Tagen, die ich dort war, von den zwei Damen zwar höflich behandelt wurde, es aber mit ihnen verscherzt hatte.

Sie merkten sehr bald, daß Katherine das Leben in einem Sanatorium ablehnte. Mit dem Einverständnis der Londoner Patientin wurde Katherine in die Villa Flora umgesiedelt, während ich in einem Zimmer in der Stadt untergebracht wurde. Kurz darauf fand Jinnie für mich eine Stelle in einer Klinik in Menton, die ich sehr gerne annahm.

Nachdem sich nach diesen vielen Veränderungen alles wieder einigermaßen beruhigt hatte, begann sich zwischen Katherine und mir ein neuer Rhythmus anzubahnen. Ich ging jeweils erst am Abend, nach getaner Arbeit in der Klinik, in die Villa Flora, wo ich gleich in Katherines Zimmer verschwand, um mit ihr eine Weile zu schwatzen und von ihr zu hören, was sie den Tag über erlebt hatte. Unsere

Spannungen von Ospedaletti waren verschwunden. Katherine gab mir auch über Connie und Miß Fullerton Auskunft, und ich war glücklich, sie in so guter Obhut zu wissen. Die beiden Damen waren offensichtlich vom Fach. Dank ihnen kam Katherine wieder zu Kräften und gewann ihre Lebensfreude zurück.

Später erlaubte mir Jinnie Fullerton, meine Friseurkenntnisse bei einer ihrer Patientinnen anzuwenden, womit ich ein wenig Geld verdiente. Aber ihr abschließendes Urteil über mich, das sie Katherine gegenüber äußerte, lautete: »Die hat das Pulver nicht erfunden!« Ganz richtig, dachte ich, das habe ich wirklich nicht.

In der Klinik war ich zwei einfachen, außergewöhnlich liebenswürdigen Engländerinnen unterstellt und von meiner Arbeit begeistert. Unter den Kolleginnen befanden sich zwei Mädchen aus einem belgischen Waisenhaus, die sich sehr einsam fühlten, sich mir anschlossen und auf fast peinliche Art anhänglich wurden. Als Katherine und ich wieder nach England zurückfuhren, versuchten sie auszureißen, um uns zu folgen. Katherine war von diesem Vorfall ebenso erschüttert wie ich.

Connie und Jinnie nahmen Katherine auf ruhige, ausgedehnte Fahrten in die Umgebung von Menton mit, weil sie wußten, daß sie sich in der Schönheit dieser Landschaft glücklich fühlte. Mit Jinnie, die eine kluge, interessante Frau war, führte Katherine lange, sehr vertraute Gespräche, hörte ihr zu, war beeindruckt und nahe daran, zum katholischen Glauben überzutreten. Eines Abends fand ich einen Brief auf meinem Nachttisch. Katherine hatte ihn geschrieben, nachdem sie mit Jinnie eine lange Ausfahrt in die Umgebung unternommen und den ganzen Tag an der Sonne verbracht hatte.

191

Meine liebe Jones,
ich möchte Dir ein Geheimnis anvertrauen, das ich nicht preisgeben kann, wenn wir uns gegenüberstehen. Ich glaube, Du kennst es. Aber ich kann es Dir nur jetzt sagen. Später einmal lache und rede ich darüber, und Du kannst Dich über mich lustig machen. Aber gerade jetzt, Jones, bin ich so empfindlich, daß ich es nicht einmal ertragen würde, Dich sagen zu hören, daß Du diesen Brief bekommen hast. Meine Schüchternheit läßt mich erzittern – das ist wirklich wahr, meine Liebe. Später einmal, das verspreche ich Dir, bin ich sicher nicht mehr so. Aber jetzt mußt Du mir verzeihen, wenn ich Dich bitte, kein Sterbenswörtchen darüber mir gegenüber zu verlieren.

Als wir heute nachmittag irgendwo auf einem Hügel lagen (eines Tages erzähle ich Dir davon), wußte ich plötzlich, daß es einen Gott gibt. Das ist's.

Eines Tages (hoffentlich noch vor meiner Rückreise nach England) hoffe ich, von der Kirche aufgenommen zu werden. Ich möchte Katholikin werden. Ich glaube an einen Gott. Ich habe ihn mir ganz zu eigen gemacht – nicht »wörtlich«, sondern symbolisch: das ist alles ganz einfach und schön. Aber an einen Gott nur zu glauben, weil es verlockend ist, innerlich diese große Öffnung zu erfahren, ist nicht gut.

Ich möchte das Beste aus dem Leben herausholen. Seltsam, Jones, daß ich mich danach sehne, die Leute zu heilen und ganzheitlich werden zu lassen, so, daß sie sich ihres inneren Reichtums bewußt werden. Darin liegt für mich der Sinn meines Schreibens – zu bereichern – zu geben – das soll auch für mein Leben gelten.

Das werde ich Jack einmal sagen. Aber wer weiß, vielleicht erst nach langer Zeit. Vielleicht sollte ich ihn verlassen, um das herauszufinden. Aber Du, Du kannst nicht in meiner Nähe leben, ohne das alles zu wissen. Doch jetzt gerade würde ich Dich nicht ertragen, auch wenn Du nur das Buch erwähntest, das ich gerade lese. Verstehst Du das? Es tut mir ja so leid, daß ich so schrecklich empfindlich und verletzlich bin.

Ich erzähle Dir das alles noch aus ganz anderen Gründen – weil Du, wie man sagt, meine »verschworene Freundin« bist – Jones, es geht mir immer noch nicht gut – ich bin furchtbar nervös und gereizt und habe immer Schmerzen – aber ich werde es überstehen – ich brauche Dich und verlasse mich auf Dich – lehne mich an Dich – auch wenn ich Dir dafür weder danken noch etwas schenken kann – ausgenommen meine Liebe. Sie gehört Dir für immer.

Katie

Katherine ist nie zum katholischen Glauben übergetreten. Erst später, als sie wieder in England war, konnte sie sich vom fast hypnotischen Einfluß Jinnie Fullertons und ihrer Umgebung befreien. Für mich gehört dieser Brief zu meinem kostbarsten Besitz, weil auch ich immer gewußt habe, »daß es einen Gott gibt«, obwohl wir nie darüber gesprochen haben.

[KMs Lebenskrise, die in Ospedaletti ihren Anfang genommen hatte und schließlich von ihr erkannt und akzeptiert worden war, erreichte ihren Höhepunkt in Menton. Von hier an verändert sich ihre Haltung. Ihre Briefe an Murry werden zurückhaltender, aber auch zärtlicher, und wenn sie sich über LM äußert, tut sie es mit liebevoller Anerkennung. In ihrem Brief vom 14. Januar 1920 gesteht sie Murry ihre enge Verbindung zu LM und gibt zu, daß sie ohne sie nicht mehr auskommt.

Während ihres Aufenthalts bei Connie Beauchamp und Jinnie Fullerton schrieb KM *The Second Helping* (unter diesem Titel nicht gesammelt erschienen), *Daphne* (unveröffentlicht) und ein paar biographische Aufzeichnungen über Tschechow (*Athenaeum*, Januar 1920). Sie stellte ebenfalls eine Anzahl Erzählungen für einen Sammelband zusammen, den sie Grant Richards für 20 Pfund verkaufen wollte. Murry war aber dagegen und fragte stattdessen bei Michael Sadleir von Constable an. Dieser bot 40 Pfund Tantiemen im voraus. Das Resultat war ein Band mit vierzehn Erzählungen, der im Laufe des Jahres unter dem Titel *Bliss* erschien.

Grant Richard hatte KM Ende Februar in Menton besucht und ihr vom Schriftsteller Sydney Schiff, bekannt unter dem Namen Stephen Hudson, erzählt, der mit seiner Frau Violet ebenfalls dort lebte. Damit begann eine herzliche Freundschaft, die sich weiterentwickelte, als KM im darauffolgenden Winter nach Menton zurückkehrte.]

So gingen die schönen Tage am Mittelmeer vorbei, bis wir uns Ende April 1920 wieder in Hampstead einfanden, wo Katherine fünf Monate lang ihr gewohntes Leben weiterführte. Der Sommer 1920 war der letzte, den wir im »Elephant« verbrachten, dem Haus, das Katherine so wunderschön gestaltet hatte und das ihr letztes richtiges Zuhause in England sein sollte. Für den Winter plante sie einen Aufenthalt in Menton bei Connie und Jinnie. Bis zum Sommer 1922 kehrte sie nicht mehr nach London zurück. Dort sollte sie sich in den letzten Monaten ihres Lebens nur noch kurz aufhalten.

13

»Meine Erzählung ist fertig.
Komm, wir feiern mit Tee!«

VILLA ISOLA BELLA – MENTON 1920 – 1921

[Während ihres Sommeraufenthalts in Hampstead veröffentlichte KM in *Athenaeum* jeden Monat eine Erzählung: *Revelations* (Juni), *The Escape* (Juli), *Bank Holiday* (August) und *Sun and Moon* (September). Im April war ihre mit Koteliansky gemeinsam erarbeitete Übersetzung von Tschechows Tagebuch in *Athenaeum* erschienen. Ihr Buch *Bliss* kam im September vor ihrem Weggang von London bei Constable heraus. Die Kritiken – insgesamt acht, die ihr nach Menton geschickt wurden – äußerten sich zum Teil höchst lobend über das Buch.

Als KM im September mit LM nach Menton zurückkehrte, blieb Murry in Portland Villas mit Milne, einem Freund, und dem Dienstmädchen Violet zurück. Es war vereinbart worden, daß er KM und LM zu Weihnachten besuchen würde. KM schickte weiterhin von September bis Dezember neue Erzählungen an *Athenaeum*.]

Weil Murry mit *Athenaeum* sehr beschäftigt war, begleitete er uns diesmal nicht nach Frankreich. Wir unternahmen die lange Reise allein und erreichten unser Ziel ohne Zwischenfälle am frühen Abend des 13. September 1920.

Connie und Jinnie hatten die Villa Flora inzwischen aufgegeben und sich in einem neuen, großen Haus auf der gegenüberliegenden Seite der Bucht niedergelassen. Sie vermieteten uns die kleine Villa Isola Bella, die sich am Rand ihres Grundstücks befand.

Von unserem Reiseproviant war nicht mehr viel übriggeblieben. Nur noch ein mickriges Hühnerbein war da, das ich in eine Kasserolle mit wenig Wasser legte, in der Hoffnung, daß eine Suppe daraus entstehen würde. Sie begann gerade zu kochen, als Marie, die Köchin von Connie und Jinnie, auftauchte. Sie war von den beiden zu uns herübergeschickt worden, um nach dem Rechten zu sehen, denn Katherine war sehr erschöpft. Nachdem Marie ein paar Worte mit Katherine gewechselt hatte, betrat sie die Küche, sah sich darin um und nahm entsetzt meine Kasserolle vom Feuer:

»Tse, tse, tse! Wie lange kocht das Zeug da schon?« wollte sie wissen. Innerhalb von zwei Minuten war das Hühnerfleisch durch ein Sieb gedrückt, die Fleischbrühe eingedickt, gewürzt – und ein Topf herrlichster Suppe stand auf dem Tisch!

Marie hatte unsere Lage bald durchschaut und empfand Mitleid mit uns. Sie suchte eine Haushaltshilfe, die genau so nett wie sie, aber schon etwas älter war und ebenfalls Marie hieß. Sie hatte ein Gesicht voll feiner Falten, und ihren dunklen Augen entging nichts. Sie hatte ein schalkhaftes Lachen, außerdem einen ausgeprägten Sinn für Blumengestecke und schön gedeckte Tische. Wahre Augenweiden! Katherine schätzte ihre Nähe und unterhielt sich gerne mit ihr.

Nach einer Weile fanden wir aber heraus, daß aus der Küche auf unerklärliche Weise allerlei verschwand und die wöchentlichen Abrechnungen Fehler aufwiesen. Als ich einmal protestierte, weil ich ein großes Paket Würfelzukker, das ich gerade angebrochen hatte, nirgends finden konnte, rang die Frau sofort die Hände und meldete Katherine, den Tränen nahe, den Vorfall. Katherine wußte Bescheid, sagte aber, sie würde auf ihre Hilfe um keinen Preis verzichten wollen. Die Angelegenheit wurde besprochen und geklärt, danach gehörte die Frau endgültig zu uns. Sie wurde Katherine im Lauf der Zeit sogar sehr ergeben und liebte ihre Arbeit, vor allem später, als Murry wieder zu uns kam.

Die Isola Bella lag an einem steilen Hang und war über zwei Ebenen gebaut. Eine Terrasse mit einer Steinbalustrade begrenzte die Frontseite des Hauses. An der Ostseite lag ein Garten mit Blumenbeeten und Sträuchern, der vom Straßenverkehr durch eine hohe Steinmauer abgeschirmt war. Auf der Westseite führte eine Steintreppe zum unteren Garten mit seinen zahlreichen Beeten. Von hier schlängelte sich ein schattiger, kleiner Pfad den Hang bis zur großen Villa hinauf. Katherine durchstreifte den Garten jeden Tag etwas mehr, hielt sich aber meistens auf der Terrasse auf. Wir kauften einen Liegestuhl und einen breitgestreiften Sonnenschirm. Beides stellten wir auf die Terrasse und breiteten auf dem Liegestuhl eine große Decke aus Flughörnchenfellen aus, die mein Vater einmal aus Afrika mitgebracht hatte. Hier konnte Katherine, wenn das Wetter warm genug war, fast den ganzen Tag sitzen, liegen, lesen und schreiben.

Unterhalb der Villa lag Menton. Auf der gegenüberliegenden Seite der Bucht sah man die gelben Fronten der alten Sarazenensiedlungen, die an den jäh abfallenden Hügeln auf der entfernten Landzunge klebten. Dazwischen lag das blaue, von beiden Städten eingerahmte Meer.

Katherine liebte ihr kleines Haus und schrieb in seiner Ruhe zahlreiche Erzählungen. Weil sie aber die meiste Zeit Fieber hatte, ging sie früh zu Bett und schrieb im Schutz des aufgespannten Moskitonetzes weiter. Viele Abende und Nächte verbrachte ich dösend oder schlafend im Zimmer nebenan. Die Tür ließ ich offen für den Fall, daß sie mich rufen würde. Ich erinnere mich noch an die Nacht, als sie die Erzählung *The Daughters of the Late Colonel* beendet hatte, in der sie ihre Cousine Sylvia Payne und auch mich karikierte. Innerhalb von vier oder fünf Stunden war die Erzählung – fast ohne Unterbrechung oder Korrektur – entstanden. »Sie ist fertig! Sie ist fertig!«, rief Katherine. »Feiern wir mit Tee!«

So saßen wir um drei Uhr morgens in ihrem Zimmer, in das das frühe Morgenlicht durch die Zweige der hohen Mimosensträucher bis zu uns hereindrang, und tranken Tee.

Katherine verfaßte immer noch Rezensionen für *Athenaeum*, die alle – ob sie nun krank war oder nicht – zu einem bestimmten Termin fertig sein mußten. Die meisten Bücher fand sie aber so nichtssagend, daß es ihr schwerfiel, darüber überhaupt etwas zu schreiben. Unser Leben verschlang aber sehr viel Geld, so daß uns die 10 Pfund, die sie dafür bekam, sehr viel bedeuteten. Doch plötzlich wurden die Geldsendungen eingestellt. Selbst als Katherine schriftlich darum bat, kamen sie nicht. Ich habe nie erfahren, ob Murry das Geld einfach vergessen hatte oder selbst keines mehr besaß. Ich erinnere mich an einen Spaziergang im Garten, bei dem Katherine mit mir darüber sprach und nur »Zu dumm!« dazu sagte. Obwohl Murry sie in große Schwierigkeiten brachte, liebte sie ihn sehr. Er war unfähig – auch in seinem geliebten England – über längere Zeit allein zu leben. Er war mit seinen eigenen Problemen so beschäftigt, daß sogar seine Arbeit als Literaturkritiker darunter litt. Das war der Grund, weshalb

40. *Eingang zur Isola Bella.*

Athenaeum während Katherines Abwesenheit spürbar an Qualität einbüßte.

[In den drei Monaten von Oktober bis Dezember gelang KM erstmals eine Reihe neuer Erzählungen. Neben ihren wöchentlichen Buchkritiken schrieb sie *The Young Girl* (*Athenaeum*, Oktober 1920), *Miss Brill* (*Athenaeum*, November 1920), *The Lady's Maid* (*Athenaeum*, Dezember 1920), *The Stranger* (*London Mercury*, Januar 1921), *The Daughters of the Late Colonel* (*London Mercury*, Mai 1921), *Poison* (postum bei Colliers, November 1923), und möglicherweise zur selben Zeit auch *The Singing Lesson* (erstmals mit *Garden-Party* im Februar 1922 veröffentlicht) und *Life of Ma Parker* (*The Nation*, Februar 1921).

In der ersten Dezemberwoche stellte sich heraus, daß KM ihre Kräfte überschätzt hatte. Der Arzt des Ortes, Dr. Bouchage, verordnete ihr strengste Ruhe. Katherine schrieb Murry unverzüglich einen Brief, worin sie ihm mitteilte, daß sie nicht mehr in der Lage sei, ihre Rezensionen fortzusetzen. Am 10. Dezember erschienen ihre letzten Beiträge. Murry wollte im neuen Jahr seine Arbeit als Heraus-

geber beenden. Ein Vorhaben, das viele Diskussionen aus-
löste, als er Katherine zu Weihnachten besuchte.]

Wenige Tage bevor Jack zu uns kam, rief mich Katherine zu
sich und zeigte mir einen Brief, den sie von Elizabeth Bibesco* erhalten hatte. Katherine war maßlos schockiert, weil
Prinzessin Bibesco es wagte, Katherines Verhalten Murry gegenüber zu kritisieren. Warum sie als kranke, in Frankreich
lebende Frau immer noch versuche, Murry an sich zu bin-
den, wo sie doch offensichtlich nicht mehr fähig sei, ihn zu
unterstützen und ihm ein glückliches Leben zu bieten. Ich
habe den genauen Wortlaut vergessen, aber das entsprach
ungefähr dem Inhalt ihres Briefes. Es waren die Worte einer
eifersüchtigen Frau, gespickt mit Anspielungen auf Intimi-
täten, die wahr oder erfunden gewesen sein mochten. Katherine hatte gewußt, daß Murry Prinzessin Bibesco kennengelernt hatte und sie oberflächlich kannte. Was sie ihr aber in
diesem Brief enthüllte, war schrecklich. Katherine akzeptier-
te Murrys Liason mit der Prinzessin, litt aber darunter, daß
er mit ihr nie offen darüber gesprochen und ihr das Ausmaß
seines Liebesverhältnisses verschwiegen hatte. Diese Heim-
lichkeit war es, die sie am meisten verletzte.

Sie schrieb Murry umgehend zurück, bat ihn um eine
Erklärung und erkrankte aus lauter Kummer und Angst,
woraufhin er sofort angereist kam. Er ging zu ihr ins Zimmer und blieb lange bei ihr. Als ich mein Zimmer aufsuchte, kam er herunter und versuchte, sich an mir vorbeizu-
schleichen. Ich wollte etwas sagen, aber er ging wortlos an
mir vorbei und verließ das Haus.

Im Verlauf des Tages kam Katherine zu mir und bat
mich, Murry das, was er ihr angetan habe, niemals zu ver-

* Prinzessin Bibesco, Tochter des ersten Earl von Oxford und Asquith,
  verheiratet mit einem rumänischen Aristokraten. Sie war Mitarbeiterin bei *Athenaeum* – ihre Erzählung *An Ordinary Man* erschien in der
  Ausgabe vom 14. Januar 1922 als Hauptbeitrag –, und war zeitweise
  in Murry verliebt.

200

zeihen. Das hätte sie mir sicher nie befohlen, wenn sie nicht so tief verletzt gewesen wäre. Wenn ich heute auf alles zurückblicke, muß ich Murrys Verhalten einzig seiner inneren Unsicherheit und seinem großen Bedürfnis nach Bestätigung zuschreiben. Mit seiner Entscheidung für Prinzessin Bibesco hatte er eindeutig die falsche Wahl getroffen.

[Den Briefen und Tagebuchnotizen Katherines ist zu entnehmen, daß Murry im Winter zweimal in Menton war. Das erste Mal vom 17. Dezember bis zum 11. Januar, das zweite Mal vom 19. Januar bis Anfang Februar.

KM wußte anscheinend, daß Murry sich in London mit jemandem traf (obwohl sie die Person in ihren Briefen nur mit »A« bezeichnete). Sie forderte ihn auf, sich unabhängig zu fühlen, ihr aber nichts mehr davon zu erzählen. Ihre Tagebuchnotiz vom 19. Dezember und wenige Eintragungen danach zeigen ihre Schwierigkeit, mit der schmerzlichen Wahrheit zurechtzukommen. Nach dem 22. Dezember schien sie diese Wahrheit offensichtlich zu akzeptieren. Der zweite Besuch von Murry erfolgte nach einem neuen Rückfall von KM. Ihre Briefe aus dieser Zeit sagen jedoch nichts darüber aus. Bei diesen Besuchen wurde entschieden, daß Murry von seinem Posten als Herausgeber von *Athenaeum* endgültig zurücktreten sollte. Anfang Februar ging er nach London, um alle Verbindungen mit der Zeitschrift, die inzwischen mit *The Nation* fusioniert hatte, aufzulösen. Seine wöchentlichen Beiträge setzte er noch fort. Mitte Februar kam er wieder zu KM nach Menton zurück.]

Zu Beginn des Jahres 1920 pendelte Murry zwischen London und Isola Bella hin und her. Einer seiner Besuche dauerte länger als üblich, woraus ich schloß, daß er sich mit Katherine versöhnt hatte. Marie übertraf sich in ihrer Dienstfertigkeit, spielte sich vor Murry gerne auf und genoß seine Anwesenheit.

Außer Katherines Zimmer gab es nur ein einziges Schlaf-

41. *Katherine auf der Terrasse der Isola Bella, 1920.*

42. *John M. Murry.*

zimmer. Ich aß und schlief bei einem italienisches Ehepaar, das in einem Bauernhaus auf der gegenüberliegenden Straßenseite wohnte. Das war für mich eine neue, interessante Erfahrung. Zum Abendessen gab es dort meistens wunderbare italienische Teigwaren. Bald kannte ich die

43. *Katherine, 1921.*

Namen all der verschiedenen Sorten. Die Frau stellte die Butter selbst her, indem sie mit einem dicken Stab in einem hohen Holzgefäß auf und ab stampfte. Das mochte zwar unhygienisch sein, war aber interessant zu beobachten.

Murry und Katherine verstanden sich gut, auch wenn Murry gelegentlich niedergeschlagen war. Seine Launenhaftigkeit belastete Katherine. Einmal schrieb sie in einem Brief an Violet Schiff: »Heute morgen ... ist Murry angekommen. Er tut mir unglaublich leid. Ein Gefühl, das mich übermannt. Bis heute morgen war mir nicht bewußt, wie groß seine Bedürfnisse waren.«

Katherine hatte das Ehepaar Schiff Ende April 1920 kennengelernt, als sie in der Villa Flora wohnten. Ihnen gehörte nicht weit von Menton eine Villa in Rocquebrune. Katherine fühlte sich von den Schiffs *verstanden*. Daß sie auch Murry viel Verständnis und Anerkennung entgegenbrachten, war ihr besonders wichtig. In ihren Briefen an das Paar äußerte sie sich freimütig über ihn: »Ich wette, daß Murry *der* Kritiker Englands ist. Ich gebe zu, er macht manchmal Fehler. Er ist unbesonnen, schießt ins Zeug, statt abzuwarten. Aber er hat das gewisse Etwas – eine Besonderheit in seinem Schreiben. Hurra für Murry! Murry, mit all deinen Fehlern, ich liebe dich immer noch – ich meine natürlich als Kritiker! Er ist der Mann der Zukunft, davon bin ich überzeugt. Er riskiert alles.« Und später: »Eure Menschenkenntnis, was Murry angeht, ist erstaunlich. Ihr habt wirklich ein Gespür für das Geheimnis eines anderen Menschen.«*

Die Schiffs, die selbst sehr vermögend und an Luxus gewöhnt waren, bekamen Katherines finanzielle Schwierigkeiten bald mit. Um Katherine zu helfen, stellten sie ihr

---

* KMs Briefe an Violet und Sidney Schiff von der Isola Bella im Jahr 1920 und im Januar 1921 sind veröffentlicht in *Adam International Review*, Nr. 300, Curven Press, 1965.

später bei einer Pariser Bank eine größere Summe zur Verfügung.

Katherine war mit diesen Freunden sehr glücklich. Sie besuchten sich gegenseitig und pflegten einen regelmäßigen Briefwechsel. Es spricht für sich, daß mich Katherine in ihren Briefen an die Schiffs »Jones« nannte, der Name, den wir sonst nur ganz privat füreinander brauchten. Obschon Katherine diese Zusammenkünfte liebte, fühlte sie sich für den Weg dorthin oft zu krank. Dann verbrachte sie die Tage im Bett, litt an heftigen Schmerzen, hohem Fieber und war so schwach, daß der Arzt konsultiert werden mußte.

Eine dieser Fahrten habe ich noch lebendig vor Augen. Wir kamen von einer kurzen, aber für Katherine sehr schmerzhaften Behandlung in der Klinik zurück und fuhren in einer offenen Pferdekutsche durch die Straßen, als es auf einmal zu regnen begann. Der Kutscher zog das Verdeck über uns zu und schützte uns mit einer wasserdichten Decke. Katherine, die sich erschöpft zurücklehnte, fuhr plötzlich auf, als wir in das Tor einbogen. Im hohen Gras am Straßenrand glänzten große Regentropfen. So etwas hatte sie schon lange nicht mehr gesehen, weil sie nicht mehr bei Regenwetter ausgegangen war. Trotz Schmerzen und Erschöpfung war ihre Freude grenzenlos.

In der Isola Bella sprachen Katherine und ich einmal über unsere Freundschaft. Wir wunderten uns darüber, daß sie sich nicht voller entfaltete. Damals standen wir vor einem Rätsel, aber nach so vielen Jahren sehe ich die Dinge heute klarer. Echte Augenblicke gemeinsamen Glücks erlebten wir nur – wie Katherine in einem Brief einmal schrieb – wenn wir ganz unter uns und nur für uns waren. Nur dann waren wir von friedlicher Ruhe erfüllt, nur dann war zwischen uns alles gut. Um aber die Knospe zum Blühen zu bringen, brauchte es die Wärme inneren Friedens. Dazu fehlte mir das Selbstvertrauen. Ich hatte immer das Bedürfnis, gebraucht zu werden und zu wissen, daß das, was ich tat, gut und richtig war. Ständig verlangte ich von

Katherine vermehrte Zuwendung und stärkere Gefühle. Andererseits gab es nichts, rein gar nichts, was ich nicht für sie getan hätte, um ihr Leben zu erleichtern und ihr das Gefühl von Freiheit und Sicherheit zu schenken.

Da Murry auch im März noch in der Villa Isola Bella blieb, fuhr ich nach London, um Portland Villas, wo sich inzwischen das Dienstmädchen Violet um alles gekümmert hatte, endgültig zu schließen und die Möbel zusammenzupacken, zu ordnen oder zu verkaufen. Eine traurige Angelegenheit. Murry wollte sich allein dort nicht mehr aufhalten, Katherine ihrerseits durfte nicht mehr in England leben. Davon abgesehen war das Haus zu teuer. Kam noch hinzu, daß Katherines geliebte Katze – Wingly – verschwunden war und ich sie suchen mußte.

Die Briefe, die ich in Hampstead von Katherine erhielt, warfen ein neues Licht auf diese Frau, die im mutigen Kampf gegen ihre Krankheit die Schönheiten ihrer Umgebung nie aus den Augen verlor. Sie kämpfte sich durch alle Widerwärtigkeiten und Hindernisse zu einem neuen Lebensbewußtsein und zu einer Abgeklärtheit besonderer Art.

Dienstag

Dies ist nur ein kleines Zeichen, um Dich wissen zu lassen, daß *tout va bien à la maison*. Es ist später Nachmittag. Ein herrlicher Tag. Der ausgiebige Regen gestern abend hat dem Garten gut getan, Jacks Hosen hat er allerdings in tropfende Wasserrohre verwandelt. Als ich heute hinausging, roch die Luft nach Moos. Bienen flogen von Blume zu Blume. Die Blätter der Pfirsichbäume sahen wie die Flügel eines Hänflings aus, und die Zweige des Feigenbaums waren grüngesprenkelt. Der Weißdorn blüht noch nicht. Ich richtete die Stengel der Osterglocken auf und band die Fresien fest. Zum Glück hat der Wolkenbruch keinen größeren Schaden angerichtet. Der Rosenstrauch über Gartentor und Gaszähler ist von tausend winzigfeinen Knospen übersät.

Das wäre ein allerliebster, kleiner Garten, wenn man sich aus dem Schneckenhaus befreien und ihn in aller Freiheit betrachten könnte. Aber was nützt das Betrachten einem Menschen, der nicht frei ist? Wo man sich nicht mit ganzem Herzen hingibt, erlebt man nichts. Eine lose Gefühlsspielerei anstelle einer lebendigen Beziehung – für mich eine tote Sache. Ja, so ist das. Meine Drüse ist aus unerfindlichen Gründen wieder geschwollen. Ich fühle das Blut kreisen und hämmern. Mein Kopf ist entsprechend dumpf. Eine scheußliche Sache.

Ich hoffe, Du hast eine gute Reise gehabt. Telegraphiere bitte sofort, wenn Du Geld brauchst. Ich schicke es Dir so rasch wie möglich. Ich meine es wirklich ernst. Frag bitte nicht erst andere Leute. Es ist mir völlig gleichgültig geworden, ob ich mein Konto überziehe oder nicht. Du mußt Dich in London richtig ernähren, wie es sich gehört – iß bitte nahrhafte Sachen, nicht nur Scones und Kaffee. Und fahr mit dem Taxi. Kaufe keine Konserven und iß nichts aus der Tüte. Violet soll Dir Porridge, Eier und Speck zum Frühstück zubereiten. Dieses Klima ist teuflisch. Trage einen dicken Schal, wenn Du ausgehst, und wechsle Schuhe und Strümpfe, wenn Du zurückkehrst. Zünde das Kaminfeuer an. Lade Leute ein, wenn Du Lust hast, und sieh zu, daß Violet für sie kocht. Ich fürchte, Du wirst nie vernünftig werden und dich um trockene Schuhe, warme Füße und richtiges Essen kümmern. Ich traue Dir nicht.

Ich wollte, ich wäre jetzt bei Dir in Hampstead in diesem Haus – vom Wind auf die oberste Treppenstufe geweht – und dürfte sitzenbleiben und verweilen und aus dem Fenster schauen, um zu sehen, ob der Zitronenstrauch noch lebt. Wie schön, wie wunderbar hätte dieses kleine Haus sein können. Aber es ist nie zu richtigem Leben erwacht. Der Blick auf die Wiesen – jetzt alle kahl – und das Zimmer, das mir gehörte – so schön – sein Licht war immer so zart – wie in einer Muschel.

Schreib mir doch bitte, was alles so läuft. Nimm's nicht zu schwer. Habe keine Hemmungen, mir wegen Geld zu telegraphieren. Arbeite nicht zuviel.

Versuche, glücklich zu sein. Paß auf Dich auf.

Katherine

(Vertraulich)

Sonntag

Ich muß Dir unbedingt etwas mitteilen, sonst springe ich entweder aus dem Bett oder aus dem Fenster. Ich habe gestern nach der Untersuchung den Chirurgen sofort bezahlt. Alles war somit in Ordnung. Ich hatte ja damit gerechnet (nur 100). Als ich Jack erzählte, ich hätte den Chirurgen bezahlt, sagte er: »Und ich den Kutscher. Ich habe mit ihm im voraus einen Preis von 20 Francs vereinbart.« Und jetzt hat er, nachdem er die Wochenabrechnung zusammengestellt hatte, von mir die 11 Francs für die Fahrt verlangt – das heißt die Hälfte plus 2 Francs Trinkgeld! Es ist schrecklich von mir, das auszuplaudern. Aber ich kann es nicht fassen, daß ein Mann für seine Ehefrau nicht einmal die Fahrkosten zum Arzt bezahlt! Ist das nicht ein Skandal? Oder erwarte ich zuviel? Ich bin zutiefst erschüttert. Ich glaube, das ist das Kleinlichste, was ich je erlebt habe. Es geht dabei ja weniger um die Sache an sich als ums Feingefühl. Wenn man in Ohnmacht fiele, würde er vermutlich 3 Pence für ein 6 Pence-Glas Sal Volatile und 1 Pence für das Glas verlangen. Er übertrifft sogar noch meinen Vater.

Sonst geht alles gut. Mein Kopf schmerzt, aber weniger als erwartet. Cousine Lou* war heute hier. Sie ist unendlich lieb und zärtlich und überschüttet mich mit ihrer Güte auf fast altmodische, familiäre Art.

Der alte Halunke** ist und bleibt ein wahrer Schatz.

---

* Connie Beauchamps Schwester.

** Marie, das Hausmädchen in der Isola Bella, die sich inzwischen zu einer Perle entwickelt hatte.

Hängt meine Kleider auf, versorgt meine Hüte – bringt ohne zu murren das Essen für Zwei aufs Zimmer. Ich bin mit Koteliansky einverstanden, wenn er sagt: » Schlagt sie nur – aber nicht tot!« Ich hoffe, morgen von Dir zu hören. Überstürze nichts. Laß es Dir gut gehen und sei glücklich.
ALLES IST GUT
Katherine

Menton, 10. März 1921, Freitag (später)

Heute habe ich nichts von Dir gehört. Ich habe wieder Deinen Brief für Broomies vergessen.*

Bouchage kam heute und klopfte wieder meine Wirbelsäule ab. Ohne Erfolg. Ich muß leider sagen, daß das, was er tat, weder sehr befriedigend noch hilfreich war. Er hat im Augenblick ein wenig die Geduld mit seiner Patientin verloren und ist, glaube ich, am Ende seines bescheidenen Lateins. Er sagte aber ganz entschieden, daß ich auf keinen Fall länger als bis Mai hier bleiben dürfe. Das bedeutet, daß wir für mindestens vier Monate einen anderen Ort finden müssen. Ich möchte es dieses Mal gerne mit der Schweiz versuchen. Sie ist zwar gerade nicht besonders in Mode, hat aber gute Ärzte. Ich habe das Gefühl, daß die Schweiz wirklich am besten wäre. Würdest Du hinfahren und für mich Ausschau halten? Ich meine – wenn Du zurückkommst. Könntest Du so schnell wie möglich hinfahren und ein kleines Chalet suchen? Ich werde Marie Dahlerup schreiben und sie bitten, mir eine Liste mit Ortschaften in der Nähe von Genf zu schicken. Und vielleicht gibt es eine Stelle – sicher gibt es in London eine Stelle – wo man Dir Auskunft gibt. Versuche, eine ausfindig zu machen. Das Schweizer Konsulat hilft Dir sicher auf die Spur, oder? Wir

---

* Ein Landhaus in Chailey Common, Sussex, das Murry im März 1920 gekauft hatte, ohne es je zu bewohnen.

dürfen keine Zeit verlieren. März ist vorbei. Es hat keinen Sinn, abzuwarten. Heimlich hatte ich gehofft, noch bis Ende Juli hier bleiben zu können, aber das ist unmöglich. Ich werde bis Ende September nicht mehr hierher zurückkommen. Ich glaube, irgendwo das Inserat eines Schweizer Auskunftbüros gesehen zu haben, bin aber nicht mehr sicher.

Wie wär's, wenn Du jetzt gleich von da, wo Du bist, in die Schweiz – aber nein, Du hast ja eine Rückfahrkarte gelöst. Davon abgesehen kann man so etwas Wichtiges nicht aus der Ferne diskutieren. Das ist alles, glaube ich. Es tut mir so leid, daß Dein kleiner Neffe an Malaria erkrankt ist. Wie schlimm und ungerecht für ein Kind, dieses Fieber zu haben.

Das Wetter hat sich in der vergangenen Woche sehr verändert. Endlich ist, wie man so sagt, der Frühling eingezogen. Die Luft ist ganz anders. In der Nacht hört man nicht mehr einzelne Mücken, sondern noch ein regelmäßiges Summen. Ich möchte mich auch verändern. Vielleicht erfüllt die Schweiz meinen Wunsch. Obwohl Bouchage das Gegenteil behauptet, habe ich von diesem Ort hier dauernd den Verdacht, daß er schlecht für mich ist. Er ist zwar schön und mir sehr lieb geworden, aber letztlich schuld an diesen Drüsen. Leider muß ich in der Mehrzahl von ihnen sprechen, denn man hat eine neue an der rechten Lungenspitze entdeckt, die auf die Luftröhre drückt. Ich glaube, daß das alles diesem sanften Klima zuzuschreiben ist, das für mich keine Hilfe bedeutet. Alles sieht danach aus, als müßte man sich sein eigenes Klima schaffen. Hilf mir, daß ich bald in die Schweiz fahren kann – ja? Dort werden wir uns immer so verhalten, als wäre J. nur zu Besuch. Nicht jemand, den man um Rat fragt, oder einer, von dem man etwas erwartet oder auf den man zählen kann. Wenn er kommt – dann soll er eben kommen und Schluß.
Lebe wohl.
Katherine

Ich will versuchen, auf Deine beiden Briefe zu antworten. Ich wünschte, Du hättest mich nicht auf diese paar dummen, kleinen Punkte hingewiesen. Es ist wirklich idiotisch, mich zu fragen, ob ich den Rat des Angestellten von Shoolbred's wegen des Saubermachens brauche. Natürlich brauche ich ihn! Warum sollte ich nicht? Bin ich denn eine Idiotin? Er ist absolut in Ordnung. Mach weiter.

Wenn Du von »weglegen« sprichst, meinst Du dann »vernichten«? Ist das die feine, raffinierte Art, über die »*morts des objets chéris*« zu sprechen? Nein? Darf ich sie wegwerfen? Was meinst Du denn damit? Du würdest Dich ja kaum so dumm anstellen, meinen alten Tintenlöscher zu vernichten, falls er es noch wert wäre, aufbewahrt zu werden. Und vom Samtvorhang sagst Du, daß er nur ein einziges, kleines Loch aufweist – er sei zum Wegwerfen zu schade. Verstehst Du unter »aufbewahren« vielleicht »lagern«? Ich habe Dich ja gebeten, mir mein chinesisches Kleid mitzubringen, die anderen Sachen brauche ich nun wirklich nicht mehr. Und was den Rest dieser schäbigen Samtdecke betrifft – mir wird übel bei dem Gedanken, sie aufzubewahren. Das ist alles Unsinn. Wegen der Sachen von Jack habe ich Dir telegraphiert. Es bringt nichts, zu sagen, falls Du bis Donnerstag nichts mehr hörst, sei alles so und so zu machen. Heute ist ja schon Donnerstag, und Dein Brief ist eben erst angekommen.

Hier ist schönes Wetter. Alles läuft wie eh und je. Im Haus ist alles beim alten, die Dienstboten sind dieselben. Überstürze Deine Rückreise bitte nicht, das ist mein einziger Wunsch. Auch meine Gesundheit ist – wie eh und je.

Katherine

Bitte – schreibe mir nach diesem Brief nicht mehr.

Sonntag

L.I.
Dein Telegramm wegen Wingly kam erst spät gestern nacht.* Es war sehr spannend zu lesen. Ich möchte wirklich gerne erfahren, wie Wingly wiedergefunden wurde und wie es war, als sich die beiden Katzen wiedersahen. Ich beneide Dich darum. Ich hoffe, daß Du das genau beobachtet hast und mir davon erzählst. Dein Fund ist ein wahrer Triumph! Aber jetzt die Frage – was tun wir mit ihnen? Wenn uns nicht die Reise in die Schweiz bevorstünde, wäre das kein Problem. Aber wenn ich an die vielen Bahnfahrten denke, an die Ankünfte in den Hotels – was dann? Wäre das für die Tiere nicht eine Quälerei? Sie brauchen doch in erster Linie ein festes Zuhause, wo sie keinem Hin und Her ausgesetzt sind. Aber gerade das werde ich nicht haben. Und der Gedanke, sie einzuschläfern, ist entsetzlich! ... Stell Dir vor, wir beide würden während unseres Aufenthalts in der Schweiz von einem anderen Ort hören, ihn ausprobieren oder uns auf einmal für eine Seereise entscheiden, oder ... so vieles ist möglich. Bei Jack können wir die Katzen auf keinen Fall lassen, aber genauso wenig können wir sie an einen Ort mitnehmen, wo sie unerwünscht sind. Das wäre grausam. Ich sehe leider keinen Ausweg mehr. Wenn Richard älter wäre, würde ich ihn fragen, ob er sich vielleicht um sie kümmern würde. Aber lassen wir lieber alles so, wie es ist. Solltest Du Dir aber darüber doch noch Gedanken machen und zum Schluß kommen, daß die Katzen unglücklich sind oder Dir zur Last fallen würden – laß sie einschläfern.

---

* »Ich hatte alle Straßen nach Wingly abgesucht und fand die Katze dann nur wenige Straßen entfernt auf einer hohen Mauer, mitten in einer Horde von Feinden oder Freunden, ziemlich mitgenommen und abgekämpft. Ich brachte das liebe Tier zusammen mit Athenaeum zu einem Tierarzt, wo beide ein paar Wochen bleiben mußten.« LM

Elizabeth Bibesco hat wieder ein Lebenszeichen von sich gegeben. In einem Brief, der gestern kam, fleht sie ihn an, Katherine zu widerstehen. »Du hast ihr bisher auf so edelmütige Weise widerstanden. Wie kannst Du ihr plötzlich wieder nachgeben?« Und »Du hast geschworen, daß nichts auf der Welt uns trennen kann«. Aus dem Brief geht deutlich hervor, daß sie sehr gut zusammenpassen, und ich hoffe, daß er die Beziehung weiter pflegt. Er will ja. »Wie kann ich ohne Deinen literarischen Rat leben?« fragt sie ihn. Eine sehr faszinierende Frage. Ich werde dem dummen, kleinen Ding schreiben und ihr klarmachen, daß ich keine Lust habe, zwischen ihnen zu stehen. Ich werde sie aber bitten, nicht mit Murry zu schlafen, solange er bei mir lebt, weil ich das unwürdig finde. Er wird mit diesen Liebesaffären nie aufhören, und ich sehe keinen Grund, warum er das sollte. Ich wünschte, er hätte nur ein einziges, wirklich ernsthaftes Verhältnis zu einer anderen Frau – und würde mich verlassen. Ich sehne mich jeden Tag mehr danach, allein zu sein.

Mein Leben geht im selben Trott weiter. Ich stehe um elf Uhr auf. Bleibe bis gegen zwei Uhr unten. Komme wieder herauf und liege bis gegen fünf auf dem Bett, um dann wieder hinunterzugehen. Es geht mir unendlich viel schlechter als damals, als ich England verlassen mußte. Kein Vergleich. Ich wünschte, ich könnte Sorapure aufsuchen. Es ist alles so ärgerlich. Ich »nehme zur Kenntnis«, was Du über Deinen Brief vom Donnerstag schreibst, und werfe ihn weg.

Es fällt mir heute leicht, mit Dir zu reden. Meine Gesundheit bringt mich zwar nicht zur Verzweiflung, aber ich sollte alles versuchen, daß sie bald besser wird, sehr bald. Jack findet sich damit ab und »akzeptiert« meinen Zustand. Es paßt ihm sogar, mich so hilflos und geschwächt zu sehen. Aber zu wissen, daß er *nie* versucht, mir zu helfen, ist tödlich. Ich bin nicht als Invalide geboren. Ich will, daß es mir besser geht – ich sehne mich danach – verstehst Du? Jeder Tag eines solchen Lebens könnte der letzte sein, das spüre ich – aber das spüre ich schon seit Jahren. Ida – laß es uns zusammen versuchen. Willst Du? Bouchage hat versagt. Hilf mir und rette mich!

Später
Ich habe mich entschlossen, diese Villa hier endgültig aufzugeben und es mit der Schweiz zu versuchen. Ich will mich bemühen, diesen Mann namens Spahlinger aufzusuchen, um herauszufinden, ob seine Behandlung für mich die richtige ist. Jack fährt in der ersten Maiwoche nach England. Wir haben miteinander vereinbart, daß er nicht mehr ins Ausland gehen soll, zumindest nicht bis zum Winter, und daß er den Sommer in England auf dem Land verbringt. Es ist *unmöglich*, ihn in der Schweiz zu haben, während ich mich dort »umschaue« und Entscheidungen treffe. Ich kann mir das leider nur allzugut vorstellen. Zum Glück ist er mit meinem Vorschlag einverstanden. So werden wir unsere französischen Zelte abbrechen und gemeinsam auswandern. Ich wäre froh, wenn Du Spahlingers Wohnort ausfindig machen könntest oder zumindest jemanden, der seine Methode anwendet. Wie Du das machen sollst? Ich weiß es nicht... Ich muß jetzt alles daran setzen, Geld dafür aufzutreiben. Es muß sein, so oder so. Machs gut – paß auf Dich auf. Ich hoffe, dem kleinen Jungen geht es besser.
Deine Katherine.

Liebe Ida,
Ich habe Dir lange nicht mehr geschrieben, weil ich nicht gewußt habe, wie schnell Du London verlassen würdest. Deine Briefe sind alle angekommen.
Kommst Du morgen um 10.30 Uhr hier an? Dann habe ich Zeit und kann mich mit Dir im Salon ungestört unterhalten. Du weißt ja, daß es hier am frühen Morgen ziemlich unruhig ist. Auf Deine Neuigkeiten bin ich sehr gespannt.

215

Während Deiner vierwöchigen Abwesenheit habe ich entdeckt, daß ich längst nicht so sehr auf Hilfe angewiesen bin, wie ich immer geglaubt habe. Kannst Du, soweit es Dir möglich ist, unsere Freundschaft der vergangenen vier Jahre vergessen und versuchen, mich nicht mehr als die Freundin zu sehen, die Hilfe braucht, – sondern nur als Freundin?

Ich meine das in jeder Beziehung.

Ich hoffe, daß Du nach Deiner Reise nicht zu müde sein wirst.

Deine Katherine.

Im April 1921 fuhr ich in die Isola Bella zurück. Katherine hatte gehofft, in der Villa bleiben zu können, aber Cousine Connie und Miß Fullerton wollten das Haus einer anderen Freundin zur Verfügung stellen. Wahrscheinlich waren sie enttäuscht, daß Katherine sich von ihnen nicht hatte zum Katholizismus bekehren lassen. Katherine hatte sich in Gedanken bereits mit ihrem bevorstehenden Aufenthalt in der Schweiz und einer neuen Behandlung beschäftigt, die sie in ihren Briefen erwähnt. Der Ort sollte hoch liegen, wegen der gesunden Alpenluft. Die Isola Bella lag zu tief, so daß Katherines Lungen im Sommer gereizt waren. Davor hatte Dr. Bouchage von Anfang an gewarnt.

Im Mai verließen wir die schöne Villa Isola Bella. Murry fuhr nach England, wo er in Oxford ein paar Vorlesungen über Stilprobleme hielt, und Katherine und ich reisten zusammen nach Baugy bei Montreux.

14 »Freundschaft ist für mich in jeder Beziehung so heilig und ewig wie eine Ehe.«

BAUGY – SIERRE – MONTANA 1921 – 1922

Das Reisen war für Katherine beschwerlich geworden, weil Züge für die Bedürfnisse einer kranken Frau nur notdürftig eingerichtet waren. Ich mußte alle Vorbereitungen bis in die kleinsten Einzelheiten treffen: die Plätze reservieren, Fahrkarten und Visa besorgen, die Koffer packen und dabei nichts vergessen, was Katherine die Reise erleichtern konnte. Schließlich mußte auch noch der Picknickkorb aufgefüllt werden. Ein kleiner Wecker, der Katherine überallhin begleitete, war ebenfalls ein wichtiger Gegenstand, der mitgenommen werden mußte. Er wurde immer am Rand des kleinen Klapptischs unterhalb des Wagenfensters aufgestellt. Katherine legte großen Wert darauf, denn während wir noch in Menton waren, verlor ich die goldene Uhr, die ich von meinen Freundinnen in der Fabrik geschenkt bekommen hatte. Ich glaube nicht, daß Katherine je eine Armbanduhr besessen hat. Schließlich waren wir so weit und hatten alles, was wir brauchten. Wir brachen früh auf, weil der Weg über den langen Bahnsteig mühsam war und Katherine jedes Gehetze vermeiden mußte.

Baugy erwies sich als höchst unbefriedigend. Das Hotel war nicht sehr komfortabel und lag hoch oben auf einem steil abfallenden Hang. Außerdem war Katherine von der Behandlung Spahlingers enttäuscht, zumal sie ihn kaum sah.

Wir lernten aber Miß Franklin kennen, eine entzückende, herzensgute Frau, die in Indien in einem Missionsspital arbeitete und in Baugy ihre Ferien verbrachte. Sie schlug vor, daß ich mit ihr zurückfahren und dem Spital als Haus-

217

mutter vorstehen sollte. Das wäre für mich mit meinen Erinnerungen an Indien und meiner Liebe zu diesem Volk sicher eine wunderbare Aufgabe gewesen. Es war schwierig,
ihr klar zu machen, daß ich Katherine, die Miß Franklin
ebenfalls mochte und ihre feine Art sehr schätzte, unmöglich verlassen konnte.

Nach Baugy versuchten wir es mit Clarens, einem etwas
tiefer, näher am Genfersee gelegenen Ort. Während wir
uns dort umschauten und nicht wußten, was für uns am
ehesten in Frage käme, war ein großartiges Blumenfest im
Gange, eine Feier zu Ehren der Narzissen, die wild auf den
Abhängen der Berge wuchsen – ganze Felder mit stark duftenden, kleinen Blüten, die an Fasanenaugen erinnerten.
Die Leute kamen aus der ganzen Umgebung mit Blumen
herbei, und die Straßen waren davon übersät. Für Katherine war es zu anstrengend, sich in die Menge zu wagen, so
daß ich ihr einen Strauß Narzissen hinaufbrachte. Über die
Bedeutung dieses Fests habe ich nie etwas erfahren. Wenn
Katherine krank oder unglücklich war, konnte ich mir ohnehin nichts merken, was sich außerhalb unseres Lebens-
kreises abspielte.

Katherine hatte von Montana, einem kleinen, oberhalb
des Rhonetals gelegenen Dorf, und seinem heilenden Klima gehört und sich entschlossen, es dort zu versuchen.
Nachdem ich den Ort zunächst ausgekundschaftet und im
Dorf Sierre unterhalb von Montana ein Zimmer gemietet
hatte, machten wir uns auf den Weg durch das breite Rho-
netal. Ich glaube, daß Katherine auf dieser Reise wieder
Mut schöpfte. Sie genoß das Tal mit seiner endlosen Reihe
kugelförmiger, mit kleinen Burgen bebauter Hügel, genoß
die weite Landschaft, die sich von jener im Süden so sehr
unterschied, und freute sich über die kleinen, silbernen
Wasserfälle, die fast senkrecht von den schneebedeckten
Bergen herunterstürzten.

In Sierre warteten wir auf Dr. Hudson, den englischen
Arzt aus Montana. In einem ruhigen, im Schatten gelege-

nen Hotel, dem ehemaligen Schloß Bellevue, das ohne wesentliche Veränderungen in ein Hotel umgebaut worden war, fand ich geeignete Zimmer für uns. Der Eingang befand sich in einem geräumigen Innenhof, in dem früher die Kutschen vorgefahren waren. Katherine wählte ein Zimmer im Erdgeschoß mit Blick auf einen schattigen Garten. Später entdeckten wir am Ende des Flurs ein wunderschönes, kreisförmiges Zimmer, das an frühere Zeiten erinnerte und noch gut erhalten war. Seine Wände waren kunstvoll bemalt, die Fenster in tiefen Mauernischen. Wir bewunderten die Wandteppiche, das geschnitzte Himmelbett und den frisch gebohnerten Fußboden. Katherine hätte dieses Zimmer gerne für sich gehabt, aber es war leider viel zu teuer.

Wir hatten bereits einen Tag in Sierre verbracht, als Dr. Hudson zu uns kam und Montana und seine gesunde Luft in höchsten Tönen pries. Eine kleine Seilbahn führte zu dem Bergdorf, das über der Schneegrenze lag.

Dr. Hudson schlug Katherine die große Klinik »Palace« vor, die tatsächlich ein Hotel für Kranke war. Als ich sie dort aber am anderen Morgen besuchte, wußte ich gleich, daß dies nur eine vorübergehende Lösung sein konnte. Zum Glück besaß die Mutter von Dr. Hudson in Montana ein unbewohntes Chalet, so daß eine Vereinbarung getroffen werden konnte, die allen zusagte: Das Chalet des Sapins sollte bis zum Anfang des folgenden Jahres unser Zuhause sein.

44. *Das Chalet des Sapins in Montana.*

Das Haus stand inmitten von Kiefern hoch über dem Tal. Dahinter erhoben sich Berge, Gletscher und die hohen Schneegipfel der Schweiz. Gelegentliche Ausflüge in der Kutsche führten Katherine durch Kiefernwälder, dann an einem See entlang bis in die offene Bergwelt hinaus, von wo aus man einen Blick ins tiefe Tal hatte und zu den schneebedeckten Gipfeln hinübersah.

Katherines Schlafzimmer befand sich oben im Haus und führte auf einen großen, viereckigen Balkon hinaus, auf

219

den die Vögel aus den umliegenden Wäldern geflogen kamen, um die Kokosnußstücke aufzupicken, die wir ihnen
hinstreuten. Die Treppen im Haus machten Katherine oft
zur Gefangenen, wenn sie zu schwach war, um hinauf –
oder hinunterzugehen.

Das Wohn-Eßzimmer befand sich im ersten Stock, was
für sie noch zumutbar war. Aber das Badezimmer lag neben
der Küche im Erdgeschoß. Das bedeutete für sie zwei Treppen – eine klare Überforderung. Deshalb trug ich von Zeit
zu Zeit einen runden Blechzuber und riesige Badetücher in
ihr Zimmer hinauf, übergoß Katherine mit warmem Wasser und rieb sie trocken, wie es zwanzig Jahre zuvor ihre
Großmutter getan haben mußte.

Wir fühlten uns glücklich in diesem freundlichen Haus,
das Katherine in ein richtiges Heim verwandelte. Sie wurde
kräftiger, fand ihre innere Ruhe wieder und hoffte, der Hö-
henunterschied würde ihrem Herzen nicht schaden. Ruhe
und gute Luft stärkten sie, bis sie sogar in der Lage war,
kleine Spaziergänge zu unternehmen.

Wenn sie nicht arbeitete, kam sie zu mir herunter und
interessierte sich für meine Arbeiten im Haus.

Sie liebte das frische Gemüse, das ich aus den Läden mit
nach Hause brachte. Den Keller benutzten wir als riesigen
Kühlschrank und bewahrten darin einen Haufen großer
Kohlköpfe für den Winter auf.

Manchmal besuchte uns Elizabeth, Katherines Cousine,
die in Randogne, etwas unterhalb von Montana, wohnte.
Wenn sie durch den Schnee zu uns gestapft kam, trug sie
immer kleine, schwarze Gamaschen.

Im Juni beendete Murry seine Vorlesungen in Oxford.
Weil er *Athenaeum* aufgegeben hatte und in England über
keine feste Wohnung mehr verfügte, entschloß er sich, zu
Katherine in die Schweiz zu kommen. Er blieb den ganzen
Sommer und Winter über bei uns in Montana bis Januar.

Nach seiner Ankunft stellte Katherine ein Dienstmädchen ein. Ernestine stammte aus einer vornehmen Schwei-

zer Familie und trug zu gelegentlichen Festen immer die reich bestickte, traditionelle Familientracht. Sie sah wunderschön darin aus. Sie bediente uns tadellos, auch wenn ihre Kochkünste unberechenbar waren. Eines Tages trug Katherine ihr auf, ein Huhn zu braten, ohne es in Stücke zu zerlegen. Aber die englische Sprache war für Ernestine ein solches Rätsel, daß sie nicht genau wußte, was gewünscht wurde und deshalb das ganze Huhn mit allen Innereien, mit allem Drum und Dran, zubereitete.

Als sie sich eingelebt hatte, entschloß ich mich, eine Arbeit bei einer jungen Französin in einer Klinik am Ende des Dorfs anzunehmen. Das war gut so, denn es hatte sich inzwischen herausgestellt, daß das Zusammenleben dreier Personen in einem so kleinen Haus Probleme schaffte. Ich griff daher rasch zu, als wir hörten, daß in einem Chalet im Dorf ein Zimmer frei sei. Bevor ich aber dort einzog, fuhr ich noch nach London. Es war zwar erst August, aber Katherine brauchte für den Winter wärmere Kleider, und Wingly mußte beim Tierarzt abgeholt werden.

Ich blieb ungefähr eine Woche in London und kam mit Wingly zurück. Die Katze machte die ganze Reise mit Halsband und Leine mit, wie ein Hund. Sie war eine schöne, vornehme, schwarzweiß gefleckte Katze. Wenn der Zug anhielt – und das tat er oft – spazierte ich mit ihr zum großen Erstaunen der Leute auf dem Bahnsteig auf und ab. Es gelang mir aber nicht, Wingly einzureden, daß die geteerten Bahnsteige aus Erde bestünden, in der das liebe Tier mit den Pfoten scharren konnte. Ich begann schon langsam zu verzweifeln, bis wir auf einem langen Bahnsteig tatsächlich einen Grasstreifen entdeckten – der alles wieder gutmachte.

Schließlich kamen wir wohlbehalten in Montana an. Wingly zog ein wie ein König, der von seinen Untertanen gnädig ein geschenktes Landhaus in Empfang nimmt.

Als der erste Schnee zu fallen begann, saß Wingly gebannt vor dem Fenster in Katherines Zimmer und bewegte den Kopf wie ein nickender Mandarin auf und ab, während er diese seltsamen, weißen Dinger fallen und fallen sah, ohne daß sie je wieder zum Himmel aufgestiegen wären. Es wurde eisig kalt. Wingly fand bald heraus, daß der schwere Vorhang über dem Badezimmerfenster beweglich war und er dahinter ins Freie verschwinden konnte. Wenn er zurückkam, war der Schnee auf seinem Fell zu klirrenden Eiszäpfchen gefroren. Jeden Abend um zehn Uhr setzte er sich hin und leckte sein Fell sauber, bis es glänzte. Danach kamen die Ohren und die weichen, weißen Pfoten an die Reihe. Katherine sagte, gleich werde er sich noch seinen Zylinderhut holen, das Knopfloch zuknöpfen und sich einen nächtlichen Bummel erlauben. Die lange Prozedur sah genau danach aus.

Nach meiner Rückkehr aus London fand ich Katherine und Murry friedlich vereint vor, beide intensiv schreibend oder in Gespräche über ihre Arbeit vertieft. Sie führten wochenlange Diskussionen über Proust und Keats. Murry verfaßte erfolgreiche Essays über beide Schriftsteller, alle von Katherine beeinflußt, die wohl selbst einmal eine Arbeit über Keats geplant hatte. Katherine ging es hier gesundheitlich wesentlich besser. Sie schien mit Murry glücklich zu sein. Die gute Luft und die Ruhe wirkten Wunder.

Dann begann ich mit meiner Arbeit in der Klinik der Französin. Nachdem ich mich mit den französischen Heilmethoden und Hygienevorschriften vertraut gemacht hatte, war die Pflege nicht schwierig; sie war zeitweise sogar interessant. Ich lernte die Patienten sogar zu schröpfen, eine altmodische Methode, die Lungen mit Hilfe der Saugwirkung heißer Luft zu heilen. Der Arzt hatte sie angeordnet. Als ich ihm meine Unerfahrenheit gestand, erklärte er mir: «Das ist ganz einfach! Verbrennen Sie alkoholgetränkte Watte in einem kleinen Schröpfglas – das erzeugt ein Vakuum – dann setzen Sie dieses Glas auf den Rücken des Patienten.» Das tat ich – worauf der Patient vor Schmerzen schrie. Der Arzt hatte vergessen, mich zu warnen, daß sich der Glasrand besonders schnell erhitzte. Zum Glück wurde mir verziehen, und ich begann, das Schröpfen von Grund auf zu lernen.

Ich erlebte manche Abenteuer, einige in der Klinik, andere auf dem Weg zum Chalet des Sapins, wo ich meine Abende verbrachte, bevor ich in mein Zimmer im Dorf zurückkehrte. Da es in diesem Zimmer leider keine Heizung gab, legte ich immer eine große Wärmflasche aus Metall auf die elektrische Platte im Chalet und machte mich dann damit auf den Heimweg. Eines Nachts – ich muß wohl noch bis spät geschwatzt haben – füllte ich die Flasche wieder mit Wasser und stellte sie auf die Platte. Dann dachte ich nicht mehr daran, bis sie mir auf halbem Weg wieder in den Sinn kam. Da wagte ich aber nicht mehr umzukehren, weil im Chalet inzwischen schon alle zu Bett gegangen waren. Ich dachte an die vergeudete Elektrizität, aber auch daran, daß ich jetzt zur Strafe in dieser Nacht frieren mußte.

Ungefähr gegen zwei Uhr morgens ereignete sich im Chälet eine schreckliche Explosion. Murry rannte hinunter und fand die Wärmflasche durchgebrannt und in Stücke zersprungen vor. Das Küchenregal war heruntergefallen, viele Dinge in der Küche zerbrochen und der Elektroherd kaputt. Am folgenden Abend erzählten sie mir alles, aber – o Wunder! – ohne ein vorwurfsvolles Wort darüber zu verlieren.

Als ich in der Klinik arbeitete, schickte mir Katherine folgenden Brief:

Montana, 7. September 1921

Meine liebe I,
es ist unmöglich, alles zu sagen, was ich möchte. Ich muß es aufschreiben. Hast Du wirklich Lust auf diese »Arbeit«? Sei ehrlich! Dinge für mich zu tun, als wäre ich ein Mann.

Darum geht es ja. Ich bin bei einem neuen Agenten*. Er hat mir Arbeit verschafft, die mich mindestens bis Weihnachten beschäftigen wird. Dann hat *Daily News* angefragt, ob ich ein paar Sonderartikel schreiben würde, ebenso der *Daily Chronicle*. Das sind alles *zusätzliche* Dinge, denen ich mich nicht widmen kann, wenn ich mich daneben um das Haus, die Kleider und alles andere kümmern muß. Das ist unmöglich. Gleichzeitig darf ich mir bei dieser Arbeit keine Verzögerung erlauben. Pro Monat kann ich Dir zwischen 10 und 12 Pfund bezahlen. Obwohl die Bezahlung wichtig ist – das Allerwichtigste ist sie nicht. Kann ich mich auf Dich verlassen? Darf ich Dich bitten, einfach das Nötige zu tun – das, was *ich* eigentlich tun müßte, wenn ich keinen Beruf hätte? Mit einem Wort: Darf ich darauf hoffen, daß Du Dinge wie Bezahlung, *Sklaverei* und falschen Stolz einmal ganz vergißt und daß Du mir nahebleibst? Daß Du diese Situation annimmst und als Ausdruck unserer Freundschaft betrachtest? Darf ich Dich dazu verpflichten? Bist Du damit zufrieden? Kannst Du »Ja« dazu sagen?

Freundschaft ist für mich in jeder Beziehung so heilig und ewig wie eine Ehe. Ich möchte von Dir wissen, ob Du ebenso denkst.

Immer Deine
KM

Was meine Krankheit und alles andere anbelangt, könnte ich Dir alles erklären, es dauert aber zu lange. Versuche mich bitte zu verstehen.

Ich stimmte zu. Katherine hätte mich gar nicht erst zu fragen brauchen. Mit ihrer Krankheit und der Arbeit, die sie zu bewältigen hatte, konnte sie leider nicht immer auf

---

* Pinker, mit dem KM im Winter 1920 zusammenzuarbeiten begann. Bis dahin hatte Murry ihre Erzählungen betreut.

Murry zählen und brauchte deshalb das Gefühl, sich auf mich verlassen zu können.

Die Schwierigkeit war nur, daß ich Unabhängigkeit und Selbständigkeit immer dann lernen mußte, wenn Katherine und Murry miteinander glücklich waren. Das war sehr schmerzlich für mich. Als zwischen den beiden für längere Zeit alles gut war, konnte ich Ende September für ein paar Wochen nach London fahren, um dort meine Schwester zu besuchen, die zur Geburt ihres zweiten Kindes zurückgekommen war. Im folgenden Brief, den ich von Katherine in London erhielt, stellte sie die Situation so dar, als hätte ich sie mit meinem Weggehen herausfordern und ihre Freundschaft auf die Probe stellen wollen.

Chalet des Sapins, Montana s. Sierre, Samstag

Liebe,
Dank für Deinen Brief. Ich hätte schon früher eine Karte geschrieben, aber die Furien waren wieder los. Seit Du abgereist bist, bin ich krank und habe, wie Doktor H. es nennt, eine akute Dünndarmentzündung, hohes Fieber, Übelkeit, Durchfall und so weiter. Gestern entschloß ich mich, ins »Palace« zu gehen, aber heute sieht alles danach aus, als ob ich hier durchhalten werde. Jack ist schrecklich lieb, wenn es ums Verrichten einfachster Krankenpflege geht. Und da ich auch nichts als ein wenig warme Milch zu mir nehmen darf, kann auch Ernestine nichts falsch machen. Mein Zustand hält mich vom Arbeiten ab. Gerade jetzt, wo ich so viel zu tun habe. Aber da ist nichts zu machen. Wenn ich Dir sagen würde, wie sehr ich Dich vermisse, wärst sogar Du mehr als zufrieden. Gleichzeitig bitte ich Dich aber – ehrlich – Dich auf der Rückfahrt nicht zu beeilen, ja? Das Schlimmste ist vorbei. Hetze Dich nicht ab. Ich schaffe es schon. Kehre nicht zurück, bevor Du alles in Ordnung gebracht und geregelt hast.

Ich bin froh, daß Du gut in London angekommen bist. Kein Wort über Deinen neuen Neffen – oder hast Du ihn vielleicht noch gar nicht gesehen? Oh, wie ich es hassen würde, jetzt in England zu sein. Ich hoffe nur, daß ich in den nächsten zwei Jahren genügend Geld verdiene, um hier etwas aufzubauen. Aber alles in mir wehrt sich gegen Dein Gerede über eine Pension. Ich glaube fast, daß Du Dich auf eine billige Art überlegen fühlst, wenn Du irgendwo eine Arbeit annimmst und dabei dauernd behauptest, für jede andere jederzeit auch noch frei zu sein. Ich hoffe, Daß Du eines Tages Du selbst sein wirst. Was mich betrifft, Miß: Ich buhle nicht um Deine Gunst. Ich sage Dir auch nicht, wie sehr ich Dich als Teil meines Lebens wünsche und wie wenig ich mir ein Leben ohne Dich vorstellen kann. Himmel! Welche Bande verbinden uns doch! Sie sind so stark, daß wir verbluten müßten, schlüge man sie entzwei. Tu's bitte nicht – oh, erspare mir das Protestieren. Erkläre Dich einverstanden. Nimm den Platz, der Dir gehört. Sei meine Freundin! Bestrafe mich nicht für Vergangenes. Kein Wort mehr darüber. Ich zweifle keinen Augenblick, daß ich noch heute von Dir eine Karte bekomme, auf der Du mir mitteilst, daß Du nach Afrika oder weiß ich wohin auszuwandern gedenkst. Ich finde das absolut abscheulich.

E. ist so verrückt, wie eine spießige Schweizerin nur sein kann. Ich glaube, sie schüttet sogar noch die dicken Suppen in meine Bettflasche.

Wenn Du Zeitungen schickst, dann besorge bitte Umschläge im richtigen Format! Sie kommen hier sonst zerrissen, verschmutzt und unansehnlich an, und die Illustrationen sind auch nicht mehr zu gebrauchen. Hast Du das nicht gewußt?

Trotz meiner Wut kannst Du aus diesem Brief so viel Liebe herauslesen, wie Du willst. Aber nicht mehr, als tatsächlich vorhanden ist.

Katherine

[Für KM und Murry scheint die Zeit in Montana sehr friedlich, harmonisch und produktiv gewesen zu sein. Wenigstens für Murry bedeutete sie die Fortsetzung des gemeinsamen Glücks von Bandol. Katherines Lungenleiden schien gebannt. Beide lebten an einem schönen Ort, arbeiteten intensiv und diskutierten über ihre Arbeit. Murry wünschte sich, daß dieser Zustand andauern möge. Von Juli bis November schrieb KM eine Flut neuer Erzählungen und beendete in diesen vier Monaten die Erzählungen *Sixpence* (*Sphere*, August 1921), *At the Bay* (*London Mercury*, Januar 1922), *The Voyage* (zum ersten Mal mit *The Garden-Party* publiziert, Februar 1922), *The Garden-Party* (*Weekly Westminster Gazette*, Februar 1922), *The Doll's House* (*The Nation*, Februar 1922), *Mr. and Mrs. Dove* (*Sphere*, August 1921), *An Ideal Family* (*Sphere*, August 1921), *Her First Ball* (*Sphere*, November 1921), und begann mit *Susannah*, *By Moonlight*, *Widowed* und *A Weak Heart*, allerdings wurde diese nicht beendet. (*Marriage à la Mode* wurde auch in *Sphere* im Dezember 1921 abgedruckt, obwohl ungewiß bleibt, ob die Erzählung zu dieser Zeit geschrieben wurde.) Im Januar 1922 begann sie *The Dove's Nest*, die unbeendet blieb, und schrieb *A Cup of Tea* (*Storyteller*, Mai 1922) und *Taking the Veil* (*Sketch*, Februar 1922).

Im Oktober 1921 hatte sie begonnen, die Folgen ihrer großen Produktivität zu spüren, obwohl sie in ihrem Tagebuch mehrmals ihre Trägheit kritisierte. Ihr größter Wunsch war, ganz gesund zu werden und sich zu erholen. Im Oktober schrieb sie Koteliansky und bat ihn um Anregungen und Vorschläge. Sie sah ihre Gesundheit in engem Zusammenhang mit ihrem ganzen Sein und sehnte sich nach einer Wunderkur, die sie schnell und endgültig heilen würde. Am 20. Januar 1922 schrieb sie in ihr Tagebuch: »Ich habe den Verdacht und bin sogar gewiß, daß der Grund meiner Krankheit nicht in meiner Lunge, sondern anderswo liegt. Wenn das endlich herausgefunden und geheilt werden könnte, wäre alles andere auch geheilt.« Und später, am 6. Februar: »Die Schwäche ist nicht nur körperlicher Art. Ich muß mein Selbst heilen, bevor ich gesunden kann.«

Diese Gesundung wurde von da an zu ihrem einzigen Ziel.]

Nach sechs oder sieben Monaten in Montana sah Katherine ein, daß sie zwar kräftiger geworden war, ihre Krankheit aber immer noch nicht überwunden hatte. Sie zweifelte langsam daran, jemals wieder ganz gesund zu werden. In den ersten Januartagen begann sie, ein Buch zu lesen, das tiefen Eindruck auf sie machte. Es hieß »Cosmic Anatomy«*. Katherine erzählte mir davon, bezweifelte aber, daß ich viel davon verstünde. Sie versprach, es mir später einmal zu erklären. Leider tat sie es nie. Dieses Buch sollte sie später zu Ouspensky führen.

Anfang Oktober meldete sich Koteliansky. Er empfahl Katherine einen Arzt in Paris, Manoukhin. Dieser hatte scheinbar eine neue Behandlung gegen Tuberkulose gefunden, bei der er mit Röntgenstrahlen arbeitete. Es ist heute schwer, sich vorzustellen, wie wenig man damals über Tuberkulose und ihre Heilmöglichkeiten wußte. Man stand der Krankheit vollkommen hilflos gegenüber. Manoukhin stellte hohe Ansprüche und hatte einigen Erfolg, so daß Katherine daran interessiert war und Anfang Januar 1922

---

* »Cosmic Anatomy, the Structure of the Ego« von M. B. Oxon, bei Watkins erschienen. Das Buch war Murry von Orage zum Rezensieren zugeschickt worden. Der Autor, Dr. Wallace, war Theosoph und am Douglas Credit System sehr interessiert, einem Geldsystem, mit dem sich auch Orage gewisse Zeit beschäftigt hatte. Dr. Wallace hatte für *The New Age* geschrieben und das Blatt vorübergehend mit anonymen Geldspenden unterstützt. In seinem Buch entwickelte er ein Modell des Universums, in dem Mensch, Wissenschaft und Religion völlig neu eingeordnet wurden. KM schien von diesem Buch fasziniert gewesen zu sein. Ihre Tagebucheintragungen von Januar und Februar 1922 – in *The Scrapbook* publiziert – sind mit Zitaten daraus voll gespickt.

nach Paris schrieb. Er antwortete, daß er gerne bereit wäre, sie zu untersuchen und – falls sie es wünsche – zu behandeln.

Sie wünschte es nur halbherzig und zögerte. Das Wetter war noch so schön und verlockte zu Ausflügen in die prächtige Schneelandschaft. Murry war ebenfalls glücklich und guter Dinge, lernte Schlittschuhlaufen und war vom Skifahren so begeistert, daß Katherine ihn mit einem Vogel verglich, der bereit war, sich im Übermut auf den See hinunterzustürzen. Man warnte sie aber vor den weniger schönen Zeiten in den Bergen, wenn das Tauwetter einsetzen, der Nebel kommen und der Schnee sich in Matsch verwandeln würde. Sie entschied sich deshalb für Paris. Murry dagegen wollte nicht mitfahren. Er wollte arbeiten und den Wintersport genießen.

Katherine ließ mir mitteilen, daß Murry sie nicht nach Paris begleiten werde. Was sollte sie tun? Sie bat mich, ihr zu helfen. Ob ich mit ihr nach Paris fahren würde? Das hätte sie mich nicht zu fragen brauchen. Natürlich fuhren wir gemeinsam hin. Ich teilte der Französin in der Klinik mit, daß ich meine Arbeit aufgeben müsse, verließ danach (ziemlich erleichtert!) mein gemietetes Zimmer und reiste mit Katherine ab.

15 »Ich bin eine zutiefst verschlossene Natur.«

PARIS – RANDOGNE – SIERRE 1922 – 1922

Am 31. Januar 1922 kamen Katherine und ich in Paris an und bewohnten im »Victoria Palace Hotel«, Rue Blaise Desgoffe, eine kleine Suite mit zwei Schlafzimmern und einem Badezimmer. Noch am selben Nachmittag suchte Katherine den Arzt Manoukhin auf. Er sagte ihr, die Behandlung mit Röntgenstrahlen sei sehr anstrengend, er schlage ihr deshalb vor, gleich damit zu beginnen, um ihr die Mühe einer weiteren Reise zu ersparen. Er riet ihr, bis Mai zu bleiben und im Herbst für den zweiten Teil der Behandlung zurückzukommen. Sie stimmte diesem Vorschlag zu, und ich begann, für uns eine billigere Unterkunft zu suchen.

Meine Streifzüge führten mich durch zweitklassige Hotels, in denen Katherine mit ihrem Adlerblick ausschließlich schmutzige Bettwäsche, ungewischte Böden und staubige Fenster entdeckte. Endlich fand ich eine wunderbare Luxuswohnung. Offenbar gehörte sie einem reichen Künstler, der gerade Urlaub machte. Herrliche Seidenvorhänge, kostbare Teppiche und Zimmerpalmen schmückten die schönen Räume.

Murry setzte meinen Bemühungen jedoch ein vorzeitiges Ende. Er fand das Leben in Montana unter dem Regiment von Ernestine nicht halb so entzückend wie jenes unter Katherine, was ihn dazu bewog, nach Paris zu kommen und am 11. Februar bei ihr einzuziehen. Ich dagegen reiste nach Montana zu Wingly ins Chalet zurück; Murry und Katherine wollten bis Ende Mai in Paris bleiben. Bis dahin, so hofften sie, würde sich Katherine so gut fühlen, daß beide ihre Koffer packen und Europa so lange bereisen konn-

230

ten, bis sie irgendwo ein neues Zuhause gefunden hätten. Ein großartiger, allerdings allein von Murry entworfener Plan. Katherine war inzwischen eine schwerkranke Frau geworden. Die neue Behandlung griff ihr Herz von Tag zu Tag stärker an. Nach ihren Arztbesuchen war sie jeweils so erschöpft, daß sie nichts mehr unternehmen konnte. Und Murry (das habe ich später aus Briefen erfahren) belegte jeden Zentimeter ihres Zimmers mit seinen Zeitungen. Überall, auf allen Möbeln, sogar auf dem Boden lagen sie verstreut herum.

[Katherine beendete im Februar in Paris die Erzählung *The Fly* (*The Nation,* März 1922) und arbeitete mit Unterbrechungen von Mai bis August an einer langen Folge von Erzählungen, betitelt *The Dove's Nest,* die aber unvollendet blieb. Dann bereitete sie eine weitere Zusammenstellung neuer Erzählungen für einen Band mit demselben Titel vor (postum gedruckt im Juni 1923). Einige davon blieben unvollendet. Fragmente blieben erhalten und wurden in ihrem *Tagebuch* veröffentlicht.]

Am 23. Februar erschien bei Constable ihr Buch *The Garden Party,* das außerordentlich gut besprochen wurde, doppelt so häufig wie *Bliss* im Vorjahr.]

In der Schweiz drehte sich alles um die Frage, wie man im Hinblick auf Katherines beschränkte Mittel die Unterhaltskosten im Chalet reduzieren könnte. Erst dachte ich daran, einen Mieter zu suchen und dann nach England zurückzukehren. Danach erwog ich die Möglichkeit, im Chalet zu bleiben und die Zimmer an zahlende Gäste zu vermieten, aber jede Überlegung verwarf ich beim Gedanken an meine beschämenden Französischkenntnisse. Wie sollte ich den billigsten Weg herausfinden, um Katherine ihre Sachen zu schicken? Wie konnte ich die verwirrenden Vorschriften und Gesetze in der Schweiz von jenen in Frankreich unterscheiden? Was sollte ich tun, wenn eine Untervermietung verboten war? Wie brachte man Waren zum Bahnhof, wie zur Post?

Was für ein Alptraum!

Inzwischen weilte Katherine in Paris und war über mein Schweigen beunruhigt. Ihre erbosten Briefe machten alles noch schlimmer. Anstatt ihr lachend die Wahrheit zu gestehen und zu erklären, wie schwierig es für mich war, in Montana mit allem zurechtzukommen, zog ich mich in mein Schneckenhaus zurück und arbeitete umso härter, weil ich sie mit meiner Unfähigkeit nicht belasten wollte. Arme Katherine! Sie setzte die schmerzhafte Behandlung tapfer fort, während um sie herum alles drunter und drüber ging: Schlüssel gingen verloren oder kamen ohne Empfangsbestätigung an, Pakete wurden hin und her geschickt. Ein paar Briefe, die ich damals von ihr erhielt, spiegeln dieses Chaos.

Paris, 14. Februar 1922

Liebe Ida,

ich schreibe Dir, damit Du einen Brief von mir hast und weil ich einen von Dir bekommen möchte. Wir haben nichts von Mrs. Maxwell* wegen der Untervermietung gehört. Ich glaube, es ist besser, wenn Du nichts unternimmst, bis wir über Dr. Hudson mit ihr verhandelt haben. Das ist ärgerlich. Wie dumm stehen wir da, wenn sie »nein« sagt ...

Was hat E. mit den Zeitungen gemacht? Sie hat keine *einzige* nachgeschickt, obwohl Jack sie darum gebeten hat. Wahrscheinlich hat sie alle weggeworfen. Sieh bitte zu, daß sie anständig für Dich sorgt. Schreibe mir, wie Du alles vorgefunden hast und wie sich der Ort *anfühlte*. Ich sehne mich danach, alles und jedes von Dir zu erfahren. Sei nicht so dumm zu glauben, ich liebte Dich nicht, nur weil ich ein

* Die Mutter von Dr. Hudson, Besitzerin des Chalet des Sapins.

so schreckliches Geschöpf bin. Ich stehe als Mensch unter einem Fluch. Weil ich das den anderen weder sagen kann noch will, bekommst *Du* alles zu spüren. Wenn Du wüßtest, welche Zärtlichkeit ich jeweils nach meinen Ausbrüchen für Dich empfinde! Du weißt doch, wie schwer es mir fällt, Dir »nette« Dinge zu sagen. Ich benehme mich wirklich wie ein Scheusal. Beachte es bitte nicht. Denke lieber daran, daß ich Dich durch diese chaotische Zeit hindurch liebe und *verstehe*. Das ist die Wahrheit. Für immer.

Paß auf Dich auf, ma chère
Katherine

Samstag

Liebe Ida,
kannst Du mir sagen, 1. was es kosten würde, die Schachteln mit dem Zug zu schicken, 2. wie lange sie brauchen. Ich habe mir darüber Gedanken gemacht. Deiner heutigen Karte nach zu schließen, scheint das Chalet nicht so bald vermietet zu werden, wie wir angenommen hatten. Leider komme ich ohne ein paar zusätzliche Kleider nicht aus. Ich brauche sie dringend. Am besten schickst Du sie mir, sobald Du die Schlüssel hast. Es wäre gut, wenn Du sie mir sofort schicken könntest.

Ich habe mir überlegt, was wir am besten tun, wenn das Chalet nicht vermietet wird. Vor Mai kommt keine Wohnung in Frage, das habe ich in den letzten Tagen gemerkt. Ich bleibe lieber hier (im »Victoria Palace Hotel«). Es ist einfacher und letztlich auch billiger – davon bin ich *überzeugt*. Hier können wir die Kosten bis auf den halben Penny im voraus berechnen. *Là-bas* gibt es Auslagen für Essen, Bedienung, Hauswart und viel Unvorhergesehenes ... Hier ist es nicht besonders lustig, aber immerhin sauber. Man ist unabhängig, plant sein Tagesprogramm und hat Zeit zum Arbeiten. Es ist ein gutes Hotel, die Leute sind anständig. Wenn aber das Chalet unvermietet bleibt, bedeutet das für uns einen Verlust von etwa 50 Pfund. Das ist schrecklich. Ich kann mich schlecht damit abfinden. Kommt noch hinzu, daß wir das Haus lüften und für Heizung und Ordnung sorgen müssen. Hier mein Vorschlag: Wie wär's, wenn Du bis Mai dort bleiben, Ernestine behalten und ein verheiratetes Paar in Pension nehmen würdest? Für mindestens 32 Franken pro Tag? Oder ist Dir diese Idee zuwider? Nach meiner Rechnung wären damit Heizung, Licht, Ernestines Lohn und Dein Unterhalt abgedeckt. Danach bliebe Dir immer noch ein Gewinn von 10 Pfund im Monat (also 1 Pfund pro Tag für alle Auslagen, d.h. Essen, Heizung, Licht und Wäsche). Ich würde sie im oberen Doppelzimmer unterbringen und 35 Franken *verlangen*. Schreibe mir, was Du von diesem Vorschlag hältst. Eine riesige Erleichterung, wenn er sich verwirklichen ließe. Keine Erleichterung, sogar ein Horror, wenn Du ihn ablehnen oder zu schwierig finden würdest. Aber wie gesagt: das ist nur ein Vorschlag, auf den ich eine Antwort erwarte. Nimm ihn aber bitte nicht zu ernst.

Zugegeben, ich neige beim Schreiben zu Übertreibungen. Das ist Dir gegenüber nicht anständig. Wenn ich das Geld verlieren sollte, das ich für das Chalet ausgebe, nun – dann verliere ich es eben. Aber ich möchte Dir trotzdem sagen, daß es nicht einfach wäre, denn in den ersten zwei Wochen habe ich hier insgesamt 50 Pfund ausgegeben. Ich muß nun so viel verdienen, daß ich mich über Wasser halten kann. Mein Plan würde Deine Fahrkosten einsparen, was auch berücksichtigt werden muß. Für Dich schauen dabei 8 Pfund im Monat heraus, vielleicht noch etwas mehr. Laß mich beweisen, daß ich Dich nicht ausnützen will. Ich behandle Dich als Freundin und bitte Dich, mein gegenwärtiges *Minus* mit mir zu teilen, in der Hoffnung, Dich bald bitten zu können, mein *Plus* mit mir zu genießen.

Besprechen wir alles zusammen – einverstanden?

Immer Deine,

Katherine

Liebe Ida,

deine Briefe von Dienstag und Donnerstag sind angekommen. Du hast anscheinend immer noch auf meinen Bescheid wegen der Schachteln gewartet. Aber in Deinem Telegramm hast Du doch mitgeteilt, daß Du sie per GV* schicken würdest, sofern Du nichts von mir hörst. Mein Schweigen bedeutete natürlich, daß Du sie schicken solltest. Gib sie bitte sofort auf. Egal, ob mit Grande oder Petite … Hauptsache, sie sind bald da.

Später.

Ich habe diesen Brief noch einmal geöffnet, um Dir mitzuteilen, daß wir, nachdem wir zwei Vormittage hintereinander vergeblich auf der Post verbracht hatten, das zweite Paket endlich in Empfang nehmen konnten. Dabei mußten wir feststellen, daß es nur einen Gürtel und ein Paar Socken enthielt. Wenn es nicht so komisch gewesen wäre, hätte man heulen müssen. Ein jämmerlicher Anblick. Ein Brief von Dir war auch dabei. Dein Beben und Zittern, angeblich durch mein »Gekläffe« provoziert, nehme ich Dir nicht ab. Das bildest Du Dir ein. Wenn Du den Köter in mir immer noch nicht kennst, lernst Du ihn nie mehr kennen.

Was Du über die Vögel schreibst, freut mich sehr. Warum sollte das extravagant sein? Kaufe ruhig eine neue Kokosnuß, wenn Du magst. Ich werde mir die Rechnungen genau anschauen und Dir erst im nächsten Brief darauf antworten, weil ich heute meinen »rechnungsfreien« Tag habe. Ich »nehme zur Kenntnis«, daß meine Schachteln – diese geheimnisvollen, verführerischen Schachteln – perfekt gepackt sind. Aber – warum kommen sie nicht? Du quälst mich, indem Du sie mir erst zeigst und dann wieder wegnimmst. Ich friere, warte dringend auf meinen Kimono

* Grande Voiture, Eilpost.

und meinen Anne-Mantel*. Sag Wingly, er soll »fauchen und kratzen« **, bis Du die Schachteln zur Post gebracht hast.

Ich will kein Geld von Dir, wenn Du eine Pension führst. Es geht ja darum, daß Du das Haus und Ernestine bezahlen kannst. Der Rest gehört Dir.

Genug geschrieben heute. Meine Hand zittert, weil ich sehr schnell geschrieben habe. Nicht, weil sie gelähmt ist oder ich große Wäsche gehabt habe.

Gott sei mit Dir,

KM

Meine liebe Ida,

nach dem Lesen Deines Samstag-Sonntag-Briefs habe ich den Eindruck, daß Du unglücklich und ruhelos bist. Habe ich recht? Sag's mir doch! Was tust Du jetzt? Ich hoffe doch sehr, daß die Sache mit dem Chalet erledigt ist. Alles in Ordnung? Hat Ernestine ihre Sache bis jetzt gut gemacht? Triffst Du Deine Freundinnen? Hast Du Leute, mit denen Du Dich unterhalten kannst? Wie verbringst Du Deine Tage? Das würde mich sehr interessieren. Konzentriere Dich nicht auf Wingly, auch wenn er ein lieber Kater ist. Du hast Bücher und Wolle im Überfluß. Aber Bücher und Wolle machen nicht das ganze Leben aus. Ich will nicht, daß Du Dich dort oben verloren und verlassen fühlst.

… Je länger ich lebe, desto mehr stelle ich fest, daß ein Leben, das nicht in einfacher, selbstgenügsamer Zurückge-zogenheit gelebt wird, nicht lebenswert ist. Städte sind Trümmerhaufen. Die Leute wissen das. Sie wollen immer »das andere«, weil sie sich ihrer eigenen »Armut« bewußt sind. Das ist traurig. Anderen helfen kann man nur, wenn

---

* Ein Geschenk von Anne Estelle Rice.
** Ein Zitat aus der Erzählung von Walter de la Mare *The Three Mullar-Mulgars*, worin Affen vorkommen, die ihr eigenes Haus anzünden, um sich am Feuer zu wärmen, dabei aber vergessen, daß sie danach umso mehr frieren werden.

man selbst ein gutes Leben zu führen versucht. Ein ewiger Kreislauf, aber ich sehe keine andere Lösung.

… Ich hoffe, daß sich Deine May* nicht ins Stadtleben stürzt und in Bulawayo krampfhaft versucht, gesellschaftlich anerkannt zu sein. Ich hoffe, daß es ihrem Kind gut geht. Wenn Du Roger liebst, wirst Du eines Tages zu ihm gehen und Dich um ihn kümmern müssen, meinst Du nicht?

Das war nur ein kleiner Schwatz mit Dir. Nun muß ich arbeiten. Ich habe massenhaft zu tun. Leb wohl!

Immer Deine
KM

3. März 1922, Freitag

Liebe Ida,
dein Brief vom Aschermittwoch ist aschgrau. Zugegeben, er macht mich ungeduldig. Antworte mir bitte und sage klar und deutlich, was Du willst. Ich muß es wissen.

1. Wir können uns pro Woche mühelos 2 – 3 Pfund leisten. Ich wäre sehr dankbar, wenn wir das Chalet *nicht* aufgeben müßten. Wenn es uns auch etwas teurer zu stehen kommt, ist das immer noch sehr viel besser, als wenn wir es irgend jemandem überlassen.

2. Nein. Behalte bitte Ernestine, solange Du dort bist. Endgültig. Hör um Himmels Willen damit auf. Das ist Quatsch! Was Du schreibst, ist so schrecklich banal, unklar und verrückt. Wenn eine *pensionnaire* »auftaucht«, wie Du es nennst, was ist dann mit Deinem Dienstpersonal? Du brauchst eine Hilfe. Wie auch immer, es ist auf keinen Fall nötig, daß E. geht. Und es ist auch nicht nötig, ein Wunder zu vollbringen, nur um die Heizung zu drosseln. Uff!

Du hast auf meinen Scheck** äußerst schroff reagiert. Aber bitte, handle so, wie Du es für richtig hältst. Mein Ge-

---

* Die Schwester von LM.
** KM hatte LM einen Scheck von 200 Pfund als Geschenk geschickt.

schenk ist weder gut noch großartig. Wenn Du gesagt hättest: »Wie schön, diesen Scheck geschenkt zu bekommen. Damit will ich mir sofort etwas Besonderes kaufen!«, hätte mich das gefreut und sogar gerührt. So aber bin ich alles andere als gerührt! Bitte, nimm alles leichter! Du mußt Dich nicht ständig sorgen. Du schadest Dir, wenn Du Dich verkriechst, Dir unnötige Gedanken machst und über dies und jenes grübelst. Warum tust Du das? Das ist Deiner nicht würdig. Sag bitte gerade heraus, was Du denkst. Nun weißt Du, wie ich über alles denke. Und damit Schluß. Ich will nicht jeden Tag darauf zurückkommen.

Leider kann ich Dir die Besprechungen nicht schicken. Ich muß sie hier haben, falls ich sie für Amerika brauche. Aber ich werfe sie nicht fort. Falls Du sie später lesen möchtest, werde ich sie Dir schicken. Sollte ich Duplikate auftreiben, bekommst Du sie von mir.

Kopf hoch!

Immer Deine

KM

Ich hatte mich tatsächlich entschlossen, das Chalet so zu verwalten, daß die Kosten gedeckt waren, um Katherine das Bezahlen der Miete zu ersparen. Damit wollte ich sie aber nicht ärgern, im Gegenteil, es sollte alles ohne Aufhebens geregelt werden, damit sie nicht mehr daran zu denken brauchte und ich ihr das Haus wie ein Geschenk übergeben konnte, ungefähr so: »Da, Liebste, es ist alles in Ordnung. Ich tu nur meine Pflicht und bewältige alles – Du brauchst Dich um nichts mehr zu sorgen.«

Ich versuchte mir immer vorzustellen, was für Katherine das Beste sei. Manchmal erforderte das allerdings Dinge, die meiner Art widersprachen, weil ich es nicht gewohnt war, geschäftliche Entscheidungen zu treffen und zu organisieren.

Inzwischen hatte ich mich aber mit einer jungen Schweizerin, Susie de Perrot, befreundet, der Tochter des Schoko-

238

ladefabrikanten Suchard, die sich in Montana um ihre jüngere, an Tuberkulose erkrankte Schwester kümmerte. Sie war eine starke Persönlichkeit, hatte dank Herkunft und Geld gute Beziehungen zu all den kleinen, nett aussehenden Schweizer Beamten und erzielte dadurch wahre Wunder, auch mit dem Vorschlag, das Chalet nicht an fremde Gäste, sondern an Bekannte zu vermieten, das heißt: Ihr, ihrer Schwester und zwei irischen Freundinnen, die mit mir zusammen im Chalet leben und die Kosten mit mir teilen sollten. Was das Geld betraf, war ich ganz offen und schlug ihnen vor, sie sollten allein dafür aufkommen und mich als bezahlte Haushälterin anstellen. Damit wollte ich Katherine mit weiteren Rechnungen und Auslagen verschonen. Ich schrieb ihr wieder und teilte ihr unsere Pläne mit. Darauf schickte sie mir folgenden Brief:

7. Mai 1922

Meine liebe Ida,
was für ein schöner Brief. Mach so weiter. Der Plan ist ideal, behalte ihn bitte im Auge. Ich mische mich nie wieder ein. Ich kann Dir gar nicht sagen, wie erleichtert ich bin, seit ich weiß, was Du tust und wie gut es Dir geht. Das ist das Wichtigste. Heute morgen um vier Uhr hatte ich nämlich beschlossen, Dir zu schreiben. Ich wollte Dir sagen, was ich von Dir halte, weil Du mir schon so lange keine Einzelheiten mehr mitgeteilt hast. Immer nur dieses Gerede über Heizung und Geld, wo ich doch wissen will, was Du tust, fühlst und denkst. Aber nun ist alles wieder gut. Ich schweige.

Ja, große Städte sind die Hölle! Wie wäre ich froh, einmal von hier wegzukommen – das Arbeiten fällt mir schwer – weit und breit keine Ablenkung. Mit »Ablenkung« meine ich den Himmel, das Gras, die Bäume und die kleinen Vögel. Ich *lechze* geradezu nach dem Land (nicht in England). Ich möchte das Gras umarmen und

239

küssen. In meinem Zimmer stehen zwar ein Glas mit Konfitüre und eine Schale mit kleinen Osterglocken. Sie sind schön, erinnern mich aber immer an die Orte ihrer Herkunft. Wie gottlos, zwischen Mauern und Schornsteinen zu leben! Ich träume immer davon, an einem schönen, verborgenen Platz unter einem Baum zu liegen (nicht tot, sondern lebendig!). Aber ich will nicht jammern – es könnte sonst leicht eine Moralpredigt daraus werden – wie »Was immer du tust, wohne nie in einer Stadt!« Aber soviel ich weiß, tust Du das nie.

… Ich wünschte, Du könntest ein wenig dort oben bleiben. Das scheint mir für Dich im Augenblick das einzig Richtige. Du hast ja schon beim ersten Mal gespürt, daß Dir der Ort entspricht. Ein Gefühl, das mich nicht trügt.

Hudson ist wirklich ein außerordentlich netter Mann. Ich habe von ihm ein paar nette Briefe bekommen. Er mag vielleicht dumm sein, aber das sind alle Ärzte. Ich fühle mich mehr zu dieser Matrone hingezogen. Wie auch immer – es ist weit weg. Ich glaube, Wingly sollte Pfadfinder beim Roten Kreuz werden. Nachdem ich nämlich die Schachtel ausgepackt hatte, war ich voll verdächtiger Stiche. Heute morgen waren sie verschwunden, aber letzte Nacht war ich sicher, daß Wingly ein paar als Überraschung für mich hineingelegt hat. Hast Du einmal solche Viecher gefunden? Sind das Flöhe? Oder was?

Ja, ich war froh, von Pa zu hören. Ich habe mit Jack schon einen Besuch in Neuseeland geplant – im Spätherbst – und will im März zurückkehren. Wie schön, wenn uns das gelingen würde. Schöner als alles andere auf der Welt. Es wäre die Belohnung für so manchen hochbezahlten Preis. Ich träume schon davon, wie ich im offenen Wagen nach Karori fahre und Jack die dortige Schule zeige. Aber ich fürchte, es bleibt ein Traum. Vater wird im Juni hier sein. Mein »Erfolg« hat sein Verhalten mir gegenüber sehr verändert.

Ich spüre, daß Du nicht so schnell wieder nach Rhodesien verschwindest. Es drängt Dich ja niemand, oder? Du kannst sicher noch warten und vorerst Patin von Rogers erstem Kind werden. Versuche mit ihm in jedem Fall in Verbindung zu bleiben. May ist – ich weiß nicht so recht, was sie ist – aber Du kannst dem Kind etwas geben, was sie ihm nie geben können wird.

Ich habe Briefe über das Buch* von Elizabeth** und Chaddie Waterlow*** bekommen, eine große Freude. Auch Briefe von fremden Leuten und von meinem »Studenten«**** – ganze Seiten von ihm – und von Clement Shorter, dem Mann von *Sphere,* der mich um ein Bild gebeten und mich beauftragt hat, bis Juli zwölf Erzählungen zusammenzustellen. Das ist geradezu überwältigend. Ich lege noch eine Rezension bei, die in der *Times* erschienen ist. Schicke sie gelegentlich zurück. Jack, der meine Karte an Dich gelesen hat, behauptet, er habe ein Exemplar für Dich in London bestellt, von wo es Dir direkt geschickt werden soll.

Hab Dank für den grauen Einband aus Satin mit den kleinen Stickereien. Meine Schreibmappe sieht jetzt außerordentlich luxuriös aus. Sie erinnert mich an jene Ida, die ich liebe. Keine Frage des Preises! Nein, es ist die Idee – die Geste – das, was Du als »eine perfekte Sache« zu bezeichnen pflegst. Das versetzt mich wieder in die Zeit in der Isola Bella zurück. Und in die Casetta mit dem Olivenbaum davor, dem Baumwollstrauch am krummen Zaun, den roten Rosen und den Gänseblümchen. Oh, diese Erinnerungen! Heute kommt mir unser Aufenthalt in Menton viel länger vor, als er in Wirklichkeit war.

Es ist schwer, sich innerlich von Orten loszureißen. Auch wenn man vorsichtig vorgeht, bleiben kleine Teile – kleinste Stücke unseres inneren Lebens – an den Zaunspit-

* *The Garden-Party*, im Februar erschienen.
** Countess Russell.
*** Eine Tante von KM.
**** William Gerhardi.

zen hängen. Das Sonderbare ist, daß Wunden, die uns früher einmal sehr weh getan haben, im Rückblick nicht mehr schmerzen, zumindest nicht mehr als Musik. Ja, so ist es. Wenn ich *jetzt* das Meer von der Casetta aus rauschen höre, rauscht es unerträglich schön.

Ich muß an die Arbeit, sonst werde ich nie eine reiche Frau werden. Ich schreibe gegenwärtig sehr schnell. Anders geht es nicht. Ich schicke Dir etwas Geld. Leb wohl! Sei glücklich! Iß! Schlafe!

Immer Deine,
KM

Unser neuer Plan erwies sich als Glücksfall. Wir verwandelten das Chalet in eine Wohngemeinschaft. Der nächste Brief von Katherine machte mich aber todunglücklich. Sie teilte mir mit, daß ich sie verlassen und – sobald sie sich besser fühle – ein neues Leben beginnen müsse, weil sie ihre Unabhängigkeit wahren und die Welt kennenlernen möchte. Sie und Jack wollten reisen.

15. März 1922, Dienstag

Liebe Ida,
eben habe ich Deinen Brief vom Sonntag bekommen. Du brauchst Deine Gefühle nicht zu entschuldigen. Warum auch? Dann müßte ich ja jedesmal *De rien, de rien!* sagen, und das wäre dumm. Himmel! Welche Wege muß man zurücklegen, um etwas zu erreichen! Das erfahre ich selbst jeden Tag. Ich bin mehr oder weniger immer dabei, die Entfernungen herauszufinden und die Landkarte zu studieren, um kurz darauf beim Ausführen meiner Pläne zu scheitern. Ich stelle mir vor, ein Seemann zu sein, der sich über die Karte seiner Seele beugt und sich dabei überlegt, wohin die Reise führen und wie sie verlaufen soll. Großartig, sich dabei daran zu erinnern, daß sich alles erfüllt, was wir uns wünschen, sofern unsere Wünsche stark genug sind. Das

242

setzt freilich eine riesige Anstrengung voraus, meinst Du nicht auch? Wie ein Gang durch Urwald und wirres Gehölz, bis man irgendwo eine Lichtung sichtet. Aber gibt es einen anderen Weg? Wo ist die Alternative? Was möchtest Du am liebsten tun? Eine Frage, die ich mir angesichts der vielen Schwierigkeiten ständig stellen muß.

Du fragst: »Was hat das mit unserer Beziehung zu tun?« Alles. Wir können nicht mehr zusammenleben, bis wir – ich – stärker geworden sind – bin. Das ist meine Aufgabe, scheint mir, und mein Fehler. Nicht Deiner. Ich mit meiner Art bin einer Freundschaft unwürdig. Ich nütze Dich aus, überfordere und unterdrücke Dich, und das Teuflische daran ist – ich gestehe es – daß ich beim Schreiben lachen muß. Aus der Tiefe meiner Seele blicke ich zu Dir auf, und Du erwiderst meinen Blick. Dann lachen wir gemeinsam über so viel Unsinn! Sag, Jones, ist das nicht sonderbar? Kannst Du mir glauben, daß ich im Nachhinein unsere Zeit in Italien und Garavan* und sogar noch jenen Nachmittag, als Du im Garten warst und ich das teuflische Wechselspiel zwischen uns ausprobiert habe, in schönster Erinnerung habe? Wie schön, wie wunderschön müßte es sein, wieder in einer dieser offenen Droschken auszufahren, während der Wind vom Meer herüberweht und der Duft gerösteten Kaffees und frischer Zitronen vom Landesinneren zu uns dringt. Du meine Güte! Erinnerst Du Dich noch, wie Du an einem Morgen um fünf Uhr in Deinem Kimono am Fenster gestanden hast, während ich im Bett unter dem Moskitonetz saß und vom Ende unserer Beziehung gesprochen habe? Nein, ganz getrennt voneinander leben können wir nicht. Wir werden uns zumindest besuchen. Und dann? Wie soll es weitergehen? Was wird für uns das Beste sein? Die Zukunft ist ein großes Rätsel. Es wäre verrückt, zusammenzubleiben, so lange es mir nicht besser geht. Das wissen wir beide. Wenn diese Behandlung erfolg-

---

* Dorf in der Nähe von Menton.

reich verläuft, gehe ich im Sommer nach Deutschland, danach zu Elizabeth nach Randogne, und im September oder Oktober kehre ich hierher zurück. Sollte dann immer noch alles gut sein, gehe ich anschließend wieder nach Deutschland, nach Österreich oder Italien. Und dann? Ich habe nicht die leiseste Ahnung. Jack möchte in England irgendwo auf dem Lande, am liebsten in Sussex, ein kleines Haus kaufen, unsere Möbel dort hineinstellen und es von einem Ehepaar verwalten lassen. Dann möchte ich mit ihm sechs Monate im Jahr dort verbringen. Und die anderen sechs Monate von Oktober bis März wäre ich entweder in Südfrankreich oder Italien. Ich denke und hoffe aber, daß Jack nicht mit mir kommen wird, wenn er sein Haus – zusammen mit Arthur, seinen Büchern, seinen Besuchern, seinem Dienerehepaar und seinem kleinen Wagen – gefunden hat. So ungefähr würden meine freien Monate aussehen. Mehr kann ich im Augenblick nicht darüber sagen. Meine Idee ist, daß wir beide, Du und ich, diese Monate gemeinsam im Ausland verbringen würden. Damit meine ich meine Arbeitsmonate, das weißt Du. Aber neben der Arbeit gäbe es auch schöne Spaziergänge, Tee im Wald, kaltes Huhn auf einem Felsen am Meer und andere Dinge, die wir miteinander teilen könnten. Wir würden uns auch Konzerte in Parks anhören, an Korsikas Küste baden und andere hübsche, kleine Vergnügungen unternehmen. Dabei gibt es jedoch noch einen Haken: Das Geld. Könntest Du, falls es mir gelingen würde, diese Monate zu bezahlen, für die anderen Monate eine Stelle annehmen? Da liegt der wunde Punkt. Dieses »Arrangement« gilt natürlich nur, wenn es Dir zusagt und Du bis dahin nicht in Rhodesien verheiratet bist oder mit einem Mann zusammenlebst. Sage mir bitte, wie Du darüber denkst. Solltest Du mir entgegnen: »Was zum Kuckuck soll ich sechs Monate lang machen?«, dann erwidere ich :«Warum nicht zu den Allerwelts-Tanten gehen? Es mit ihnen versuchen, um herauszufinden, ob sie irgendeine Aufgabe für Dich wissen?«... Bitte, spring jetzt nicht gleich auf und schrei nicht: »Sehr reizend von Dir, das für mich zu arrangieren und mein Leben zu bestimmen. Merci pour la langouste!« – Das tu ich nicht. Ich sage das alles nur so daher – mit dem Wunsch, Dich zu behalten – ja, das gebe ich zu. Ich will versuchen, alles gut und wunderbar für uns zu lösen. Weil wir glücklich sein müssen. Kein Scheitern mehr und keine Notlösungen. Nur seliges Glück. Alles andere ist ekelhaft. Ich muß aus diesen sechs Monaten mit Jack das Beste herausholen, dann werden die anderen sechs schrecklich schön sein. Ich weiß, daß ein Leben mit Jack und Dir zusammen unmöglich ist und falsch.

Was Deine unmittelbare Zukunft betrifft ... Es sieht so aus, als würdest Du keine Pensionsgäste finden. Kannst Du dort bleiben, bis wir das Chalet schließen? Möchtest Du das? Und dann – was hast Du vor? Gehst Du diesen Winter ins »Palace«? Das ist ja alles noch in weiter Ferne und unsicher. Ich muß jetzt aufhören und mit meiner Arbeit beginnen. Die Hauptsache bleibt: – wenn Du's kannst – denke an das Glück, arbeite für das Glück und behalte das Glück im Auge. Am liebsten wäre mir, Du würdest jeden Tag zwischen Erwachen und Schlafengehen daran denken. Sage, wenn Du einatmest: »Ich bin«, und wenn Du ausatmest: »glücklich«. Dein Unterbewußtsein, Miß, wird davon beeinflußt werden und entsprechend reagieren. So elend Du Dich manchmal auch fühlen magst, die Wirkung ist erstaunlich. Ich schlage vor, daß Du Wingly nach demselben Prinzip erziehst und der lieben Katze den Satz beibringst: »Ich bleibe – gern zu Hause ...«

Für heute leb wohl. Erst sagst Du mir, daß ich Dir keine Briefe schreiben soll, dann führst Du einen solchen Tanz auf, daß ich doch noch einen schreibe. So wird es wohl immer bleiben.

Immer Deine,
KM

245

[Auf den ersten Blick mag es schwer zu verstehen sein, warum sich LM so unglücklich fühlte. Ihre Reaktion ist bezeichnend für ihre Gefühle und für die Unausgeglichenheit ihrer Beziehung zu KM und Murry. Für LM war die Konsequenz klar: Katherine hatte entschieden, daß »ein neuer Weg versucht werden müsse«. Ihr Leben wurde nach einer langen Zeitspanne wieder durch Arbeit und Murry bestimmt. In späteren Briefen schreibt sie unbekümmert davon, nach Bandol zu gehen, sobald ihr Aufenthalt in Paris zu Ende gehe, dann von ihrem Plan, vor der Abreise noch ein Hausmädchen zu suchen …Die Folge war, daß LM wie schon in Montana im Herbst zuvor spürte, daß sie unabhängiger werden und sich eine neue Beschäftigung suchen mußte.]

Der nächste Brief von Katherine weist klarer darauf hin.

22. März 1922, Dienstag

Ich habe auf meinen letzten Brief eine Antwort erwartet, noch bevor ich Dir, glaube ich, geschrieben hatte. Nachdem ich ihn abgeschickt hatte, träumte ich in der Nacht darauf einen widerlichen Traum von uns beiden. Er hat meine Gefühle zwar nicht verändert, mir aber bewußt gemacht, daß ich voreilig über unsere Zukunft geredet habe. Hast Du das auch so empfunden? Du bist klüger gewesen, indem Du nicht so weit vorausgeschaut hast. Das ist gut so. Ich glaube, wir tun gut daran, die Erde eine Weile ruhen zu lassen – das heißt: nichts anpflanzen, nichts darauf wachsen lassen, nichts daran rühren. Lassen wir sie, wie sie ist. Lassen wir es geschehen, daß darauf entweder etwas wächst oder zugrunde geht, etwas keimt oder verdorrt. Mit »Erde« meine ich den Boden unserer Beziehung. Eine beständige Sache. Lassen wir sie ruhen! Verlaß Dich auf mich, auch wenn ich nicht schreibe. Male Dir dabei nicht wieder weiß der Himmel was aus. Was auch immer geschehen mag: Ich bleibe die, die ich bin.

Unter all den unsicheren Dingen gibt es immerhin einen festen, unumstößlichen Punkt. Zur Zeit brauche ich weder Hilfe noch Unterstützung. Wenn wir uns wieder begegnen, dann laß es bitte in Freiheit geschehen – tu nichts für mich! Ich habe schreckliche Angst vor dem Mangel an persönlicher Freiheit. Ich bin eine zutiefst verschlossene Natur!

Ich weiß nicht, ob das mit meiner Bitte an Dich zu vereinbaren ist, für mich bis April ein Paar Hosen zu nähen. Brett fragte mich, was ich mir zu Ostern wünsche, und ich sagte, feines Leinen. Wenn Du aber der Meinung bist, daß es unserer Abmachung widerspricht, für mich aus der Ferne zu nähen, muß ich an Stelle von Hosen mit Papiermanschetten an den Beinen herumlaufen.

... Bei dieser Gelegenheit mußt Du mir sagen, ob Du wieder einmal nach Rhodesien fahren möchtest. Wenn Du es früh genug sagst, kann ich Dir das Geld dafür geben. Was würde die 2. Klasse kosten? Für neue Kleider könnte ich Dir ohne weiteres 20 Pfund geben.

Ich hoffe, daß sich Deine Pensionsgäste anständig benehmen. Sie bezahlen lächerlich wenig, noch weniger als die Valpini, und leben für nur 13.50 Franken pro Tag in einem der besten Chalets in Montana wie Gott in Frankreich. Ich nehme an, daß Du wieder den größten Teil Deiner Zeit für sie hergibst und Dich die halben Nächte für sie aufopferst. Ich weiß nicht, wie Du das mit diesem Preis vereinbarst – aber das weißt Du besser als ich.

Ich muß aufstehen. In den letzten Tagen habe ich viel zu tun gehabt, viele Briefe und viel Arbeit, die auf mich warteten. Ich habe die skandinavischen Rechte für das letzte und die nordafrikanischen Rechte für das neue Buch verkauft – damit sind Verträge und lauter solche Dinge verbunden – verfluchtes Geschäft! Damit geht aber meine letzte schlimme Woche zu Ende. Danach, von Freitag an, geht es wieder bergauf. Eine weitere Runde auf meiner Achterbahn ist überwunden.

In diesem Hotel fühle ich mich heimischer als irgendwo

in der Schweiz. Jack hat die gute Eigenschaft, mich auf seine Art nicht zur Kenntnis zu nehmen, wie das Schriftsteller brauchen. Er ist da – und doch nicht da.

Gib mir ein Zeichen wegen der Aylesburys*. Das Paket für sie wird größer und größer. In Gedanken übergebe ich es den Flammen. Es dauert nicht lange, und ich stehe entblättert da.

Oh, wie ich mich nach dem Land sehne – allerdings mit Schreibpapier und Feder. Ich sehne mich nach diesem deutschen Dorf, nach seinem Grün, seinen Heuwiesen und Fliederbüschen. Sobald ich kann, gehe ich von hier fort.

Für heute leb wohl. Verzeih den seltsamen Brief. Ich bin immer noch im Bett und nicht ganz wach.

Alles Liebe von Katherine. KM

Dieser Brief ist kälter als beabsichtigt. Ich habe Deinen Brief genau gelesen und verstehe, was Du meinst. Betrachte es als etwas, das nicht ewig dauert. Vergleiche es mit einer langen Pause zwischen zwei Akten. Es muß sein. Die Ironie dabei: Es wird mir mit Dir nie besser gehen, obwohl Du mehr als alle andern das Beste für mich wünschst. Du bist immer bereit gewesen, mir zu helfen. Das hat mich vor Anstrengungen bewahrt, mich aber gleichzeitig vom normalen Alltagsleben entfernt. Ich weiß nicht … es ist schwer zu verstehen. Du und ich haben den einen Weg ausprobiert und sind gescheitert. Nun müssen wir den anderen versuchen. Beinahe vier Jahre sind wir den einen Weg gegangen, sogar mehr als vier. Unglaublich.

Katherine verlassen zu müssen – damit meine ich nicht nur unsere Reisen nach England, Frankreich oder in die Schweiz, sondern Katherine auf unbestimmte Zeit verlassen zu müssen – bereitete mir bittere Schmerzen, in körperlicher und seelischer Hinsicht. Ein neues, starkes Ge-

---

* Die zwei Irinnen, die das Chalet mit LM teilten und in Paris einen Halt planten, um die alten Kleider von KM zu holen.

fühl half mir aber, sie zu verstecken. Katherine sollte wegen mir nicht leiden. Wenn mir dieses Los auferlegt war, hatte ich mich damit abzufinden. Eine Einsicht, die mir half, mich nach einer anderen Tätigkeit umzusehen, die meine Tage ausfüllen würde.

Das sollte sich jedoch als Irrtum erweisen. Ich war auf eine lange Trennung gefaßt. Ein unbestimmtes Gefühl sagte mir aber, daß ich nicht von der Bildfläche verschwinden, das heißt, weder zu meiner Schwester nach Rhodesien noch zu Freunden oder ans »andere Ende der Welt« gehen durfte. Folglich ließ ich mich von meiner Freundin Susie Suchard überreden, mit ihr zusammen in England einen Tea-Room zu eröffnen. Sie brauchte jemanden mit englischer Nationalität, um ihre Idee zu verwirklichen. Ich tat alles, um ihr zu helfen, ohne mich zeitlich festzulegen oder ihr zu sagen, wem meine Treue eigentlich galt. Das Gefühl, für Katherine immer »zur Stelle« zu sein, saß viel zu tief, als daß ich Susie je etwas davon erzählen konnte. Ich erklärte mich einverstanden, im Mai nach England zu gehen, um für sie einen geeigneten Tea-Room zu finden, während Katherine und Murry zu dieser Zeit von Paris zurückkehrten.

Ich bekam Briefe von Katherine, in denen sie mir mitteilte, daß die Behandlungen abgeschlossen und befriedigend verlaufen seien. Die Zeit in Paris sei zwar aufregend und arbeitsreich gewesen, aber von gesellschaftlichen Verpflichtungen überlastet. Sie sehne sich nach Ruhe und gesunder Bergluft. Davon abgesehen gab sie mir gute Ratschläge für den Tea-Room.

Sonntag

Meine liebe Ida,
Dein vollbesetztes Haus mag ja lustig sein, aber wo schläfst Du? Ich hoffe, daß die de Perrot-Mädchen nicht länger bleiben. Fünf sind zuviel, um sich dort noch wohl fühlen zu können. Ich kann mir das überhaupt nicht vorstellen.

249

Abgesehen davon, fünf Mäuler stopfen zu müssen, gehen Dir fünf Leute in diesem kleinen Haus doch auf die Nerven. Denke an den Nudelauflauf und ähnliche Gerichte, die nahrhaft und einfach zuzubereiten sind.

… Mein Buch ist in dritter, hoher Auflage erschienen. Gute Kritiken fliegen ins Haus und viele Briefe. Erinnerst Du Dich an Mrs. Belloc Loundes? Die Frau, die mir nach Baugy geschrieben hat? Sie kommt im Mai zu einem »Zehn-Tage-Gespräch« zu mir. Chaddie und Jeanne kommen auch, außerdem Brett, Anne Drey und Richard. Zur Zeit sind die Schiffs hier, obwohl ich ihnen geschrieben habe, daß ich nicht in der Lage sei, sie zu sehen. Wenn ich mich rechtzeitig aus dem Staub mache, muß ich die anderen nicht treffen. Gegenwärtig sind die Leute für mich ein Schreck. Man hat nie Zeit genug für sich selbst.

Wenn Du ohne das Geld durchkommst – umso besser! Meine Zähne beginnen mich zu quälen. Ich werde im Mai zu Heppwell gehen müssen. Und wenn ich nächste Woche meine Haare nicht waschen lassen kann, bringe ich mich um. An der Rue de Rennes gibt es ein gutes, auf Henna spezialisiertes Geschäft, wo ich hingehen und hoffentlich glänzend wie eine Kastanie herauskommen werde.

Es ist falsch von mir, von meiner »Angst vor Menschen« zu reden, wenn ich an die Russen hier denke. Schriftsteller wie Bunin*, dann Kuporin, Neryskovi und seine Frau und einige andere möchte ich gerne treffen. Manoukhin hat mich zu sich in seine Wohnung eingeladen, damit ich sie demnächst alle kennenlerne. Das wird sehr aufregend sein. Die englische und französische »Clique« dagegen mag ich nicht mehr sehen, weil sie immer dieselbe ist. Das heißt, grau, langweilig und geschwätzig. Schrecklich undankbar von mir, ich weiß!

Verzeih diesen dummen Brief. Ich sollte längst an der

---

* Ein russischer Schriftsteller, der noch Tschechow gekannt hatte und für KM deshalb von besonderer Bedeutung war.

Arbeit sein. Aber Du mußt wissen, daß ich an Dich denke. Hier geht alles gut. Hast Du wirklich Zeit zum Nähen? Hast Du Muster von meinen Unterhosen und Nachthemden, für den Fall, daß Brett das Zeug schickt?
Immer Deine,
KM
Alles Liebe für Wing – den süßen Kerl!

Samstag

Liebe Ida,
Du hast mich nicht richtig verstanden. Wo schläfst Du? Wann gehst Du zu Bett? Diesen zwei wichtigen Fragen weichst Du aus. Warum zum Teufel soll es mich beruhigen, wenn die Zeit für Dich angeblich keine Rolle spielt? Das beruhigt mich keineswegs. Aus jeder Zeile Deines Briefes höre ich die Uhr Mitternacht schlagen. Ich habe es mit einem komplett verrückten Wesen zu tun.

…Wie wär's, wenn wir Wingly für immer den de Perrots geben würden? Wäre das nicht eine gute Lösung, falls sie das Tier zu sich nähmen? Jack und ich werden uns nirgends länger als ein Jahr aufhalten. Ich hasse es, an eine hin und her geschobene Katze denken zu müssen – von Pontius zu Pilatus. Sie wäre bei guten Freunden viel glücklicher – die Liebe.

Als Du mir am Donnerstag bei Eiszapfenwetter geschrieben hast, war es hier warm, sogar heiß und sonnig. Ich erlebte einen außergewöhnlichen Nachmittag. Als ich zu Cox gehen wollte, verlor ich mein Scheckbuch – verbrachte eine volle Stunde mit Jack damit, das Zimmer zu durchsuchen, bis es einem Heuhaufen glich. Nichts gefunden. Ging zu Cox, um alle Schecks zu sperren. Ich mußte lange warten, bis ich alles erklärt hatte und mein Konto überprüft worden war. Schließlich mußte ich ins Auskunftsbüro gehen, wo mein Name »Mansfield« wie Gemüse ausgerufen wurde. Zuletzt, nachdem wir knapp dem Gefängnis entkommen waren, flüchteten wir uns in den Bon Marché, wo wir einen einfachen, leichten Hut für mich kaufen wollten. Bist Du schon einmal dort gewesen? Er ist ein Weltwunder. Nachdem wir uns bis zum Lift durchgekämpft hatten, fuhren wir zu einer offenen Galerie hinauf, wo 5000 Hüte, 10000 Morgenröcke und andere Dinge ausgestellt waren. Von der Galerie überblickte man das ganze Erdgeschoß, das mit unordentlichen Regalen und mit Hunderten von Frauen übersät war – die meisten von ihnen schwarz gekleidet. Sie hetzten von Ladentisch zu Ladentisch und durchwühlten alle Regale. Wie Insektenschwärme sahen sie aus, mehr Fliegen als Ameisen ähnlich. An diesem Tag wurden Gratisballons verteilt. Dicke, alte Frauen mit Schlitzaugen in ihren rohen Gesichtern hielten sie in den Händen. Es sah wie in der Hölle aus. Die Hüte waren abscheulich. Jack sagte kein Wort, wie immer bei solchen Gelegenheiten, und wurde langsam wütend. Wenn ich sagte: »Gefällt dir das?«, antwortete er: »Nein! Entsetzlich vulgär!« Und wenn ich nur die Hand nach etwas ausstreckte, dann zischte er mir schon ein »Oh, großer Gott!« ins Ohr. Schließlich verließen wir das Geschäft. Als wir auf ein Taxi warteten, versuchte eine Frau, Selbstmord zu begehen, indem sie sich auf Jacks Regenschirm stürzte, mit dem er Löcher in den Asphalt stach. Sie war außer sich vor Wut. Ich rannte davon und kam zu einem Mann, der Küken verkaufte. Sie piepsten, wenn man ihnen etwas vorpfiff. Als das Taxi kam, hatte mich Jack aus den Augen verloren. Zuletzt stiegen wir streitend ein, fuhren zum Hotel, stiegen aus, dann gleich wieder ein und ließen uns zu einem anderen Hutgeschäft fahren. »Bringen wir die verdammte Sache hinter uns!« stieß Jack hervor. Dieses Geschäft kannten wir schon. Es waren nur etwa 25 Personen da. Hüte flogen durch die Luft. Eine Frau setzte sich den alten, abgetragenen Hut einer anderen Frau auf – er war mit Nadeln besteckt – und ging damit zur Kasse. Die Hutbesitzerin stürmte mit entsetzter Miene hinter ihr her und riß ihr den Hut vom Kopf.

Ich hatte mir vorgenommen, irgendeinen Hut zu kaufen, gleichgültig welchen, nur Federn durfte er keine haben. Zuletzt entschied ich mich für einen Tannenzapfen mit zwei Vögeln darauf!

Nun weißt Du, was es heißt, in einer Stadt zu leben.

… Was den Tea-Room betrifft: Ich glaube, daß sich wirklich etwas Gutes an der Südküste machen ließe. Man müßte zum Beispiel morgens nach dem Bad frische, süße Brötchen und solche Sachen anbieten. Ich an Deiner Stelle würde versuchen, etwas Originelles aufzubauen – etwas Einfaches, aber mit eigenem, unverwechselbarem Stil. Die Hauptsache ist eine Spezialität, die wirklich gut schmecken müßte. Wenn Du etwas mit Schokolade herstellen möchtest, dann nur nach allerneustem Rezept. Du siehst, ich könnte ein ganzes Buch über dieses Thema füllen. Schreibe mir über Deine Pläne, wann immer Du magst.

… Entschuldige meine Schrift. Ich bin wie immer in fürchterlicher Eile und muß heute noch eine Erzählung wegschicken. Aber ich habe gedacht, daß ein Schwatz mit Dir gut tut, um mich Dir gegenüber nicht schuldig zu fühlen.

KM

Vertraulich.

Liebe Ida,

die Behandlung war – so weit ich sie beurteilen kann – ein großer Erfolg (ich zögere zwar, dieses bedeutungsvolle Wort zu gebrauchen). Ich huste kaum mehr, habe zugenommen und keine Rheumaschmerzen mehr. Weder Lungen noch Sputum mußten noch einmal untersucht werden. Das alles möchte ich Dir erzählen. Alles sieht danach aus, als würde ich bald wieder ganz gesund. Meine Stimme ist wie früher, und ich brauche auch keine Medikamente mehr. Nur mein Herz ist müde und schwach. Ich bin schnell außer Atem und kann nur im Schneckentempo und mit vielen Pausen gehen. Aber das starke Herzklopfen ist weg. Da ich nicht mehr husten muß und kein Fieber mehr habe, wird sich mein Herz auch langsam erholen. Manoukhin sagt sogar, daß ich im Juni fähig sein werde, eine ganze Stunde spazieren zu gehen. Ich habe das Wort »vertraulich« an den Briefkopf gesetzt, weil ich nicht möchte, daß Du jemandem, der Dich vielleicht über mich ausfragt, etwas sagst, bevor ich den genauen Bericht und die Röntgenbilder in der Hand habe. Wenn trotzdem jemand fragen sollte – dann sag nur, daß es mir unendlich viel besser geht und ich zugenommen habe.

Hat Jack Dir mitgeteilt, daß wir ins »Angleterre«* gehen werden? Würdest Du Dir, wenn Du einmal hinuntergehst, ein paar Zimmer ansehen? Das wäre sehr nett von Dir, Du wohnst ja ganz nah. Ich kann gar nicht sagen, wie sehr ich mich freue, im Frühsommer dort zu arbeiten. Jeder andere Plan würde viel Zeit kosten, aber dort können wir uns innerhalb eines Tages einleben und sofort zu arbeiten beginnen, denn wir sind beide im Rückstand. Hier wird das Schreiben immer schwieriger. Das Wetter ist göttlich. Ich war gestern mit den Schiffs an einem entzückenden Platz im Bois. Ich könnte mir denken, daß ich noch zu tanzen beginnen würde, wenn ich länger hierbliebe. Du glaubst nicht, wie schön die Frauen unter den blühenden Kastanien im Freien zu der Musik eines Orchesters getanzt haben. Ein Hochgenuß. Ich liebe diesen Überfluß, tauche darin ein, tauche wieder auf – vor allem hier in Paris, wo überbordende Vielfalt in Kunst umgesetzt wird. Murry kauft die herrlichsten Sachen. Alles ist ein wunderbares, vollkommenes Spiel. Man trinkt hier den Tee im Freien. Ein Zeremoniell. Tasse und Untertasse schimmern im Licht, und die Zitrone sieht aus, als sei sie eben erfunden

---

* Das Hotel in Randogne, dem kleinen Dorf unterhalb von Montana, wo KM und Murry sich nach ihrer Rückkehr in die Schweiz aufhalten wollten.

worden. Aber niemand macht ein Aufheben davon. Auch nicht vom Geld. Es herrscht grenzenlose Freiheit.

Was schreibe ich da für einen Unsinn zusammen? Ich muß aufstehen und meine Wollsachen waschen. Die Fensterläden sind nur zur Hälfte geschlossen. Eine rote Azalee, die Jack in Poitiers gekauft hat, leuchtet ins Zimmer. Sie hat zuerst erbärmlich ausgesehen. Aber in diesem herrlichen Licht, in dieser Wärme ist sie zu einer Wunderblume geworden!

Ida, kannst Du ein Paket für mich fertigmachen? Wenn nicht, tun wir es hier gemeinsam, und Du gehst damit zur Post. Ich muß diese alten Kleider loswerden. Mit Jack ist so etwas nicht möglich. Er plant für den Herbst eine Lesereise durch England. Wenn meine Zeit hier vorbei ist, gehe ich nach Bandol ins Beau Rivage und hoffe, vor meiner Wegfahrt ein Hausmädchen zu finden. Bis jetzt habe ich mich noch nicht darum gekümmert. Irgend jemanden muß ich finden. Solange die Sonne scheint, drängt die Sache nicht. Es ist hier jetzt so heiß wie in San Remo. Ich habe die Ärmel meiner blauen Bluse abgetrennt. Lange Ärmel sind unerträglich. Letzte Nacht habe ich um 22.30 Uhr in der Badewanne gepaddelt. Ich werde aber immer noch mit Linsenmus und Würsten gefüttert. Gestern habe ich mit den Schiffs Erdbeertörtchen gegessen. Kannst Du sie zubereiten? Verzeih mir diesen sehr dummen Brief.

Immer,
KM

Mein innigstes Mitgefühl für Wingly*. Wäre es nicht besser, Deinen Tea -Room »The Black Cat« zu nennen? Warum schickst Du die Rechnungen nicht?

Ich ging also nach Randogne hinunter, wo ich im »Hotel d'Angleterre« – nicht weit von Elizabeth's Haus entfernt – ein paar Zimmer für Katherine und Murry reservierte. Ich tat mein Bestes, auch wenn das Haus den Gästen außerhalb

---

* Die Katze mußte nach einer Infektion operiert werden.

der Saison mit seinen halbleeren Räumen und wenigen Angestellten ein armseliges Bild bot. Ich spürte, daß ich Katherine wieder einmal ihrem Schicksal – und Murry –
überlassen mußte.

Danach bereitete ich meine Reise nach England vor. Ich
schloß Ende Mai das Chalet, legte Wingly das Halsband
um und besuchte auf der Durchreise Katherine in Paris. Bei
unserer Begegnung erstaunte mich, wie tapfer sie die Hitze
und das unaufgeräumte Zimmer ertrug. Ich blieb nur kurze
Zeit. Wingly erholte sich zusehends – die Katze hatte die
Reise im Zug, wenn auch nach Luft schnappend und
bäuchlings auf dem Sitz ausgestreckt, gut überstanden –
und untersuchte alles, sogar die Fenster der benachbarten
Zimmer. Schweren Herzens und in großer Sorge verließ ich
Katherine, die ähnlich empfunden haben muß. Als ich wieder in England war, erreichte mich ihr folgender Brief.

29. Mai 1922, Samstag

Meine liebe Ida,
seit ich Dein Telegramm erhalten habe und weiß, daß Du
gut angekommen bist, bin ich unendlich erleichtert. Es war
lieb von Dir, mir eines zu schicken. Unsere Trennung hat
mir fast das Herz gebrochen – das hast Du sicher gespürt.
Ich habe sie nicht fassen können. Auf einmal erschien sie
mir so ernst und falsch. Betrachten wir diesen Abschied
bitte nicht als endgültige Trennung. Wir wollen uns weiterhin verabreden und gelegentlich treffen. Bist Du damit einverstanden? Ich voll und ganz. Rege Dich nicht über Susie
de Perrot auf. Schicke kein Geld mehr zurück. Gib es aus!
Wenn Du wüßtest, was dieses kleine Buch mit den Konto-
auszügen in mir ausgelöst hat! Ich hätte vor Elend heulen
mögen. Dann schnappten sie Dir noch 5 Pfund weg und
überließen Dich Deinem Schicksal. Das ist gemein.

Ich habe den Eindruck, als hätte ich überhaupt nicht mit
Dir geredet. Die Hitze war überwältigend, dann kam noch

256

mein Zahn dazu. Vielleicht ist aber alles nur halb so schlimm. Wie ich es hasse, Dich auf Reisen zu wissen! Weil ich dann Deine Müdigkeit spüre und weiß, daß Du Dich immer abhetzt, nicht genug ißt, Dein Hut verrutscht und was weiß ich noch alles. Wenn ich reich bin, meine liebe Ida, kaufe ich Dir ein Haus und bitte Dich, für mich dort lauter flatternde Fahnen und Flügel zum Fliegen bereitzuhalten. Ich wünschte, Du könntest in der Zwischenzeit bei Mrs. Scriven bleiben, dort Osterpudding essen oder mit Dollys Kindern spielen.

Wie gut, daß die arme, kleine Katze aus ihrem Korb befreit ist. Schrecklich, dieses Tier so zu lieben. Ich weiß – Du glaubst, sie sei mir gleichgültig, weil ich immer davon rede, sie aus der Welt zu schaffen. Während ich das schreibe, sehe ich sie vor mir, wie sie mit ihren kleinen Pfoten im Wollkorb wühlt, in der Ecke sitzt oder von ihrem Spaziergang zurückkehrt, ab und zu die Pfote hebt .... Eines Tages schreibe ich sicher eine Katzengeschichte, die allen, die sie lesen, das Herz bricht! Ich hoffe, daß sie nicht stirbt und Du ihr bei nächster Gelegenheit eine Sardine gibst ...

Hier ist es nicht mehr so heiß. Ein leichter Wind geht. Bis heute abend (Samstag) hat eine schreckliche Hitze geherrscht. Heute nachmittag bin ich in den Louvre gegangen, um die griechischen Skulpturen anzuschauen – wunderschön. Der Unterschied zwischen den griechischen und den römischen Figuren ist sehr groß. Die Skulpturen der Griechen leben, atmen und fließen, als sei das Leben in ihnen gefangen. Gefangen klingt zwar nach Unglücklichsein, aber die schönsten Skulpturen verströmen einen strahlenden Frieden. Teile des Parthenon-Frieses, Figuren mit Früchten und Blumen in den Händen, sind unendlich schön. Bis heute habe ich nicht gewußt, was ein Faltenwurf ist. Lange habe ich mit vielen anderen Besuchern zusammen die Venus von Milo betrachtet und fand sie so schön wie noch nie. Ihre Ausgewogenheit ist wunderbar. Es ist faszinierend, die Entwicklung zu dieser Perfektion zu verfolgen – begonnen bei der Darstellung der Köpfe, die so flach sind, als habe man sie mit einem Bügeleisen plattgedrückt und nur die Nase mit einem Tupfer markiert. Dann die Periode der Naturverehrung, als man die Körper rund und kräftig wie Baumstämme darstellte, dann – durch den Einfluß der Ägypter – die steifer werdenden Formen. Schließlich diese Frau, eine vollkommene Blume. Wenn man hier umhergeht, verliebt man sich in den menschlichen Körper, in diese hübschen Bauchfalten, die Rundungen der Knie, die Schönheit der Schenkel. Der Louvre ist ein großartiger Ort, man könnte Monate darin verbringen.

Wir hoffen, nächsten Freitagabend hier wegzufahren. Die nächste Woche wird stürmisch werden, wir haben viele Verpflichtungen, Mittagessen und Dinners, und jeden Tag muß ich noch zu diesem Zahnarzt gehen. Ich glaube, wir verlassen Paris gerade noch zur rechten Zeit, sonst würden wir aufgefressen. Diese gesellschaftlichen Anlässe beanspruchen so viel Zeit – sich zurechtmachen, die Handschuhe heraussuchen, Mantel und Kleid bürsten, die Schuhe putzen … das dauert bestimmt eine Stunde. Später werde ich alles nachholen, wir haben bis zum Herbst alle Verpflichtungen abgesagt … Das klingt leicht blasiert, als ob sie mir heimlich doch gefielen, nicht? Man kommt aber nicht darum herum, wenn man hier lebt. In einer Stadt wie dieser ist ernsthaftes Arbeiten unmöglich. Man ist nicht frei genug, beim besten Willen nicht, und bleibt für Ablenkungen und Zerstreuungen viel zu empfänglich.

Es ist halb zwölf. Jack ist noch ausgegangen, wahrscheinlich sitzt er in einem Café. Ich liege hier wie gewöhnlich und verspüre großen Hunger. Wie schön wäre jetzt eine Tasse Tee und etwas zu essen! Es wäre genau die richtige Zeit dafür. Auf meinem Tisch steht ein Krug voll altmodischer, moosfarbener Rosenknospen, die den Geruch vergangener Jahre verströmen. Ich habe den Strauß gestern abend bei einem jungen Blumenverkäufer auf der Straße gekauft.

258

Das ist ein schrecklich netter Brief, den Du von mir bekommst. Ich muß den Stift zwingen, daß er sich bewegt. Er will nicht so richtig von alleine laufen, was nicht heißen soll, daß ich müde bin. Nein, nur meine Hand ist müde. Wie geht es allen? Sage es mir. Ich sollte diesen Brief schnell beenden, denn schon überfällt mich wieder dieses Gefühl – ein Schmerz, eine Sehnsucht, eine Empfindung, die ich nicht loswerde, bis ich weiß, daß Du mir nah bist. Nicht meinetwegen, nicht, weil ich Dich brauche, sondern weil ich Dich auf meine schrecklich verhaßte, unduldsame Art liebe und immer die Deine bin,

KM

Als ich wieder in England war, ging ich nach Lewes zu meiner Tante, Mrs. Scriven, die unsere liebe, tapfere Katze Wingly für immer bei sich aufnahm. Dann begann ich mich nach einem Tea-Room umzusehen.

Sechs Wochen lang versuchte ich, an der Südküste etwas Passendes zu finden. Ich hatte keine Ahnung, wie ich diese Sache anpacken sollte, wußte auch nicht, daß es dafür Immobilienmakler gab. Ich verbrachte die ganze Zeit auf meinem Rad, fuhr die Küstenstraße entlang, um irgendwo einen leerstehenden Laden zu entdecken – und fand keinen.

Inzwischen waren Katherine und Murry am 4. Juni nach Randogne aufgebrochen. Was für eine verhängnisvolle Reise! Katherine war so schwach, daß jede kleinste Einzelheit hätte vorbereitet werden müssen. Nur eine sorgfältige Planung hätte die Reise für sie erträglich gemacht. Fahrkarten, reservierte Sitzplätze, Gepäck, Pässe und ein Picknickkorb hätten – möglichst unter ihrer Aufsicht – vorbereitet werden müssen.

Murry hatte aber von allem keine Ahnung. Ich glaube nicht, daß er seit Katherines Erkrankung je einmal mit ihr allein gereist war. Alles ging schief: Fahrkarten gingen verloren oder waren nicht einmal gelöst worden; die Zeitplanung stimmte nicht, so daß Katherine durch die Menschenmenge hetzen mußte; dann gab es Schwierigkeiten mit dem Gepäck und mit den Erfrischungen. Als die Koffer im Eiltempo ausgeladen wurden, blieb der kleine Wekker – der wichtigste Begleiter auf jeder Reise – im Zug zurück. Nur in Sierre gab es endlich eine Verschnaufpause, bevor die Reise mit der kleinen Bergbahn nach Randogne hinauf weiterging. In Randogne regnete es in Strömen, aber Katherine besaß keinen Regenmantel. In einem offenen Wagen wurden sie samt Gepäck zum Hotel gefahren, einem äußerst einfachen Haus ohne Komfort. Bald darauf erkrankte Katherine an Grippe und Brustfellentzündung, und Murry verstauchte sich einen Fuß.

Ich habe diese grauenhafte Reise von Paris in die Schweiz immer als Ursache dafür angesehen, daß ihre Krankheit sich verschlimmerte, und die Schuld Murry zugeschoben. Zu Unrecht vielleicht, aber sein Verhalten Katherine gegenüber war verantwortungslos. Ihr Brief beschreibt die ausgestandenen Schrecken.

Hotel d'Angleterre Randogne, 5. Juni 1922, Sonntag

Meine liebe Ida,
endlich sitze ich auf dem Balkon, die vertrauten Berge vor Augen. Es ist heiß, nur ein leichter Wind geht. Die Grillen zirpen, und die Kirchenglocken läuten. Wie wir hier schließlich gelandet sind, weiß ich selbst nicht mehr. Alles ist schiefgegangen. In Paris wurde uns die Wäsche nicht rechtzeitig zurückgebracht, so daß wir verspätet aufbrachen. Brett tauchte mit großen Paketen auf, die wir unmöglich mitnehmen konnten und die sie für uns aufheben will – aber wie lange? Erst im Gare de Lyon merkten wir, daß ja Pfingsten war. Weit und breit keine Gepäckträger. Die Reisenden mußten ihre Koffer selbst schleppen. Ganze Schwärme, ja, Heerscharen waren da. Fünfzehntausend junge Gymnasiasten aus der Provence waren eben angekommen und strömten an uns vorbei.

Der arme Jack verwaltete mein Geld und bezahlte mit einem 500 Francs-Schein statt mit einem 50 Francs-Schein. Als wir endlich im Zug waren, befanden wir uns nicht im Schlafwagen, sondern in einem ganz gewöhnlichen Wagen Erster Klasse mit drei anderen Reisenden zusammen. Es gab keine Waschgelegenheit – gar nichts. Weil gestern in Montreux das verfluchte *Fête des Narcisses* stattgefunden hatte, war der Zug mit Gruppenreisenden überfüllt. Diese Nacht! Und dieser Schmutz! In Lausanne sahen wir wie Neger aus. Hier folgte ein weiterer Ansturm auf den Zug nach Sierre (mit verlorengegangenen Gepäckscheinen), und zuletzt kamen wir mit zwei Stunden Verspätung im »Bellevue« an, halb verhungert, weil wir nichts« zu essen mitgenommen hatten und man sich im Zug nicht verpflegen konnte. Aber das bezaubernde Hotel war besser denn je, alle Leute nett und zuvorkommend. Vor den Zimmerfenstern die Äste der Bäume, die sich im Wind bewegten, der Duft von Rosen und Linden. Nachdem wir uns gründlich gewaschen und uns bei einem guten Lunch satt gegessen hatten – wie kommt es, daß Gläser und Löffel derart glänzen können? – legte ich mich hin, um zu schlafen, und Jack ging aus. Der nächste Schreck: La voiture est là, Madame! Himmel! Nichts war gepackt, Jack noch nicht einmal zurück, die Rechnung nicht bezahlt. Ich bin an solche Aufregungen nicht mehr gewöhnt. Wir fanden Jack schließlich auf dem Postbüro und kamen eben noch rechtzeitig zum Bahnhof. Als wir in Randogne eintrafen, gab es für unser Gepäck keinen Platz mehr im Wagen, so daß wir ohne unsere Sachen aufbrachen (ein weiterer Gepäckschein war verloren gegangen, Jack deswegen total niedergeschmettert). Kaum hatten wir den Bahnhof verlassen, begann es zu regnen. Ein kalter Bergregen strömte auf uns herunter. Meine Pelzjacke und der Rock fühlten sich wie Leder an. Wir waren von oben bis unten naß. Die Straße, die seit letztem Winter noch nicht wieder hergerichtet worden ist, sah wie ein Flußbett aus. Das Schlimmste aber waren unsere

45. Hotel d'Angleterre, Randogne.

Ankunft im Hotel und der Umzug in diese kleinen, schäbigen Zimmer. Wir entschieden uns für die drei im Erdgeschoß, von denen Du gesagt hattest, sie wären so schön und groß. Gütiger Gott! Wie konntest Du nur so daherplappern? Es sind nur kleine Einzelzimmer, und sie sehen fürchterlich aus. Die Besitzerin sagte uns, sie verfüge über kein Dienstpersonal und besorge mit ihrer Schwester alles allein. Erst dachte ich, es wäre am besten, gleich wieder aufzubrechen. Weil das aber nicht möglich war, entschloß ich mich, das Ganze als Spiel zu betrachten, auf die Art: »Hier könnte auch R. L. Stevenson gewohnt haben« oder »Aha, so also sieht ein kleines Hotel in Rußland aus«.

Jack war danach sofort viel glücklicher. In meinem Zimmer gab es aber nicht einmal einen Sessel oder ein Glas; im Zimmer von Jack keinen Waschtisch. Ich sorgte dafür, daß uns die alte Frau die Sachen brachte. Sie ist liebenswürdig und freundlich, die arme Seele, und sehr schüchtern. Vor dem Abendessen kam dann unser Gepäck an. Als wir alles ausgepackt hatten, sah mein Zimmer schon etwas besser aus. Kaum waren wir aber dabei, uns einzurichten, entdeckten wir, daß Jack meinen kleinen, geliebten Wecker im Zug vergessen hatte. Und Jack stellte fest, daß ihm sein Schreibzeug fehlte.

Trotzdem werden mich in den nächsten zwei Monaten keine hundert Pferde von hier vertreiben. Ich glaube, man bekommt hier anständiges Essen. Sie haben jedenfalls ausgezeichnete Eier, gute Buttermilch und eigenes Gemüse. Ich war den Tränen nahe, als ich sah, wie sie sich gestern beim Abendessen bemühten, uns mit ihren Kochkünsten zu beeindrucken – mit einer armseligen, gekochten Creme, die geronnen und von kleinen, weißen Fäden durchzogen war.

Es ist zumindest ruhig hier. Der Balkon könnte nicht besser sein. Diese Luft! Nach Paris nun dieser Friede! Und diese Aussicht anstelle verrußter Mauern! Städte sind etwas Abscheuliches. Ich könnte niemals schreiben, wenn ich in einer Stadt leben müßte, wo ich mich dauernd abgelenkt und unkonzentriert fühle. Und diese gräßlichen Parties – oh, wie widerlich sie sind. Wie ich das Wort »chic« hasse, »c'est plus chic, moins chic, pas chic, très chic …«. Die Französinnen singen ewig dasselbe Lied. Und die Hitze! Die war schlimm! Und das unappetitliche Essen! Zuletzt habe ich meinen Zahnarzt auf einen späteren Zeitpunkt verschieben müssen, sonst wäre mir alles zuviel geworden.

Aber genug jetzt von Paris. Ich schreibe kein Wort mehr darüber. Bitte schreibe mir, wenn Du diesen Brief bekommen hast. Meine Unterwäsche ist in Fetzen. Ich komme nie dazu, sie zu flicken. Alle Bündchen meiner Unterhosen sind ausgefranst, die Säume meiner Hemden auch, und die Nachthemden sind nicht umnäht. Welch ein Schicksal! Aber es ist nicht so schlimm. Es ist bald vergessen, wenn man den Himmel hier betrachtet und das wogende Gras im Licht vor sich sieht. Was tust Du? Wie sehen Deine Pläne aus? Wie geht es Wing? Wie geht es allen andern?

Immer Deine,
KM

Murry hatte geglaubt, daß er mit Katherine glücklich Hand in Hand in der Umgebung spazieren würde – wie ein zur Erholung weilendes Paar – bis sie ein Haus im Stil der Villa Pauline gefunden hätten. Aber Katherine wurde bald bewußt, daß diese neue Lebensart für sie unmöglich war. Sie kam damit nicht mehr zurecht, wollte mich rufen und um Hilfe bitten, aber sie spürte, daß sie nicht einfach nur schreiben oder telegraphieren konnte: »Bitte komm! Jack schafft es nicht.« Sie wollte ihn nicht im Stich lassen, deshalb schrieb sie mir den folgenden Brief.

Hotel d'Angleterre, vor dem 9. Juni 1922

Das ist das stenographierte Resultat wochenlanger Überlegungen:

Ida,

wenn Du diesen Sommer nicht schon fest verplant haben solltest – dann hör gut zu. Es geht nicht. Ich bin in jeder Beziehung krank wie eh und je. Ich möchte, daß Du zu mir kommst, wenn Du kannst, und zwar folgendermaßen: Wir werden Jack täuschen müssen. Er kann das, was ich tun muß, nicht abschätzen. Er hilft mir zwar, so gut er kann, hilft aber trotzdem nicht richtig. Ich verbrauche meine ganze Energie dafür, um alles einigermaßen in Ordnung zu halten. Zum Schreiben habe ich keine Kraft mehr, bin mit allem im Rückstand, bringe nichts zustande und starre nur in die Wolken. Ich bin sogar zu müde zum Denken. Was mich denn ermüdet? – Nun, aufstehen, mich um alles kümmern, alles erledigen, Jack schonen und so weiter. Dann hat mich unsere Reise hierher buchstäblich fast das Leben gekostet. Er hat keine Ahnung, wie sehr ich gelitten habe. Er kann auch nicht verstehen, warum ich »so furchtbar« ausgesehen habe, daß alle annehmen mußten, ich sei schrecklich krank. Jack wird mich *nie* verstehen, das ist mir klar. Ich erlaube mir deshalb, Dich zu fragen, ob Du mir helfen kannst. Dabei werden wir folgendermaßen vorgehen müssen: Alles müßte von Dir ausgehen. Ich entwerfe einen Brief für Dich, den Du, falls Du einverstanden bist, abschreibst und mir schickst. Es ist nicht falsch, so etwas zu machen. Es ist richtig. Ich wollte es schon lange tun. Ich spüre, daß ich ohne Dich nicht leben kann. Wir wollen es wieder miteinander versuchen und auf neue Art zusammenleben. Liebe Ida, ich kann Dir nichts versprechen. Besser gesagt, ich kann nicht viel mehr tun, als etwas zu versprechen. Wenn Du meine Bitte nicht annehmen willst, dann vergiß sie. Aber laß mich zumindest den Vorschlag machen – als Versuch.

Immer Deine,

KM

Bitte entschuldige, wenn ich mit diesen Dingen einfach so herausplatze. Es geht nicht anders, ich habe aber Verständnis, wenn das Ganze für Dich nicht in Frage kommt und Du meinen Brief – den Briefentwurf – schrecklich findest und wegwirfst. Offen gestanden: Ich kann nicht richtig arbeiten, bis ich weiß, daß Du da bist. Die Kraft fehlt mir. Wenn es nicht klappt, muß ich mir einen Kompromiß ausdenken. Das wäre allerdings schlimm, weil ich an einer heftigen Lungenentzündung erkrankt bin, die meine Lebensgeister lähmt.

Als ich diesen Brief von Katherine erhielt, schickte ich ihr sofort meine Antwort, auf die sie sehnlichst wartete.

Liebe Katherine,
alles, was Du mir über die Anstellung eines Hausmädchens schreibst, habe ich mir gründlich überlegt. Nun möchte ich Dir eine Lösung vorschlagen, die in meinen Augen von allen die beste ist. Wärst Du bereit, mich diesmal als »professionelle« Hilfe anzustellen – als, sagen wir, eine Mischung aus Begleiterin und Sekretärin? Ich glaube, ich kann Dir besser als jede andere helfen, aber nur, wenn wir uns eine klare Grundlage schaffen. Könntest Du mir zum Beispiel monatlich 6 Pfund bezahlen? Ich glaube nicht, daß ich mit weniger Lohn auskäme. Wie Du siehst, bin ich ganz ehrlich und treffe meine Entscheidungen so sachlich wie möglich. Du kannst sie als handfeste, praktische Vorschläge ansehen, die so lange gelten, bis Du Dich dort, wo Du bist, ganz eingelebt hast – wann auch immer das sein wird. Dann sehen wir weiter. Jede von uns könnte ihr eigenes Leben führen und dennoch, falls nötig, für die andere da sein. Wollen wir nicht einen Neubeginn versuchen und alles, was uns in der vergangenen Zeit gestört hat, vergessen? So leben, als würdest Du mich noch gar nicht kennen und mich als Deine Begleiterin und Sekretärin erst prüfen? Gewähre mir eine Probezeit von sechs Monaten. Du kannst es mir immer noch sagen, wenn Du glaubst, daß es mit uns nicht klappt. Das wäre nicht so schlimm – aber laß es mich so schnell

wie möglich wissen, ja? Ich habe lange darüber nachgedacht.

Immer Deine,

Ida

Murry war so verletzlich und unsicher, daß er immer wieder auf Bestätigung und Erfolgserlebnisse angewiesen war. Dieser Brief überzeugte ihn von der Richtigkeit meiner Rückkehr, besonders im Hinblick auf seinen verstauchten Fuß und seine Erkältung. Ich teilte Susie mit, daß ich nicht länger warten könne, leider keinen passenden Tea-Room gefunden hätte und in die Schweiz zurückkehren werde. Es tat mir leid, sie enttäuschen zu müssen. Ihre Wut auf mich war berechtigt, so wie ich das Recht hatte, auf meine warnende, innere Stimme zu hören. Vor meiner Abreise bekam ich von Katherine den folgenden Brief:

Hotel d'Angleterre, 14. Juni 1922

Liebe Ida,

dein »Brief« ist angekommen und hat genau das erreicht, was er erreichen sollte. Ich danke Dir dafür. Er wirkt so echt, daß ich beim Lesen selbst daran geglaubt habe. Dein Telegramm habe ich auch bekommen. Für die Angelegenheit mit Susie habe ich Verständnis. Tu, was Du für richtig hältst. Überstürze nichts und paß auf Dich auf. Ich habe nicht den Eindruck, daß die kleine Dame so viel Rücksicht verdient, nachdem sie Dich so mies behandelt hat. Miß Franklin dagegen ist eine Frau, die ich mag, so wie Deine Tante Mrs. Scriven. Beide Damen sind reizend.

Was unsere Pläne betrifft ... brauchst Du Geld? Ich schicke Dir einen Scheck über 7 Pfund, damit Du Dir Kleider, Strümpfe und solche Sachen kaufen kannst. In England findest Du die besten. Die Reise kannst Du auch davon bezahlen, ich weiß aber nicht, was sie kostet. Was die

266

Katze betrifft: Wem kannst Du sie geben? Kennst Du jemand? Würde Mrs. Scriven sie nehmen, sobald sie wieder gesund ist? Sie wäre dann sicher ein ganz ruhiges Tier, keine Kämpferin mehr. Hier könnten wir sie unmöglich halten, weil ich mir über meine Pläne noch nicht klar bin. Ich kann im Augenblick nicht einmal mehr Briefe schreiben, mir fehlt die Zeit. Ich bin mit meiner Arbeit für *Sphere* im Rückstand. Es ist schwierig, alles zu bewältigen. Ich schreibe keinem Menschen, verzeih. Versuche mich zu verstehen, beunruhige Dich nicht und telegraphiere mir nicht ohne triftigen Grund! Ich habe Horror vor Telegrammen, die fragen, wie es mir geht! Am liebsten möchte ich nur immer darauf antworten: Tot. Das ist die einzige Antwort. Himmel, welche denn sonst?

… Nun hör noch einen Augenblick dem alten Adam in mir zu, ja? Ich bitte Dich, mich künftig nicht auszunützen, meine Liebe, weil ich Dich angefleht habe, zu mir zu kommen und ich Dir gesagt habe, daß ich ohne Dich verloren bin. Ich habe mich nicht in einen dankbaren Engel verwandelt. Ich bin ein zutiefst verwirrter Mensch, der im Augenblick für rein nichts Zeit hat. Wenn diese Arbeit abgeschlossen ist, wird es mir allerdings besser gehen. Glaube mir das und versuche weiterhin daran zu glauben, auch wenn Du kein Zeichen von mir erhältst, das Dir sagt, daß ich Dich liebe und Dich gerne zur Frau hätte. Komm, sobald es Dir möglich ist. Teile mir mit, wann Du ankommst, damit ich einen Wagen zum Bahnhof schicken kann. Elizabeth* ist gekommen. Ich bin froh, weil mich ihr Besuch ein wenig von den Sorgen um Jack ablenkt. Es geht mir körperlich etwas besser, aber aufstehen, alles in Ordnung bringen, die Kleider bürsten, alle Kissen herumschleppen und so weiter … das sind für mich solche Anstrengungen, daß ich – zugegeben – absolut erschöpft bin. Es muß aber trotzdem irgendwie gehen. Es gibt keinen Ausweg, und ich

* Countess Russell.

muß mich bemühen, bis Ende dieses Monats alles allein zu bewältigen.

Immer Deine,

KM

Im Juni 1922 kehrte ich also in die Schweiz zurück und versuchte, Katherine das Leben zu erleichtern. Ich wohnte getrennt von ihr und Murry in einem anderen Teil des großen, leeren Hotels in Randogne und ging nur zu ihnen, wenn ich Katherine behilflich sein konnte oder Murrys Knöchel massieren mußte.

Katherine ging es etwas besser. Sie durfte aber noch nicht daran denken, mit Murry eine feste Wohnung zu suchen. Pläne dieser Art mußten aufgeschoben werden. Katherine ging häufig ins Freie, um an einem Abhang halbversteckt unter einem Baum zu sitzen und zu schreiben, die Berge vor Augen und das nahe Geläute der Kuhglocken im Ohr. Trotz dieser wunderbaren Hochsommerzeit mit den vielen Bergblumen, den Schneegipfeln in der Ferne und der großen Ruhe war sie nicht glücklich. Die Folgen der starken Lungenentzündung, die sie sich auf der verhängnisvollen Reise geholt hatte, belasteten sie. Wahrscheinlich spürte sie, daß die Behandlung bei Manoukhin das erhoffte Ziel, vollkommen gesund zu werden, nicht erreicht hatte, auch wenn es ihr jetzt viel besser ging. Er hatte ihr dringend eine weitere Behandlung empfohlen. Sie begann die Notwendigkeit einzusehen, obwohl sie sehr darunter litt und befürchtete, daß letztlich nicht die Tuberkulose, sondern das geschwächte Herz zu ihrem Tod führen würde.

Wir blieben noch eine Weile, bis Katherine glaubte, ihr angegriffenes Herz ertrage das Bergklima nicht länger. Im Juli fuhren wir beide ins schöne Schloßhotel Bellevue nach Sierre hinunter, während Murry zu Elizabeth nach Randogne ging. Zwischen Katherine und Murry war es inzwischen zu neuen Spannungen gekommen. Die immer offensichtlicher werdende Verschiedenheit ihrer Charaktere trübte ihr Glück und führte zu zahlreichen Trennungsversuchen.

Das größte Bedürfnis in Murrys Leben schien darin zu bestehen, festen Boden und zuverlässigen Halt zu finden. Er brauchte die uneingeschränkte Hingabe einer geduldigen, liebenden Seele, die zu ihm stehen und ihm helfen sollte, die verworrenen Probleme seiner unreifen Persönlichkeit zu lösen. Sein Verhalten stand zu seinem hochentwickelten Intellekt im Widerspruch. Katherine war aber weder Krankenschwester noch Ärztin. Sie war eher eine Chirurgin, die es wagte, die Oberfläche zu zerschneiden, um die wahre Persönlichkeit eines Menschen freizulegen. Dieser Vorgang gewährte ihr Einblick in Murrys Innenleben und machte sie zu seiner mitfühlenden Begleiterin. Möglich, daß solches Verhalten ein Versuch ist, wahre Nächstenliebe zu leben.

Die große Liebe zwischen Murry und Katherine überbrückte viele Schwierigkeiten, konnte aber die Zeiten der zahllosen Verzweiflungen und Trennungen, die damit verbunden waren, nicht verhindern. Katherine selbst sagte mir einmal, daß nur wahre Liebe solche Übel lindern, vielleicht sogar heilen könne.

Mittlerweile war zwischen ihnen eine Kluft besonderer Art entstanden. Jack war unfähig, die neue Richtung in Katherines Gedankenwelt, die sie seit ihrer Lektüre von *Cosmic Anatomy* eingeschlagen hatte, nachzuvollziehen. Sie betrachtete ihre körperliche Schwäche seither als Folge einer geistigen Unvollkommenheit und strebte nach einem Weg, der diesen Mißstand bessern sollte. Sie sehnte sich danach, ein Ganzes zu werden und spürte, daß dieses Ziel mit eigenen Kräften erreichbar war. Auf dieser Ebene gab es zwischen ihr und Murry nichts Verbindendes mehr. Ihre Wege begannen sich da, wo sie sich am nächsten gewesen waren, voneinander zu entfernen.

16 »Sie wollte noch so viel schreiben und mitteilen.«

SIERRE – POND STREET – HAMPSTEAD – PARIS 1922

Der Zauber des schönen, ruhig gelegenen, alten Schlosshotels »Bellevue« in Sierre wirkte auf Katherine wohltuend. Sie fühlte sich geborgen und fand wieder Kraft zum Arbeiten. Das Wechselspiel von Licht und Schatten in ihrem Zimmer inspirierte sie zum Gedicht:

The Wounded Bird

In the wide bed
Under the green embroidered quilt
With flowers and leaves always in soft motion
She is like a wounded bird resting on a pool.

The hunter threw his dart
And hit her breast,
Hit her but did not kill.
»O, my wings, lift me – lift me!
I am not dreadfully hurt!«
Down she dropped and was still.

Kind people come to the edge of the pool with baskets.
›Of course what the poor bird wants is plenty of food!‹
Their bags and pockets are crammed almost to bursting
With dinner scrapings and scraps from the servants' lunch.
Oh! how pleased they are to be really *giving!*
›In the past, you know you know, you were always so fly-away.‹
So seldom came to the window-sill, so rarely

Shared the delicious crumbs thrown into the yard.
Here is a delicate fragment and here a tit-bit
As good as new. And here's a morsel of relish
And cake and bread and bread and bread and bread.‹

At night, in the wide bed
With the leaves and flowers
Gently weaving in the darkness,
She is like a wounded bird at rest on a pool.

Timidly, timidly she lifts her head from her wing.
In the sky there are two stars
Floating, shining …
O waters – do not cover me!
I would look long and long at those beautiful stars!
O my wings – lift me – lift me!
I am not so dreadfully hurt ..

Das ganze Hotel mit seinen großzügigen Räumen war von kultivierter Atmosphäre erfüllt. In der Mitte des Hauses gab es eine kleine Kapelle, die so verstaubt wirkte, als sei sie noch nie von einem Lichtstrahl berührt worden. Es mußte lange her sein, seit hier jemand zum Heiligen Geist gebetet hatte, weil sogar der kleine Altar aussah, als habe er Gott vergessen.

Der schöne Hotelgarten sah mit den vielen, zwischen blühenden Büschen verstreuten Stühlen und Bänken sehr friedlich aus. Durch die hängenden Äste der hohen, weidenartigen Bäume schimmerte die Sonne. Eine Pflanze in diesem Garten weckte Katherines ganz besondere Aufmerksamkeit – eine wunderbare, voll erblühte Aloe, die sie an ihre meilenweit entfernte Heimat erinnerte. Katherine hatte ihrem ersten Entwurf von *Prelude* den Namen dieser Blume gegeben.

Im August nahm die Hitze zu. Nicht nur die üppigen Bäume im Garten verloren ihre Frische, auch Katherine wurde zusehends müder und wirkte niedergeschlagen. Sie

erweckte den Eindruck, als schleppe sie sich mühsam durch die Tage und lasse sich ziellos treiben.

Sie schrieb im August in Sierre ihr Testament und bat mich, ihr dabei zu helfen, weil sie spürte, daß dafür die Zeit gekommen war. Ich glaube, der Tod begann sie vermehrt zu beschäftigen ... nicht der Tod an sich, sondern der Gedanke, daß sie noch so viel schreiben und mitteilen wollte, und dann die Angst, keine Zeit mehr zu haben, um die Vielfalt ihrer inneren Bilder in Worte zu fassen.

Das Testament wurde in ihrem Zimmer im Schloßhotel »Bellevue« geschrieben, wobei wir jeden Punkt gemeinsam besprachen. Sie besaß wenig Schmuck; nur die kleine, goldene Uhr und die Kette, die ihr Murry vor einiger Zeit geschenkt hatte und die sie immer um den Hals trug. Ich erinnere mich, daß sie 22 Pfund gekostet hatte und sehr kostbar war. Bemerkenswert, daß ausgerechnet Murry ihr ein solches Geschenk gemacht hatte, er, der nie Geld ausgab und selten an Geschenke dachte (oder sie sich vielleicht nicht leisten konnte)! Dann eine Halskette mit kleinen, runden Korallen, die sie manchmal trug, und einen wundervoll gearbeiteten, perlenbesetzten Verlobungsring, den ihr Murry gekauft hatte, als beide noch sehr jung gewesen waren, und der ihr besonders viel bedeutete.

Daß Katherine mir ihre Uhr schenken wollte, konnte ich verstehen und annehmen, weil sie das Zeichen ihrer immerwährenden Liebe – beinahe ein Lebenssymbol – darstellte. Als sie mich aber fragte, ob ich auch ihre Bibel haben wollte, lehnte ich ab, weil ich den Gedanken an ihr Sterben nicht ertrug.

»Also gut, dann gebe ich sie Vater,« sagte sie.

Ich frage mich, ob sie heute noch jemand liest und wünsche mir, ich hätte sie damals genommen.

Katherine bat Murry inständig, so viel wie möglich von ihren Arbeiten und Schriften zu vernichten, weil sie keine Spuren hinterlassen wollte, die anderen Leuten Einblick in ihre Privatsphäre gewährten.*

Ich glaube, daß Katherine sich über Murrys Geiz und seinen Mangel an Großzügigkeit oft geärgert hat. Sie hat sich mir gegenüber nur ein einziges Mal dazu geäußert, als sie sagte:

»Wenn Jack Dir je einmal Geld anbieten sollte, dann nimm es, ohne zu zögern!« Sie wußte, daß ich in einem solchen Augenblick dazu neigte, »Nein, danke!« zu sagen, und bestand deshalb darauf, teils mir, teils ihm zuliebe, seine künftigen Angebote nie abzulehnen.

---

* Weitere persönliche Gegenstände vermachte sie Anne Estelle Drey, geb. Rice (ihren spanischen Schal), ihrer Schwiegermutter Mrs. Murry (ihren Pelzmantel), Richard Murry (ihren großen Perlenring), ihrer Cousine Elizabeth Countess Russell (ihre Shakespeare-Ausgabe). Je eines ihrer Bücher von ihr vermachte sie Walter de la Mare, H. M. Tomlinson, Dr. Sorapure, A. R. Orage, Sydney und Violet Schiff, J.D. Fergusson, Gordon Campbell und D. H. Lawrence. Ihren geschnitzten Spazierstock vermachte sie S. Koteliansky; ihre Schreibmappe, ihren Ring und ihre italienischen Toilettenköfferchen den Schwestern; ihrem Vater schließlich ihr Messingschwein und ihre Bibel.

In Sierre verbrachte ich die Vormittage mit Arbeiten für Katherine, verpflegte mich mittags mit einem Imbiss, um die teuren Mahlzeiten im Hotel zu sparen, und ging darauf entweder in den Garten oder auf lange Bergwanderungen. Katherine blieb allein zurück, genoß die Ruhe, legte sich ein wenig hin, arbeitete oder setzte sich in den Garten. Wir sahen uns immer erst im Lauf des späten Abends wieder.

[In Sierre schrieb Katherine (im Juli) die Erzählung *Father and the Girls,* in der sie das Schlosshotel »Bellevue« beschreibt, dann *The Canary* (*The Nation,* April 1923), ihre letzte vollständige Erzählung.]

Katherine ging manchmal nachmittags aus und fuhr in einem offenen, zweisitzigen Einspänner den sanft abfallenden Hügeln entlang, wobei ich sie gelegentlich begleitete. Auf einer dieser Ausfahrten hatten wir ein sonderbares Gespräch. Sie sagte, sie sei überzeugt, daß sie vor mir sterben werde. Als ich empört reagierte und sie bat, nie wieder so daherzureden, erwiderte sie in neckischem Ton, sie werde mir nach ihrem Tod in einer Streichholzschachtel einen Sargwurm schicken.

»Oh, nein, keinen Wurm!« entgegnete ich.

»Nein? Also gut, dann schicke ich Dir einen Ohrwurm!« erwiderte sie, worauf ich sagte, daß ich das schon besser fände.

(Wenige Wochen nach ihrem Tod mußte ich in das kleine Haus nach Ditchling gehen, das Jack gemietet hatte. Ich war in tiefster Trauer, außerdem sehr müde und hatte Lust auf eine Tasse Tee. Ich griff nach einer Streichholzschachtel. Pech! Sie war leer. Doch halt, nein! Etwas klapperte darin. Ich öffnete sie und fand Katherines Ohrwurm darin. Ihre postume Nachricht heiterte mich auf und entlockte mir sogar ein Lächeln!)

Manchmal besuchte Katherine die kleinen Dörfer in der Umgebung. Eines Abends fand im Dorf unterhalb des Ho-

274

tels ein Fest mit Blasmusik und vielen Laternen statt. Katherine stand am Zimmerfenster und feierte mit, indem sie sich das Fest vorstellte und sich über seine Bedeutung ihre Gedanken machte. Ich dagegen hörte nur, wie unerträglich falsch die Blaskapelle spielte! Doch das Fest war schön und heiter und weckte Vorstellungen von früherer Zeit, als das Hotel noch ein Schloß war und wie ein Herrscher über den Dörfern des weiten Tals gestanden hatte.

Als Brett von Katherines Aufenthalt in Sierre hörte, kam sie zu Besuch. Ob aus der Schweiz oder von London her, kann ich nicht mehr sagen. Sie malte fast die ganze Zeit und schuf ein prachtvolles Bild von der Aloe im Garten. Sie redete aber auch sehr viel und blieb oft bis spät in der Nacht in Katherines Zimmer. Das wurde für Katherine so anstrengend, daß sie mich öfters bat, hereinzukommen, um ihrem Gespräch ein Ende zu setzen und Brett ans Aufbrechen zu erinnern. Leider schlugen meine Winke und Bemerkungen fehl. Erst viel später habe ich erfahren, daß Brett von mir geglaubt hatte, ich sei eifersüchtig auf sie!

Murry kam Ende August aus Randogne, wo er bei Elizabeth gewohnt hatte, zu uns nach Sierre herunter. Ich hoffte, daß die Situation zwischen ihm und Katherine sich bessern würde, aber das war leider nicht der Fall. Katherine beschloß, nach England zurückzukehren, bevor sie die Behandlung bei Manoukhin fortsetzen mußte.

Wir reisten zu dritt nach England. Für Katherine war es seit 1920 das erste Mal, daß sie das Land wiedersah. Sie wohnte im ersten Stock von Bretts kleinem Haus an der Pond Street in Hampstead, den ihr die Freundin zur Verfügung gestellt hatte, während Murry im Haus nebenan eine Unterkunft fand. Ich ging zu meiner Freundin Dolly Sutton nach Chiswick und kam von dort jeden Tag nach Hampstead herüber.

Brett suchte Katherine immer zu den unmöglichsten Zeiten auf, wenn sie sich nach ihrem Befinden erkundigen wollte. Diese Störungen schränkten Katherines persönliche

Freiheit empfindlich ein, so daß ich jeden Morgen einen Zettel an ihrer Tür vorfand, worauf entweder »arbeite« oder »bin ausgegangen« stand. Diese Maßnahme sei für sie die einzige Möglichkeit, sich Luft und Raum zu verschaffen, sagte sie. Wenn sie mich erwartete, schlich ich mich heimlich zu ihr, um die Regelung aufrecht zu erhalten. Sie wollte in diesem Monat kaum jemand sehen, weil jeder Kontakt belastend war. Auf den ersten Blick schien sich ihr äußeres Leben in größter Zurückgezogenheit abzuspielen, was sich aber bald als Täuschung herausstellte.

[Am 30. August traf Katherine mit Orage zusammen, der sie in die Vorlesungen von P. D. Ouspensky in London einführte. Ouspensky war Russe und hatte sieben Jahre mit Gurdjieff* zusammengearbeitet.

Ouspensky lehrte im Sinn Gurdjieffs ein kompliziertes, allumfassendes System esoterischen Wissens, dessen Grundgedanke auf der Erkenntnis beruhte, daß der Mensch eine Maschine und das einzige Wesen der Schöpfung sei, das ein Bewußtsein entwickeln könne. Um dieses Bewußtsein zu erreichen, müsse er ununterbrochen an dieser »Maschine« arbeiten und sich beobachten. Tue er das, werde er die Harmonie der – wie er sie nennt – »drei Zentren« (Körper, Seele und Geist) erreichen und somit ganz-

---

* Ein kaukasischer Grieche, der sich zum Okkultismus hingezogen fühlte und mit seinen Anhängern viele Reisen unternommen hatte, um seine Kenntnisse in Esoterik zu vertiefen, mit ihnen zahlreiche Länder und kleinere Staaten zwischen der Türkei und Tibet, aber auch Indien, die Mongolei, Jerusalem und Ägypten bereiste. Im Jahr 1915 lehrte er in Moskau, wo er Ouspensky begegnete und mit ihm zusammenzuarbeiten begann. Nach seinem Weggang aus Moskau gründete er sein »Institut für die harmonische Entwicklung des Menschen« in Essentuki, Tiflis und Konstantinopel, während Ouspensky in diesen Städten über das Thema Vorträge hielt. Eine Fortsetzung ihrer Arbeit in Rußland wurde 1921 durch die politische Situation unmöglich. Ouspensky kam nach England, Gurdjieff nach Paris. Im Herbst 1922 gründete Gurdjieff in Fontainebleau sein Institut.

heitlich und bewußt werden. Der Gedanke, daß ein Mensch sein Bewußtsein aus eigenen Kräften erweitern könne, einen Willen habe und danach zu handeln imstande sei, sprach Katherine in hohem Maße an. Sie erkannte in dieser Lehre ihre eigenen Gedanken, lernte sie hier aber im Zusammenhang eines tieferen Wissens kennen.

Sechs Wochen lang besuchte sie die Vorträge von Ouspensky, die sie in sich aufnahm und die sie zu Diskussionen mit anderen interessierten Leuten anregten (in ihren Briefen an Murry erwähnt sie Orage, J. W. N. Sullivan und J. D. Beresford). Murry verließ London im September, um mit Locke Ellis zusammen in Selsfield zu wohnen. Katherines neue Denkweise widerstrebte seinem Wesen; er konnte ihr nicht folgen.]

Ich erinnere mich noch an den Tag, als Katherine mit Orage zusammentraf. Sie hatte ihn von jeher sehr geschätzt, aber als sie jetzt von ihm zurückkehrte, war sie glücklicher denn je, mehr, als ich erwartet hatte. Die Begegnung sei wunderbar gewesen, sagte sie. Orage habe sie umarmt, sie wie in früheren, glücklicheren Tagen »Darling« genannt und für ihre neuen Fragen, für ihr Suchen viel Verständnis gezeigt. Er nahm sie zu den Vorträgen über Psychologie in der Gruppe von Ouspensky mit und erleichterte ihr den schweren Weg. Sie erzählte mir davon und versuchte, mir ein paar Grundsätze der Lehren von Ouspensky zu erklären, aber ich konnte ihr unmöglich folgen.

Ich glaube, daß die Schiffs und Anne Estelle Drey gehofft hatten, Katherine noch einmal zu sehen, so lange sie sich in London aufhielt. Sie trafen sich tatsächlich noch ein- oder zweimal, aber Katherine zog sich spürbar von allen Freunden und Bekannten und vom allgemeinen Leben zurück, seitdem die neue Art des Denkens sie in Anspruch nahm. Später würde sich das alles ändern, erklärte sie. Nun aber, da sie auf dem Weg sei, sich eine neue Welt zu erschließen, würden ihr die alten Lebensmuster nicht mehr genügen.

Sie sah Richard wieder, Murrys Bruder, und einmal kam noch Koteliansky vorbei, wobei ich ihm die Tür öffnete und wir uns wortlos grüßten. Katherine erlaubte ihm eine Begegnung in ihrem Zimmer, ihre letzte, wenn mich nicht alles täuscht. Sie ging auch noch bei Dr. Sorapure vorbei, der ihr sagte, ihr Herz sei gesund und auch ihre Lungen seien stabil. Das verstärkte ihre Hoffnung, durch eine weitere Behandlung nach der Methode von Manoukhin wieder zu Kräften zu kommen. Sie versuchte deshalb, in England einen Arzt zu finden, der sie mit derselben Therapie heilen würde. Damals wußte aber niemand, wie der Gefahr einer Lungenembolie zu begegnen war, so daß sie befürchten mußte, durch die geringste Anstrengung einen Blutsturz zu provozieren. Keinen einzigen Augenblick mehr war sie frei vom Gedanken daran.

Die Behandlung mit Röntgenstrahlen wurde in London nach einer anderen Methode ausgeführt, was Katherine dazu veranlaßte, nochmals nach Paris zu Manoukhin zu fahren. Murry dagegen, der sich seit ihrem letzten gemeinsamen Pariser Aufenthalt mit Katherine zerstritten hatte, fuhr nach Randogne.

[In diesem Herbst gründete Gurdjieff im Le Prieuré von Fontainebleau sein »Institut für die harmonische Entwicklung des Menschen«, zusammen mit den Russen, die ihm gefolgt waren, und ein paar Engländern aus der Gruppe um Ouspensky in London. In Fontainebleau wurden die Ideen, von denen Katherine gehört hatte, von der Gruppe in die Praxis umgesetzt. Alle Teilnehmer lebten zusammen, vertrauten sich der Führung Gurdjieffs an, arbeiteten intensiv und erwarben sich praktische Kenntnisse in den Bereichen, die ihnen entsprachen. Katherine schien sich besonders für Gurdjieffs umfassendes Wissen der psychischen Struktur des Menschen zu interessieren, vor allem dafür, wie sie auf den verschiedenen Ebenen funktioniert. Sie erkannte in ihm einen Menschen, mit dessen Hilfe sie fähig

sein würde, ein Ganzes zu werden. Sie spürte, daß er unendlich mehr darüber wußte als irgend jemand, dem sie je
begegnet war.]

Am 2. Oktober überquerten Katherine und ich wieder den
Kanal. In Paris wohnten wir im Hotel »Select« an der Rue
de la Sorbonne – in demselben Hotel, wo wir schon 1918
abgestiegen waren. Es war klein und bot nur Übernachtung
und Frühstück, aber der oberste Stock, wo Katherine und
ich schon beim ersten Mal gewohnt hatten, entsprach genau ihren Wünschen: billige, ruhige Zimmer mit Dach-
schräge. Wahrscheinlich hatten sie früher zum Dachboden
eines großen, alten Hauses gehört, von denen aus man auf
die Dächer der Sorbonne blickte.

Katherine ging wieder zu Manoukhin und unterzog sich
mehreren Behandlungen, die von Mal zu Mal anstrengen-
der wurden. Wenn sie zurückkehrte, war sie jeweils so erschöpft und atemlos, daß sie sich mit entsetzlichem Herzklopfen hinlegen mußte. Dieser Zustand zog sich über zwei
Wochen hin. Weil es ihr aber immer schlechter ging und
das hämmernde Herz ihr Angst einflößte, beschloß sie, keine weitere Behandlung mehr zu riskieren.

Eine endgültige Entscheidung stand bevor. Katherine
schwankte zwischen der Behandlung bei Manoukhin und
der neuen Lebensphilosophie, wie sie in Fontainebleau gelehrt und gelebt wurde. Sie glaubte, Manoukhin habe versagt, obwohl es ihm immerhin gelungen war, ihr Leiden in
Grenzen zu halten. Ob er selbst an bessere Resultate geglaubt hatte, entzieht sich meiner Kenntnis. Zuletzt wagte
sie es nicht mehr, die Behandlungen fortzusetzen, weil sie
ihr Herz zu sehr gefährdeten.

Als sie sich schließlich für den neuen Weg entschied,
hieß das für sie, unter ihr bisheriges Leben einen endgülti-
gen Schlußstrich zu ziehen. Eine Umkehr gab es nicht. Das
kam mir vor, als würden ihr alle Fäden aus der Hand genommen.

Orage hatte beschlossen, sich Gurdjieff im Prieuré anzuschließen und *The New Age* zu verkaufen. Er kam am 14. Oktober nach Paris, an einem Samstag. Am selben Tag – Katherines Geburtstag – organisierte er für sie eine Besprechung mit Dr. Young, einem Arzt im Prieuré, der sie untersuchen sollte. Sie hatte große Angst davor und war sehr aufgeregt. Schließlich entschied sie sich ganz für Fontainebleau, um herauszufinden, ob diese neue Lebensart für sie die richtige sei.

17

»Der Teil in Dir, der durch mich gelebt hat, muß sterben.«

FONTAINEBLEAU 1922 – 1923

Katherines Entscheidung, nach Fontainebleau zu gehen, war nicht als plötzliche Wende in ihrem Leben zu verstehen. Sie war vielmehr das Resultat eines langen Reifeprozesses, der mit der Begegnung mit Ouspensky begonnen hatte. Nach der Untersuchung von Dr. Young war sie eingeladen worden, das Leben der Gemeinschaft im Prieuré während einiger Tage kennenzulernen.

Wir benötigten für den kurzen Aufenthalt nicht viel Gepäck, nahmen nur das Allernotwendigste mit. Daß ich bei Katherine bleiben sollte, war eine beschlossene Sache.

In Fontainebleau trafen wir zuerst mit Dr. Young zusammen, dann wurde Katherine ein Zimmer im ersten Stock angeboten, wo die Gäste untergebracht waren. Gurdjieff sahen wir erst später beim Mittagessen, aber an Einzelheiten unserer Gespräche kann ich mich nicht mehr erinnern. Ich war dort eine Außenseiterin, eine Fremde, für die es am Abend schwierig war, noch ein Bett aufzutreiben. Schließlich wurde in Katherines Zimmer eine Matratze auf den Boden gelegt. Daran erinnere ich mich noch genau, weil ich die ganze Nacht im Durchzug lag und am Morgen mit Halsschmerzen erwachte.

Gurdjieff schlug Katherine am folgenden Tag vor, ihren Aufenthalt um zwei Wochen zu verlängern. Er traf die nötigen Vorbereitungen, woraufhin sie in ein großes, schönes Zimmer mit Blick auf den Park wechselte.

Während der wenigen Tage, die ich dort verbrachte, wurde mir zuerst ein großer Garten gezeigt, der von Mitgliedern der Gemeinschaft betreut wurde, dann ein geräumiges Haus in der Nähe, wo die Kinder wohnten.

In dieser Zeit begann ich, ein Tagebuch zu führen, aus dem ich hier ein paar Abschnitte zitiere:

Dienstag, 17. Oktober
Nach Fontainebleau gegangen. Begegnung mit Dr. Young. Fahrt in kalter Luft durch eine Allee mit mächtigen Bäumen. Ankunft in einem alten, langgezogenen, nicht sehr hohen Schloß mit einem Springbrunnen im großen Innenhof, darin Blumenbeete voll purpurroter Blumen und goldener Herbstblätter.

Mittwoch, 18. Oktober
Den gestrigen Abend im Salon vor einem riesigen Kaminfeuer mit großen Holzscheiten verbracht.
»Feuer ist konzentriertes Sonnenlicht.«
Lebendige Atmosphäre mit Musik und Tambourin. Nach Paris wegen Briefen etc. für Katherine gefahren. Zum Abendessen wieder zurück. Schrecklich niedergeschlagen und gehemmt. Den Abend oben für mich allein verbracht. K. kam strahlend herauf, mit glänzenden Augen. Sie bleibt vierzehn Tage unter ärztlicher Aufsicht hier.

Donnerstag, 19. Okober
Heute morgen weggegangen. Totaler Gefühlszusammenbruch. Gepackt und Katherines Schachteln mitgenommen. Die Nacht im »Hotel de la Forêt« in Fontainebleau verbracht. Die Tür verriegelt aus Angst, ich könnte in einem verrufenen Haus gelandet sein. Bin zu unreif, um diese Welt zu begreifen.

Freitag, 20. Oktober
Bin wie gelähmt. Entschluß im Zug, irgendwohin aufs Land oder nach Rußland zu fahren. Ich sollte glücklich sein und auf das Leben Loblieder singen. Im Kopf tu ich's – aber mein Herz macht nicht mit.

Samstag, 21. Oktober

Zwei eingeschriebene Pakete zur Post gebracht mit gelbem Mantel etc. Mir ist, als käme ich von der Beerdigung eines Menschen, der mir alles bedeutet hat. Es ist so: Ich habe mich von Katherine verabschiedet. Meine Beziehung zu ihr ist mit dem Zustand nach dem Tod vergleichbar. Was noch an Leben erinnert, hätte viel früher vernichtet werden sollen. Es wäre leichter gewesen, sich davon zu lösen … für mich ist herzlich wenig übriggeblieben.

Mittwoch, 25. Oktober

Brief von K. Die Dauer ihres Aufenthalts bleibt unbestimmt.

Samstag, 28. Oktober

In größter Sorge um K. in der Nacht erwacht. K. deutlich rufen gehört, so daß ich darauf laut geantwortet habe. So ein kalter Wind.

Sonntag, 29. Oktober

Brief von K. bekommen. Sehr erleichtert. Wenn ich es nur fertig brächte, unabhängig zu bleiben, dann könnte ich ihr schreiben. Heute geschrieben. Ohne zu kritisieren. Ist mir nicht schwergefallen.

In den ersten paar Tagen erhielt ich von Katherine die folgenden Briefe und Postkarten:

Fontainebleau, Avon., Seine et Marne, Le Prieuré

Liebe Ida,

das ist die vollständige Adresse. Bis jetzt habe ich noch keine Post bekommen. Vielleicht ist sie verlorengegangen. Vielen Dank für die Sachen. Die warmen Leibchen und Schals freuen mich besonders. Wenn man mit dem Arbeiten aufhört, ist es hier kalt. Sehr kalt – aber schön.

Ich bin froh, daß es Deinem »Zahnweh«* besser geht.
Vielen Dank. *Ich bin glücklich.*
KM
Welche Kleider Du auch immer mit den 1000 Francs
kaufst: Bitte schicke sie mir. Vor allem eine warme Jacke für
den Abend mit einem weichen Schal.

24. Oktober 1922

L.I.,
alle Pakete sind gut angekommen. Schick mir bitte den
Stoff. Nein, ich will keinen anderen Unterrock und keine
Unterhosen. Und das Buch schicke bitte nicht. Warum
denn? Ich will jetzt gar keine Bücher. Ich möchte aber eine
andere Bettjacke – eine sehr warme – und einen Lehrgang
für Cellounterricht und ein Heft mit ganz einfachen
Übungen – zum Unterrichten. Es eilt.
Ich bleibe auf unbestimmte Zeit hier. Es geht mir besser.
Vorsichtshalber schicke ich der Bank mein Testament, falls
etwas geschehen sollte. Ich hoffe, daß Dein »Zahnweh« geheilt ist. Schreibst Du mir gelegentlich wieder? Jack scheint
auch »Zahnweh« zu haben. Hoffentlich siehst Du ihn,
wenn Du nach England zurückfährst.
Immer KM

28. Oktober 1922

L.I.,
alles ist angekommen. Für den roten Schal bin ich Dir sehr
dankbar. Genau das, was ich wollte. Hier ist das Muster.
Kannst Du mir ein Paar Galoschen und ein Paar Strumpf-
bänder schicken? Ich bin sehr gerne hier, bin in besten
Händen und fühle mich wie zu Hause. Weil ich fürchte, in
wenigen Wochen von hier wieder weggehen zu müssen, ge-

---

* Zahnweh war unsere Bezeichnung für seelische, nicht körperliche
Schmerzen. LM

284

nieße ich jeden Tag. Das Wetter ist wunderbar, aber fürchterlich kalt. Heute morgen war das Wasser im Springbrunnen gefroren. Keine einzige Blume mehr da. Die Blätter fallen den ganzen Tag. Vom Gras geht ein starker Duft aus. Eben bereiten wir ein türkisches Bad vor. Das wird guttun.

Ich verrichte hier keine »Arbeit«, ausgenommen – aber das ist schwer zu erklären.

Ich hoffe, daß Du glücklich bist. Hast Du die 1000 Francs nicht gebraucht? Soll ich Dir noch einmal so viel schicken? So sag es doch! Vergiß nicht, daß Du jederzeit eine Arbeit in Selsfield annehmen kannst, zum Beispiel Hühner braten für Locke Ellis.

Entschuldige meine Schrift. Ich schreibe auf der Tischkante unter ziemlich erschwerten Bedingungen.

Immer
KM

Liebe Ida,
schicke mir bitte den grünen Rock, aber schreibe kein Wort mehr über Kleider. Ich will keine! Ich will niemals mehr darüber reden und will auch nicht darüber nachdenken. Ich kann Dir auch über die anderen Dinge nichts erzählen. Hier ist die Adresse von Mr. Ouspensky: 38, Warwick Gardens. Warum fragst Du ihn nicht, wenn Du doch schon in London bist, ob Du an seinen Vorlesungen teilnehmen kannst? Ich schreibe jetzt nicht mehr. Ich will nichts über Miß Beach* hören.

KM

Nachdem ich von Fontainebleau wieder an die Rue de la Sorbonne zurückgekehrt war und dort Katherines Zimmer endgültig verlassen hatte, fiel ich in eine entsetzliche Leere. Ich fühlte mich völlig allein. Meine Tage waren sinnlos geworden. Vielleicht war meine Anteilnahme an Katherines

---

* Sylvia Beach, Buchhändlerin von »Shakespeare and Co.« in Paris.

Leben – bedingt durch ihre Krankheit – tatsächlich zu groß gewesen. Nun war alles vorbei. Katherine ging einen neuen, mir fremden Weg. Daß sie dabei glücklich war, entlastete mich und befreite mich vom Druck, helfend in ihr Leben einzugreifen. Nun wurde mir die Leere meiner Tage doppelt bewußt. Ich ging seelisch fast zugrunde. Katherine nannte das »Zahnweh«. Es war schwer zu ertragen, schwer wie die Ahnung, daß unsere irdische Verbundenheit bald zu Ende gehen und ich Katherine nie mehr sehen würde.

Ich bekam aber immer noch Briefe von ihr, und ich versuchte nach wie vor, ihre Wünsche zu erfüllen. Zu diesem Zweck fuhr ich Mitte November sogar nach London, weil dort immer noch einiges in Ordnung zu bringen war. Katherine wollte, daß ich mit Murry zusammenkäme, um später mit ihm gemeinsam einen Bauernhof zu übernehmen. Als ich sie nach genaueren Einzelheiten fragte, konnte sie sie aber nicht erklären. Ich faßte deshalb die Möglichkeit ins Auge, eine Arbeit in Frankreich zu finden. Von mehreren, die in Frage kamen, schien mir die Stelle in Lisieux bei Deauville, wo ich auf einem Bauernhof arbeiten konnte, bei weitem die beste.

10. November 1922

Liebe Ida,
ich glaube nicht, daß Lisieux eine gute Idee ist. Der Ort ist zu abgelegen. Du brauchst Leute und Kontakte, die Dich aus dem Busch klopfen. Ich fürchte, Du würdest auf diesem Bauernhof depressiv und antriebslos – das ist meine Meinung. Wäre das »Palace« in Montana nicht besser? Oder eine Stelle bei V.A.D. in Menton? Warum nicht Jinnie F. schreiben? Sie hätte vielleicht eine Idee. Es wäre absolut verrückt, wenn Du ein einsames Leben führen würdest. Du weißt doch, wie sehr Du Leute brauchst. Nur ganz starke Menschen ertragen die Einsamkeit.

Katherine merkte nicht, daß ich weder nach Südfrankreich noch in die Schweiz zurückkehren mochte. Die vielen Erinnerungen schmerzten viel zu sehr. Sie sah auch nicht ein, wie gerne ich auf einem Bauernhof arbeiten würde und wie glücklich ich wäre, bei Tieren zu sein und mit einfachen Menschen zusammenzuleben, deren intellektuelles Niveau nicht so hochgeschraubt war. Sie hatte vielleicht nie ganz verstanden, wie anstrengend es für mich gewesen war, Leuten aus höheren, intellektuellen Kreisen gerecht zu werden. Schon deshalb wäre es für mich unmöglich gewesen, mich um Murry auf einem Bauernhof zu kümmern.

In ihrem begonnenen Brief fährt Katherine fort:

Warum benimmst Du Dich so tragisch? Das hilft Dir nicht, das hindert Dich nur. Wenn Du leidest, dann lerne Dein Leiden verstehen und beherrschen. Jener Teil in Dir, der durch mich gelebt hat, muß sterben – erst dann wirst *Du* geboren. Überwinde den Tod. Und denke daran, daß Dich das Alleinsein auf einem Bauernhof nicht weiterbringt. Du bist nicht der Typ dafür.

Nein, für mich ist es kein Unterschied, ob Du in Paris lebst oder nicht ... Wie es mir geht? Ich lerne leben. Aber ich bin nicht »verschwunden«. Später gehe ich vielleicht nach Paris, London, Berlin oder sonstwohin, wo wir uns treffen und uns unterhalten können. Ich bin weniger denn je »verschwunden«.

Den Scheck habe ich auf 500 ausgestellt. Löse ihn bitte ein und brauche das Geld auf.

Siehst Du jetzt nicht auch ein, daß unsere Beziehung absolut falsch gewesen ist? Du hast Dich mit mir identifiziert. Ich habe Dich gehindert, ganz zu leben. Nun mußt Du's lernen, und das ist schrecklich schwer.

Behalte bitte meine Schlüssel und schreibe mir, wann immer Du magst.

Deine,

KM

Wenn du mich wirklich so liebst, wie Du immer behauptest: Warum bist Du denn in ein solches Gejammer ausgebrochen, als ich mich nicht mehr hilflos gefühlt habe? Versuche einmal, alles von dieser Seite zu betrachten.

Katherine glich in ihrem Lerneifer einem Kind. Sie hatte den Kopf voll von dieser Psychologie und ließ sich von ihr in Anspruch nehmen, ohne sie schon ganz verstanden zu haben. Das neue Wissen war wie frische Farbe, mit der sie alles übertünchte.

ungefähr am 11. November 1922

Meine liebe Ida,
ich hoffe, daß Dich dieser Brief noch erreicht, bevor Du Paris verläßt. Mir ist ein mehr oder weniger großes Unglück zugestoßen. Man hat mir die Wäsche von drei Wochen gestohlen, unter anderem fast meine ganze Unterwäsche. Pyjamas, Nachthemd aus Crêpe de Chine, Schlafanzug, drei Hosen, drei Oberteile (natürlich meine besten!), drei Paar Strümpfe, wollener Unterrock, Schlüpfer, 18 Taschentücher und so weiter … Würdest Du bitte, wenn Du in Paris bist, in ein Warenhaus gehen und mich wieder einkleiden? Ich mache Dir eine Liste und schreibe auf, was ich alles brauche:
Für die Schlüpfer und den wollenen Unterrock gehst Du am besten zu »Jones« in der Avenue Victor Hugo oder in das Geschäft an der Rue de Villefirst, wo Du auch die wollenen, crèmefarbenen Hemden und Hosen zu 20 Francs pro Set bekommst. Die Schlüpfer bitte mit crèmefarbener Seide eingefaßt, ganz einfach und eng geschnitten. Die anderen Sachen, die ich brauche, sind:
3 Oberteile (kannst Du sie nähen?), aus einfachem Crêpe oder irgend einem Stoff – mit Seidenband eingefaßt – crèmefarben am liebsten, oder in der Farbe des Oberteils.
3 Schlüpfer (Kaufe sie! Die kannst Du nicht selbst nä-

hen. Auch nur ganz einfache, weil ich sie *plus tard* selbst waschen und bügeln muß).

1 Tricotnachthemd (crèmefarben, wenn möglich).

3 Paar Wollstrümpfe (graue und nicht zu dicke, kein Unterschied zwischen dicken und dünnen).

1 1/2 Dutzend Taschentücher, ganz einfache.

1 Crêpe-Nachthemd. Meine anderen sind zu dünn. Die Pyjamas muß ich vergessen. Das Nachthemd hätte ich am liebsten mit einem Loch in der Mitte, die Seiten zugenäht, und mit einem Band, das das Hemd in der Taille zusammenzieht – so wie bei meinen Oberteilen. Dann kennst Du ja diesen roten Schal, den Du mir einmal genäht hast. Kannst Du mir einen crèmefarbenen schneidern, crèmefarben bestickt?

Das ist alles. Mehr als genug! Alles andere ist angekommen. Schicke mir bitte alles, dann schicke ich Dir einen Scheck zurück. Sag mir, wenn Dir diese paar Sachen zuviel sein sollten, dann überfalle *ich* die Geschäfte mit meinen Wünschen. Der Verlust ist beträchtlich und macht mich wütend. Zum Glück kann ich Dir davon erzählen und muß mich nicht allein damit abquälen. Nie im Leben gebe ich noch einen einzigen Fetzen von mir weg.

Ich hoffe, daß es Dir besser geht. Hier ist sehr schönes Wetter.

Immer Deine,

KM

13. November 1922

Liebe Ida,

ich beeile mich, Deinen Brief zu beantworten. Kaufe mir bitte auf keinen Fall mehr ein Kleid oder Schuhe. Schluß damit! Ich kann keine falsche Wahl riskieren. Lieber bleibe ich ohne diese Sachen. Versteh mich bitte, wenn ich das so sage. Ich weiß, was ich will. Also: kein Kleid – keine Schuhe – und auch keinen Stoff für ein Kleid!

Weil ich diese Woche kein Geld mehr zur Verfügung habe, kann ich mir keine neuen Kleider kaufen. Ich will auch gar keine mehr. Ich bin aber sicher, daß die Mäntel in der Pariser Schachtel waren. Packe bitte meine kleine, seidene Decke mit ein, wenn möglich mit der Federdecke zusammen.

Entschuldige meine Eile. Ich habe zu tun, und mein Stift schreibt nicht, wie er sollte. Ich hoffe, daß Du Dich freust, Jack wiederzusehen, und daß es Dir gut geht. Ich danke Dir für Deinen Brief mit dem Schnappschuß von der Katze.

Wenn ich sage, daß ich kein Geld habe, heißt das nicht, daß kein Geld für Dich da ist. Falls Du welches brauchst, mußt Du mich danach fragen. Ich habe genug für Dich. Bitte frag!

Immer Deine KM

Wie schade, wenn Du und Jack keinen kleinen Bauernhof übernehmen würdet. Mach *Du* ihm doch den Vorschlag, falls er Dir sympathisch genug ist.

Als ich endlich aufgehört hatte, Katherine mit Ratschlägen zu quälen, welche Wäsche für sie warm genug, welche die falsche sei, fuhr ich von London wieder nach Paris zurück. Von da reiste ich nach Lisieux auf einen Bauernhof, der Madame von Schlumberger, einer Frauenrechtlerin, gehörte.

Ich wurde am Bahnhof abgeholt und in einem altmodischen Wagen über Straßen, die in einem grauenhaften Zustand waren, zum Hof der Familie gefahren.

Monsieur Dubois war ein großgewachsener, schlanker, immer sehr beschäftigter Mann, an den ich mich nicht mehr genau erinnere. Aber Madame Dubois war wunderbar. Sie war zuerst Kinderschwester bei Familie von Schlumberger gewesen und dann Haushaltshilfe und enge Freundin der Hausherrin geworden. Mittlerweile schien sie den ganzen Hof zu verwalten. Zur Familie gehörten zwei verheiratete Töchter mit ihren Gatten und eine ledige Tochter, außerdem Madame Dubois und ihr Mann, dazu ungefähr acht bis zehn Arbeiter und ich, die alle zusammen verpflegt werden mußten. Madame Dubois stellte zweimal in der Woche 90 Pfund Butter in einem riesigen, elektrischen Butterfass her und brachte auch mir das Buttermachen bei. Als ich einmal stolz bemerkte, ich sei schneller als sie, gab sie schlagfertig zurück: »Nicht schneller, aber nervöser!« Sie neckte mich immer wegen meines mangelhaften Französisch und fragte, wenn ich »merci« sagte: »Merci oui, ou merci non?« Sie war mit der Hausherrin viel in der Welt herumgereist und sprach ausgezeichnet Englisch. Ich brachte ihr das Backen englischer Weihnachtskuchen und vieler anderer Süßigkeiten bei.

Ich war vor allem mit den Kühen beschäftigt, als Hilfe für die jüngere Tochter und deren Mann. Leider schienen die beiden durch ihre lange Beschäftigung mit den Tieren ein wenig einfältig geworden zu sein, außerdem stritten sie oft leidenschaftlich miteinander. Die Kühe waren gut untergebracht und wurden sehr sauber und nach guter alter Sitte gehalten. Manchmal bewegten wir uns auf dem Backsteinboden tanzend zwischen den Ställen auf und ab, schwangen unsere Besen – rechts, links, rechts, links – und sangen im Takt dazu.

Eines Tages erlebten wir, wie die Kühe draußen auf dem Feld seltsam dahergeschwankt kamen und sich halb wälzend, halb stolpernd auf der Straße näherten. Sie hatten auf einem Feld mit Mostapfelbäumen geweidet und waren betrunken. Wie hätte sich Katherine über diese Szene gefreut!

Ein anderes Mal kam mitten in der Nacht ein Kalb zur Welt. Leider durfte ich bei der Geburt nicht dabeisein. Kurz darauf sah ich aber das kleine Ding, wie es neben seiner Mutter in einer bequemen Heukrippe lag und von Hand getränkt wurde. Die Kälber wurden gleich nach der Geburt von der Mutter getrennt, was dem Muttertier den späteren Trennungsschmerz ersparen sollte. In jener Nacht hatte der Mond sieben Ringe und sah wie ein riesiger, aufgeblähter Regenbogen aus.

Hätte ich solche Ereignisse nur Katherine schreiben dürfen! Wie hätte sie sich früher darüber gefreut. Aber ich spürte, daß sie sich dafür nicht mehr interessierte, deshalb schrieb ich ihr nur noch über belanglose Dinge.

Eines Nachts, als es schon auf Weihnachten zuging, begannen auf einmal tausend Eulen zu schreien. Die Wälder schienen voller Eulen zu sein. Seither überfällt mich heute noch bei jedem Eulenschrei eine sonderbare Angst.

Ich liebte diesen Hof, fühlte mich dort wie zu Hause und wäre bei meiner Arbeit mit den Tieren vollkommen glücklich gewesen, wenn mich nicht dieser versteckte Kummer bedrückt hätte.

Da ich meine Verzweiflung nicht verbergen konnte, schrieb ich Katherine weniger und oberflächlicher. Sie, die nichts von meinen Sorgen ahnte, war über meine veränderten Briefe beunruhigt. Aus einem glaubte sie sogar herauszulesen, daß es mir am liebsten wäre, sie würde für immer verschwinden.

Oh, Gott! In Lisieux schrien in dieser Vorweihnachtszeit die Eulen, und eines frühen Morgens erwachte ich aus einem Todestraum. Ich wußte nicht, um wessen Tod es sich handelte, aber die Tränen strömten mir über das Gesicht. Dabei neigte ich eigentlich nicht zum Träumen.

Die letzten Briefe von Katherine waren gelöst, glücklich und voller Liebe. Sie schienen aus einer anderen Welt zu kommen und waren für mich wahre Wunder.

12. Dezember 1922

Meine liebe Ida,
vielen Dank für Deine beiden Briefe. Der Briefträger hat mir heute morgen gesagt, daß mich sechs »colis« auf der Post erwarten. Wenn ich sie »inspiziert« habe, werde ich

Dir kurz schreiben. Sie sind sicher sehr schön. Ich werde
Dir im Laufe der nächsten zwei Tage einen Scheck über
3000 Francs schicken, wenn Dir das recht ist. Ich hoffe,
daß es Dir auf dem Hof gefällt. Jean S.* ist, glaube ich, ein
sehr guter junger Schriftsteller. Du solltest versuchen, seine
Bücher in einer Bibliothek zu bekommen. Ich danke Dir,
daß Du mir alles über Jack geschrieben hast. Er scheint
glücklich zu sein, aber ich glaube, es ist sinnlos, Dich länger mit meinem Vorschlag zu quälen, mit ihm einen Hof zu
übernehmen. Aus vielen Gründen habe ich diese Idee sehr
gut gefunden – und ich habe echte Gründe dafür gehabt.
Aber solche Erklärungen sind nutzlos. Er schrieb mir, daß
er meine Idee gut finde, Du aber davon nicht begeistert
seist. Vergiß nicht, daß man in Ditchling eine Handwebe-
rei betreibt, ein Handwerk, das interessant für Dich ist und
das Du dort erlernen könntest. Ich bin sicher, daß es sich
für Dich lohnen würde, Dunning** kennenzulernen. Ich
bin überzeugt, daß Dunning weiß, wie man leben sollte.
Aber tu, was Du für richtig hältst. Lisieux mag für Dich
fesselnder sein. Ich wäre sehr froh, wenn Du mir mitteil-
test, wie es um Deine Finanzen steht. Tust Du das? Ganz
offen und frei?

Hier ist es empfindlich kalt und feucht. Das Haus wird
nur ganz selten geheizt. Immerhin habe ich einen Kamin in
meinem Zimmer. Ich wohne jetzt übrigens in dem Flügel
des Hauses, in dem die Angestellten untergebracht sind,
und habe ein Zimmer, das zu Gertie Small*** passen würde: kahle Gestelle und ein geschrubbter Tisch für Wasser-

---

*   Der Sohn von Madame von Schlumberger, Jean Schlumberger.
** Dunning, den Murry zu dieser Zeit oft sah, lehrte Yoga und lebte mit
    seiner Familie in Ditchling, demselben Dorf, in dem Eric Gill lebte
    und die »Zunft katholischer Handwerker« gegründet hatte. Daran in-
    teressierte Leute fühlten sich vom Ort angezogen. Ethel Mairet, die
    Frau von Philip Mairet, erteilte dort Webunterricht. Im Herbst zog
    Murry mit J. W. N. Sullivan nach Ditchling, um in der Nähe von
    Dunning zu sein.
***Ein Dienstmädchen in Portland Villas.

krug und Waschbecken. Etwa um 10.30 Uhr beginnen wir im Salon mit der Arbeit und gehen zwischen ein und zwei Uhr nachts zu Bett. Ein eiskalter Wind pfeift durch die undichten Fenster.

Meine Hände sind vom vielen Rüben- und Zwiebelschälen unansehnlich geworden. Ich verrichte lauter solche Küchenarbeiten und bin froh, wenn ich mein schmuddeliges Spültuch jeweils gegen eine Schürze oder ein Überkleid tauschen kann. Das Leben hier beweist, wie dumm alle Ärzte sind und wie falsch sie denken. Hätten sie gewußt, worauf ich mich hier einlasse, dann hätten sie mir das baldige Ende prophezeit. Und wenn ich dabei an das vergangene Jahr zurückdenke, an das Bett in der Ecke und an diese Gestelle – Woche für Woche ... Hier legt man keinen Wert auf gediegenes Essen. Man ißt, was man hat. Und Schluß! Dann kommt noch hinzu, daß ich hier – wie soll ich sie nennen? – wunderbare Freunde gefunden habe. Komm doch, wenn Du von Lisieux weggehst, für ein paar Tage nach Fontainebleau. Ich werde es einrichten, mich mit Dir zu treffen. Aber erst gegen Ende des Frühlings.

Ich schreibe Dir zu Weihnachten wieder – einen langen Brief anstelle eines Geschenks. Ich habe leider keines für Dich. Schreibe mir, womit Du Dich in Deinem neuen Leben beschäftigst. Ich glaube, ich verstehe sehr viel mehr von Kühen als Du. Ich verbringe täglich viele Stunden mit ihnen. Für heute leb wohl, liebe Ida.

Immer Deine

KM

Die letzte Bemerkung in meinem Brief trifft genau das, worauf ich hinaus wollte. Mein Vorschlag, Dich mit Jack zusammenzutun, geschah einzig aus der Überlegung, mir Deiner sicher zu sein.

15. Dezember 1922

Liebe Ida,
entschuldige dieses Schreibpapier. Die Pakete sind angekommen und freuen mich außerordentlich. Ich danke Dir
vielmals dafür. Warum bist Du immer noch so furchtbar niedergeschlagen? Ich spüre, daß es Dir auch gesundheitlich
nicht gut geht. Beschreibe mir einmal Deinen *physischen Zustand.* Entgegen Deiner Behauptung bin ich alles andere als
tot. Selbstverständlich werde ich nicht mein ganzes Leben
hier verbringen, bleibe aber dieser Arbeit und ihrem Gedanken treu – das ist aber wieder etwas anderes. Sobald ich ganz
gesund bin, gehe ich von hier fort, suche mir im Süden einen
kleinen Ort und baue dort etwas auf. Du kannst mitkom-
men und mit mir über den Gartenzaun schwatzen, falls Du
magst und nicht ständig Deine Trauermiene aufsetzt. Komm
und bleibe bei mir, aber nur wenn Du mir versprichst, dann
und wann zu lächeln. *Liebe* Ida! Hab Dank für die Oberteile
und für alles andere. Ich schreibe Dir, wie gesagt, zu Weihnachten wieder. Falls Du eines Tages Deine Frohnatur wiedergefunden hast, bitte ich Dich, mit mir nach meinem
Weggang von hier einen Hof zu übernehmen. Also – lerne
dort, um Himmels Willen, soviel Du kannst.
    In Liebe, immer Deine
    KM

Le Prieuré, 22. Dezember 1922

Liebe Ida,
    mit diesem Brief wünsche ich Dir eine frohe Weihnacht.
Eigentlich wollte ich Dir etwas schenken. Aber ich habe im
Augenblick nichts, kann nichts besorgen, kann auch nie-
manden beauftragen oder selbst nach Fontainebleau gehen.
Nimm Dir doch irgendetwas von meinen Sachen, das Dir
Freude macht. Wie wäre es *par exemple* mit der grünen
Strickjacke? Wahrscheinlich hast Du sie sogar noch von

Deinem Geld bezahlt. Im Lauf der nächsten zwei Wochen schicke ich Dir die Bettjacken, die Du für mich gekauft hast. Ich kann sie nicht tragen, weil ich von dieser Wolle einen Hautausschlag bekomme ... Du hoffentlich nicht.

Wir feiern hier Weihnachten im großen Stil. Mr. Gurdjieff hat die üppigen, sehr verschwenderischen Vorbereitungen alle selbst getroffen. Er plant eine altmodische, echt englische Weihnacht – hier etwas Außergewöhnliches! Wir werden insgesamt 60 Personen sein und uns am Tisch zu Truthahn, Gans, einem ganzen Schaf und einem Schwein zusammenfinden, dann Pudding und weiß der Himmel welche Nachspeisen mit Wein vom Faß dazu genießen. Sogar einen Weihnachtsbaum und einen Weihnachtsmann soll es geben. Ich werde alles versuchen, um die kleinen Kinder für das Fest zu begeistern. Eben habe ich ihnen buntes Papier gegeben, damit sie Papierblumen basteln. Ihr Interesse daran ist leider erbärmlich.

Unser *Christmaspudding* ist – sage und schreibe – in einer Kinderbadewanne entstanden, von allen abwechselnd gerührt. Zuletzt hat Mr. Gurdjieff eine Münze hineingeworfen. Wer sie findet, bekommt als Geschenk unseren Liebling, ein neugeborenes Kälbchen. Es wurde – einen Tag alt – in den Salon geführt, begleitet von Tambourinklängen und einer eigens für das neugeborene Tier komponierten Melodie. Es blieb dabei erstaunlich ruhig. Aber dann wurden noch frisch geworfene Ferkel zum Spielen hereingebracht, die fürchterlich quiekten und schrien. Ich habe mich sehr für das Kälbchen interessiert. Seine Mutter hat sich bei der Geburt nicht aus der Ruhe bringen lassen. Sie muhte nur schwach. Und als ein Bein zu sehen war, schlangen wir einen Strick darum und zogen, woraufhin eine hilflose Kreatur zum Vorschein kam. Ihre weitaufgerissenen Augen erinnerten mich an Charles*. Ich wünschte, wir würden unsere Kühe mit Äpfeln füttern. Hier einige ih-

---

* Die Katze in Portland Villas, Mutter von Wingly und Athenaeum.

rer Namen: Equivoqueveckwa, Baldaofim, Mitasha, Bridget. Unser Maulesel heißt Drabfeet.

Mein Leben hier ist weder armselig noch elend. Nichts geschieht durch Zufall. Ich verstehe jetzt, weshalb man mir ein anderes Zimmer zugewiesen hat. Es tut sehr gut, ist heilsam und neu für mich, mit so vielen Menschen zusammenzuwohnen, sie näher kennenzulernen und das Leben mit ihnen zu teilen ... *ça donne beaucoup*.

Ich werde trotzdem froh sein, wenn es wieder Frühling wird. Der Winter ist eine schwierige Zeit.

Du brauchst Dir um mich keine Sorgen zu machen, und Du sollst mich nicht immer ermahnen: Tu dies nicht, tu das nicht. Das wirkt auf mich, als würdest Du ein Stück meiner Seele herausreißen und zerstören. Damit hilfst Du weder Dir noch mir. *Sich sorgen ist reine Energieverschwendung* und deshalb eine Sünde. Zusehen zu müssen, wie Du Deine Energie verschwendest, zerstört auch meine Energie, demnach sündigst Du doppelt. Siehst Du das ein?

Warum beginnst Du nicht – um im selben Sinn fortzufahren – jeden Tag eine Fotografie von Dir zu machen, jeden Tag eine neue? Schau sie Dir an und entscheide, welche gut, welche schlecht ist. Versuche erst wieder Ordnung in Deiner Seele zu schaffen, bevor Du lernst, Deine Gedanken in eine feste Richtung zu lenken. Vielleicht ist Dir das gleichgültig. Mir nicht.

Ich muß hier abbrechen. Wenn Du mich von dieser Weihnacht an als Deine Freundin betrachtest, dann bin und bleibe ich sie gerne. Sei dabei aber bitte nicht so fürchterlich ernst, *ma chère!* Das Schwierigste im Leben ist das Finden der Mitte – das Wahren des Gleichgewichts innerhalb unserer wechselnden Stimmungen.

Jack hat mir gesagt, daß er sich freuen würde, Dich zu sehen, falls Du das möchtest. Seine Briefe sind anders als früher, viel einfacher.

Immer Deine

KM

Den folgenden, letzten Brief hat Katherine nicht mehr zur Post gebracht. Man hat ihn unter ihren Schreibsachen gefunden.

Le Prieuré, Fontainebleau-Avon, Seine et Marne

Meine liebe Ida,
ich habe Dir absichtlich nicht früher geschrieben, weil ich gespürt habe, daß Du mich dahin wünschst, wo der Pfeffer wächst ... vorübergehend. Habe ich recht? Ich habe heute oft an Dich gedacht. Wie geht es Dir? Wie geht es Deinen Kühen? Wie Du siehst, schicke ich Dir 100 Francs. Spiele damit! Ich will sie nicht. Bis sich Deine finanzielle Lage gebessert hat, wäre es dumm von Dir, kleine Summen von mir abzuweisen. Und da ich meinen Geldkomplex verloren habe, darfst Du sie ohne Gewissensbisse annehmen.

Hier ist gegenwärtig viel los. Wir stecken mitten im Bau einer Bühne für das Neujahrsfest (im russischen Stil) am 13. Januar. Es wird wunderschön werden. Mr. Gurdjieff hat dafür 63 Teppiche und ebensoviele Pelzdecken gekauft. Die Teppiche, die wir gestern abend Stück für Stück im Salon ausgebreitet haben, sehen wie lebendig aus – Welten voller Schönheit. Und diese Freude, sie voneinander unterscheiden zu lernen und zu entdecken, welcher Teppich einen Garten, ein Café, einen Gebetsteppich oder »l'histoire de ses troupeaux« darstellt. Mein Kopf ist vollgestopft von Teppichen aus Persien, Samarkand und Beluchistan.

Tötet Ihr Eure Schweine? Hier wird diese Prozedur vor unseren Augen ausgeführt. Gestern wurden gleich zwei Schweine auf einmal abgestochen und ihre toten Körper in der Küche zerlegt. Es ist entsetzlich, zuschauen *und* riechen zu müssen. Das Allerschlimmste ist aber, daß die Tiere immer noch wie Schweine aussehen, bis man ihnen den Kopf abschlägt. Einziger Trost ist, daß sie schnell getötet werden.

Ich halte bereits nach den ersten Anzeichen des Frühlings Ausschau. Unter den Birnenspalieren habe ich wunderbare Christrosen gefunden, die ich in diesem Jahr zum

47. *Le Prieuré in Avon/Fontaine-bleau, wo Katherine die vier letzten Monate ihres Lebens (Oktober 1922 – Januar 1923) in dem von Gurdjieff gegründeten »Institut für die harmonische Entwicklung des Menschen« verbrachte.*

48. *Grabstein von Katherine auf dem Friedhof von Avon.*

ersten Mal gesehen habe. Sie haben mich an die Schweiz erinnert. Jemand hat hier kürzlich vier Schlüsselblumen gefunden. Manchmal bin ich in einer Stimmung, daß ich mich nach Südfrankreich oder Mallorca sehne. Wenn meine Zeit hier abgelaufen ist, mache ich mich gegen Süden oder Osten auf, nie mehr nach Norden.

Mein blaues Kleid ist voller Löcher. Die Cashmerejacken sehen aus, als hätten Ratten daran genagt. Und was meinen Pelzmantel betrifft – eine nasse Londoner Katze ist nichts dagegen. Das letzte Mal, als ich im Kuhstall war, hat eine Ziege daran geknabbert. Wie sieht es bei Dir mit Kleidung aus? Möchtest Du braune Kordsamthosen? Die dicke Miß Marston*, die Dir so gefallen hat, trägt sie. Sie kaufte sie bei Bar-

---

* Eine Frau in der Gemeinschaft, die für den Garten zuständig war.

299

kers, Größe 35. Es gibt auch noch knielange Hosen, einen Kittel und einen langen, schlichten Mantel. Sehr praktisch.

Schreibe mir, wie es Dir geht, nicht wahr, liebe Ida?

Unser Kälbchen darf immer noch bei seiner Mutter sein. Ich verstehe das nicht, es ist schon so groß. Wir hatten viel Ärger mit seiner Mutter, die jeden Tag massiert werden mußte. Massiert Ihr eure Kühe auch? Schreibe mir doch einmal, wie Euer Stall aussieht. Wie ist der Boden beschaffen? Unser Stall macht mir Sorgen. Wie er aussieht, schreibe ich Dir in meinem nächsten Brief.

Alles Liebe von

KM

Am 10. Januar schickte Jack, der bei Katherine im Prieuré auf Besuch weilte, ein Telegramm. Darin stand, daß Katherine gestorben sei.

Zeittafel

1888   Kathleen Beauchamp, Tochter des Bankiers Harold
Beauchamp und der Annie Dyer, wird am 14. Oktober in Wellington (Neuseeland) an der Tinakori
Road 11 geboren.
Sie besucht in Wellington das Mädchengymnasium,
schreibt erste Geschichten für die Schülerzeitung,
entdeckt ihre musikalische Begabung und will Celli-
stin werden.
Drei Schwestern: Vera (geb. 1885), Charlotte (geb.
1887), Jeannne (geb. 1892)
Ein Bruder: Leslie Heron (geb. 1894)
Ida Constance Baker wird am 19. Januar in Stuston,
Suffolk, geboren. Zwei Monate später wird sie von
ihren Eltern nach Burma mitgenommen, wo ihr Va-
ter als Arzt tätig ist. Sieben Jahre später kehrt die Fa-
milie nach London zurück.
Eine Schwester: May (an Kinderlähmung erkrankt)
Ein Bruder: Waldo
Als Ida 15 jährig ist, stirbt ihre Mutter.
Ida tritt mit ihrer Schwester May ins Queen's Colle-
ge in London ein.

1903   Harold und Annie Beauchamp begleiten ihre Töch-
ter Katherine, Vera und Charlotte nach England.
Eintritt der drei Schwestern ins Queen's College in
London.
Katherine begegnet hier zum ersten Mal Ida Baker.

1906   Rückkehr von Katherine, Vera und Charlotte nach
Wellington.
Ida Baker bleibt bei ihrem verwitweten Vater in Lon-
don. Zwischen ihr und Katherine beginnt ein reger
Briefwechsel.

1908 Katherine kehrt allein nach London zurück, wohnt im Studentenhaus Beauchamp Lodge, später im Haus der Musikerfamilie Trowell. Verliebt sich in den Sohn Garnet, auch er Musiker, und erwartet von ihm ein Kind.
Ida Baker wohnt bei ihrem Vater in London, wo sie beschließt, auf ihr begonnenes Musikstudium zu verzichten, Katherine Mansfield freundschaftlich zu begleiten und sie auf dem Weg zur Schriftstellerin (auch finanziell) zu unterstützen.

1909 Katherine heiratet den Musiker George Bowden in London. Katherine reist nach Bad Wörishofen und verliert nach einer Frühgeburt ihr Kind.

1910 Katherine kehrt nach London zurück. Beginn ihrer Mitarbeit bei der Zeitschrift *The New Age* (Herausgeber A. R. Orage). Erste Anzeichen der Krankheit, die ohne klare Diagnose bleibt.
Ida Baker steht ihr helfend zur Seite.

1911 Beginn von Katherines Beziehung mit John Middleton Murry, Herausgeber der Zeitschrift *Rhythm*. Katherine wird seine Mitarbeiterin und lebt mit ihm zusammen.
Ida Baker wohnt bei ihrer inzwischen verheirateten Schwester May in London.

1914 Ida Baker zieht für zwei Jahre zu ihrem Vater nach Rhodesien.
Intensiver Briefwechsel mit Katherine. Die Briefe wurden später in Hampstead auf Katherines Wunsch hin verbrannt.
Aufenthalt von Katherine und John Murry in Cornwall.
Begegnung mit D. H. Lawrence.

1915 Leslie Beauchamp, Katherines Bruder, wird in einem Kriegsgefecht in England durch eine Handgranate getötet.

1916 Erste gravierende Anzeichen von Katherines Krankheit (Gelenkrheumatismus und Lungentuberkulose). Sie fährt zu einem Kuraufenthalt nach Bandol in die Villa Pauline (Südfrankreich).
Ida Baker kehrt von Rhodesien nach London zurück. Sie zieht zu der Freundin und kümmert sich um den Haushalt, damit Katherine schreiben kann.
Katherine begegnet Lady Ottoline Morrell.

1918 Katherine fährt zum zweiten Mal nach Bandol. Ida Baker besucht sie und ist ihr auf der Rückreise behilflich.
Tod von Katherines Mutter in Wellington.
Heirat von Katherine mit John Murry.
Einzug von Katherine und John Murry in das Haus »The Elephant« in Hampstead.
Ida Baker zieht als Haushilfe mit ein.

1919 Katherine fährt mit Ida Baker zu einer Kur nach San Remo, von da nach Ospedaletti in die Casetta Deerholm.
John Murry wird Leiter der Zeitschrift *Athenaeum* in London.

1920 Kuraufenthalt in der Villa Isola Bella in Menton mit Ida Baker und gelegentlichen Besuchen von John Murry.

1921 Kurwechsel in die Schweiz nach Baugy, später Sierre, Randogne und Montana, immer in Begleitung von Ida Baker, zeitweilig von John Murry.

1922 Katherine fährt mit Ida Baker zu einer Strahlentherapie nach Paris.
Rückkehr mit Ida Baker in die Schweiz nach Randogne und Sierre.
Im Oktober tritt Katherine in das von G. Gurdjieff
gegründete »Institut für die harmonische Entwicklung des Menschen« im Le Prieuré in Avon bei Fontainebleau ein.
Ida Baker findet auf einem Hof in Lisieux eine neue
Stelle.

1923 John Murry besucht Katherine am 8. Januar im Le
Prieuré.
Am 9. Januar stirbt Katherine nach einem Blutsturz
und wird auf dem Friedhof von Avon beigesetzt.
Ida Baker bleibt in Lisieux. Später zieht sie nach
New Forest (Südengland), wo sie mit Helen, einer
älteren Frau, zusammenlebt. Diese vererbt ihr das
Lane End Cottage, Woodgreen, wo Ida Baker bis zu
ihrem Tod lebt und in der Dorfgemeinschaft eine ge-
schätzte Hilfe und Stütze ist.
Viele Jahre nach dem Tod von Katherine Mansfield
beschließt sie, die Erinnerungen an die Zeit ihrer
zwanzigjährigen Freundschaft aufzuschreiben. Georgina d'Angelo (geb. Joysmith) und Peter Day, ein befreundeter Verleger in London, sind ihr dabei behilflich.

1971 Das Buch von Ida Baker *Katherine Mansfield. The
Memories of LM* erscheint.

1978 Ida Baker stirbt.

Werkverzeichnis von Katherine Mansfield
(in chronologischer Folge)

In a German Pension, London 1911.
Prelude, Richmond 1918.
Je ne parle pas français, Hampstead 1920.
Bliss and Other Stories, London 1920.
The Garden Party, London 1922.
The Dove's Nest and Other Stories, hg. v. J. M. Murry, London 1923.
Poems, hrsg. v. J. M. Murry, London 1923.
Something Childish and Other Stories, hg. v. J. M. Murry, London 1924.
The Journal of Katherine Mansfield, hg. v. J. M. Murry, London 1927.
The Letters of Katherine Mansfield, hg. v. J. M. Murry, London 1929.
The Aloe, hg. v. J. M. Murry, London 1930.
Novels and Novelists (her *Athenaeum*-reviews), hg. v. J. M. Murry, London 1930.
Stories by Katherine Mansfield, New York 1930.
The Scrapbook of Katherine Mansfield, hg. v. J. M. Murry, London 1937.
Collected Stories of Katherine Mansfield, London 1945.
Katherine Mansfield's Letters to Middleton Murry (1913-1922), hg. v. J. M. Murry, London 1954.

Werke in deutscher Übersetzung

Sämtliche Erzählungen in 2 Bänden, hg., aus dem Englischen u. mit einem biographischen Essay v. Elisabeth Schnack, Frankfurt/M. – Köln 1980.
In einer deutschen Pension (Fischer Tb. Nr. 9269)
Glück (Fischer Tb. Nr. 9270)

Das Gartenfest (Fischer Tb. Nr. 9271)

Das Taubennest (Fischer Tb. Nr. 7292)

Etwas Kindliches, aber sehr Natürliches (Fischer Tb. Nr. 9273)

Briefe, hg. v. V. O'Sullivan, aus dem Englischen v. E. Schönfeld, Frankfurt/M. 1992.

Eine Ehe in Briefen, aus dem Englischen v. M. A. Schwendimann, München 1970.

Briefe, Tagebücher, Kritiken, mit einer biographischen Skizze v. E. Schnack, zusammengestellt v. C. Schütz, Frankfurt/M. 1983.

Tagebuch, hg. u. übersetzt von M. A. Schwendimann, Stuttgart 1975.

Biographisches Personenverzeichnis

Alpers, Anthony. Englischer Schriftsteller, Autor der Biographie *The Life of Katherine Mansfield* (Oxford University Press 1982).

Baker, Waldo. Ida Bakers jüngerer Bruder.

Bartrick Baker, Evelyn. Schulfreundin von KM im Queen's College (nicht mit Ida Baker verwandt).

Beauchamp, Annie Burnell, geb. Dyer (1864-1918). Mutter von KM. Heiratete mit zwanzig Jahren Harold Beauchamp. KM war ihre dritte Tochter, eine Enttäuschung, weil sie kein Sohn war.

Beauchamp, Charlotte Mary, genannt »Chaddie« (1887-1966). Die zweitälteste der vier Beauchamp-Töchter. Besuchte mit KM gleichzeitig das Queen's College.

Beauchamp, Connie (geb.1849). Tante von KM. Besaß in London ein Pflegeheim und verbrachte den Winter mit ihrer Freundin Jinnie Fullerton in der Villa Flora in Menton. Wollte KM zum Katholizismus bekehren.

Beauchamp, Harold (1858-1938). Vater von KM. Erfolgreicher Geschäftsmann und Direktor der Bank von Neuseeland in Wellington. Heiratete 1884 Annie Burnell Dyer, aus der Ehe gingen vier Töchter und ein Sohn hervor. Nach dem Tod seiner Frau Annie im Jahr 1918 heiratete er 1920 zum zweiten Mal.

Beauchamp, Jeanne (geb. 1892). Jüngste Schwester von KM.

Beauchamp, Leslie Heron (1894-1915). Einziger Bruder von KM, »Chummie« genannt. Kam als Leutnant im September 1915 nach Frankreich und wurde bei einem Unfall mit einer Handgranate im Oktober 1915 getötet.

Beauchamp, Vera Margaret (1885-1977). Älteste Schwester von KM. Besuchte zur gleichen Zeit das Queen's College.

Beauchamp, Elizabeth, spätere von Arnim (1866-1941).

Schriftstellerin, Cousine zweiten Grades von KM, berühmt geworden mit ihrem ersten Buch *Elizabeth and her German Garden* (1898) und weiteren Romanen.

Bendall, Edith. Malerin, mit der KM eine kurze Liebesbeziehung hatte.

Bibesco, Elizabeth, geb. Asquith (1897-1945). Prinzessin Bibesco, Tochter des ersten Earl von Oxford und Asquith, verheiratet mit einem rumänischen Aristokraten in Paris, Mitarbeiterin bei *Athenaeum,* schrieb Erzählungen. Liaison mit John Murry.

Bishop, Henry. Maler, wohnhaft in Chelsea, trat seine Wohnung vorübergehend an KM und Ida Baker ab.

Bowden, George (1877-1975). Musiklehrer und Konzertsänger in London, heiratete KM am 2. März 1909, wurde von ihr am darauffolgenden Tag verlassen. Scheidung im April 1918.

Brady, E.Y. Herausgeber der Zeitschrift *The Native Companion* in Neuseeland.

Brett, Dorothy (1883-1977). Malerin, eng befreundet mit Lady Ottoline Morrell, D. H. Lawrence und KM. Wohnte zeitweise mit KM zusammen.

Campbell, Gordon (1885-1963). Irischer Rechtsanwalt, eng befreundet mit John Murry und KM.

Carco, Francis (1886-1958). Dichter und Romancier (*Les Innocents, Jésus-la-Caille*) wohnhaft in Paris, kurze Liaison mit KM in Paris.

Carrington, Dora (1893-1932). Malerin, Partnerin des Schriftstellers Lytton Strachey, befreundet mit Dorothy Brett und KM.

Dyer, Bell. Tante von KM, kam mit den drei Beauchamp-Töchtern von Neuseeland nach England, um die Nichten im Auge zu behalten.

Ernestine. Hausangestellte von KM im Chalet des Sapins in Montana.

Fergusson, John D. (1874-1961). Schottischer Maler und Kunsttheoretiker, dessen Bild *Rhythm* der Zeitschrift von

John Murry den Titel und auch den Umschlag lieferte, eng mit John Murry und KM befreundet.

Fullerton, Jinnie. Freundin von Connie Beauchamp.

Gibson, Robert. Schiffsoffizier, den Ida Baker auf der Heimreise von Rhodesien nach England 1916 kennenlernte. Sie schlug KM zuliebe seinen späteren Heiratsantrag ab.

Gurdjieff, Georg Ivanovich (1872-1949). Russischer Mystiker, gründete im Prieuré von Avon bei Fontainebleau (60 km von Paris entfernt) das Institut für die harmonische Entwicklung des Menschen, wo KM die letzten drei Monate ihres Lebens verbrachte.

Hastings, Beatrice. Verlagsassistentin bei der Zeitschrift *New Age,* lebte mit dem Herausgeber A. R. Orage zusammen, war eng mit KM befreundet.

Herrick, Ruth. Freundin von KM im Queen's College.

Hislop, Sidney. Schloß mit KM während der Neuseeland-Überfahrt Freundschaft.

Hudson, Dr. Beratender Arzt von KM in Montana.

Kay, Mr. Direktor der Bank von Neuseeland in London, Berater von KM in finanziellen Angelegenheiten.

Koteliansky, Samuel (1882-1955). Russischer Jude, kam von der Universität Kiew als Russischübersetzer (vor allem Tschechow) nach London, eng mit KM befreundet.

Lawrence, D. H. (1879-1930). Schriftsteller und Essayist, zeitweise enge Beziehung zu John Murry und KM (Werke u.a.: *Sons and Lovers, Women in Love, The White Peacock*).

Lawrence, Frieda, geb. von Richthofen (1879-1956). Erste Heirat mit Ernest Weekley, Professor in Nottingham, Ausbruch aus dieser Verbindung mit D. H. Lawrence, zeitweise eng befreundet mit KM und John Murry.

Maata (Mahupuku, Maata, 1890-1952). Von den Maori abstammende Prinzessin, mit KM im Queen's College befreundet.

Manoukhin, Ivan. Russischer Arzt in Paris, Mitarbeiter im Pasteur-Institut, behandelte KMs Tuberkulose mit Röntgenstrahlen.

Mare, Walter de la (1873-1956). Schriftsteller und Poet, Mitarbeiter bei der Zeitschrift *Rhythm.*

Maurice, Frederick Denison. Gründer des Londoner Queen's College 1848.

Morrell, Lady Ottoline (1873-1938). Verheiratet mit dem Parlamentsabgeordneten Philip Morrell, Erbe der Morrell-Brauerei, führte in Garsington bei Oxford ein offenes Haus für Künstler und Intellektuelle, war eng mit KM befreundet.

Murry, John Middleton (1889-1957). Journalist, Kritiker, Herausgeber der Zeitschriften *Rhythm* und *Athenaeum.* Heiratete im Mai 1918 KM.

Murry, Richard (1903-1982). Jüngerer Bruder von John Murry, Maler und Grafiker, von KM beeinflußt und unterstützt.

Orage, A. R. (1875-1934). Herausgeber der Zeitschrift *New Age,* lebte mit Beatrice Hastings zusammen.

Orton, William. Lehrer und Schriftsteller (*The Last Romantic*), enger Freund von KM.

Ouspensky, Piotr (1878-1947). Russischer Autor von *Cosmic Anatomy* und anderer mystischer Werke, lebte in Paris, hielt Vorlesungen, Freund von G. I. Gurdjieff.

Pater, Walter (1839-1894). Englischer Schriftsteller.

Payne, Evelyn. Cousine von KM, besuchte gleichzeitig mit ihr das Queen's College, war ihre Tutorin.

Payne, Sylvia (1887-1949). K.Ms Cousine und Mitschülerin im Queen's College.

Perrot, Susie de. Tochter des schweizerischen Schokoladefabrikanten Suchard, kümmerte sich um ihre kranke Schwester in Montana, war mit Ida Baker befreundet.

Rice, Anne Estelle (1879-1959). Malerin, Mitarbeiterin bei *Rhythm,* eng mit KM befreundet.

Rinsberry, Miss. Inhaberin des Kosmetiksalons »Parma« in London, wo Ida Baker vorübergehend angestellt war.

Rippmann, Walter (1869-1947). Deutschlehrer im Queen's College in London, Förderer von Katherine Mansfield, brachte ihr das Gedankengut von Oscar Wilde und Walter Pater nahe.

Rossetti, Dante Gabriele (1828-1882). Englischer Dichter und Maler.

Rouse, Gwen. Freundin von KM im Queen's College.

Schiff, Sidney (Pseudonym »Stephen Hudson«) (1868-1944). Herausgeber der Zeitschrift *Art and Letters,* Kunstmäzen, seine Frau Violet und er waren mit KM befreundet.

Schlumberger, Madame von. Feministin, Besitzerin eines Bauerngutes in Lisieux, wo Ida Baker angestellt war. Ihr Sohn Jean Schlumberger war Schriftsteller.

Sobienowski, Floryan. Polnischer Literat, begegnete KM in Bad Wörishofen.

Sorapure, Victor (1874-1933). Arzt in London, mit dem sich KM sehr verbunden fühlte.

Spahlinger, Henry. Arzt in Genf. Die von ihm entwickelte Behandlung der Tuberkulose bestand in der Injektion eines Serums aus tierischen Tuberkeln.

Sullivan, John William (1886-1937). Naturwissenschafter und Journalist, Mitarbeiter bei *Athenaeum,* Beethoven-Kenner, Autor der Biographie: *Beethoven: His spiritual development.*

Sutton, Dolly. Freundin von Ida Baker in London.

Swanwick, Miss. Sprachlehrerin, Gründerin des »Swanwick-Clubs« im Queen's College, einer literarisch orientierten Gesprächsrunde.

Swift, Stephen. Herausgeber von *In a German Pension,* Katherine Mansfields erstem Buch.

Trowell, Arnold (1889-1966). Jugendliebe von KM in Wellington, von ihr »Caesar« genannt, Musiker.

Trowell, Garnet (1889-1947). Zwillingsbruder von Arnold Trowell, Musiker, zweite große Liebe von KM. Sie erwartete von ihm ein Kind, das in Bad Wörishofen als Frühgeburt starb.

Tschechow, Anton (1860-1904). Russischer Schriftsteller und Dramatiker, den KM sehr verehrte. Er starb – wie sie – an Tuberkulose.

Wilde, Oscar (1856-1900). Irischer Erzähler und Dramatiker (u.a. *Das Bildnis des Dorian Gray, Bunburry, Das Gespenst von Canterville, Märchen)*, großes Jugendidol von KM.

Wishart, Margaret. Freundin von KM im Studentenhaus Beauchamp Lodge. Durch sie lernte KM ihren ersten Mann George Bowden kennen.

Woolf, Leonard (1882-1969). Gelehrter und Schriftsteller, Gründer der Hogarth-Press.

Woolf, Virginia (1882-1941). Schriftstellerin und Kritikerin, verheiratet mit Leonard Woolf, distanziert befreundet mit KM.

Young, James. Arzt im Institut für die harmonische Entwicklung des Menschen in Avon bei Fontainebleau.

Bildnachweise

Alexander Turnbull Library, Wellington: Abb. 3, 10, 11, 37, 44, 46

Alpers, Anthony: The Life of Katherine Mansfield, London 1980: Abb. 9

Baker, Ida, Katherine Mansfield: The Memories of LM, London 1971: Abb. 4, 12, 16, 28, 39

Bibliothèque Nationale Paris: Abb. 31

British Library, London: Abb. 30

Cornely Verlag: Abb. 18

Day, Peter: Abb. 1, 2, 7, 13, 20, 21, 22, 23, 24, 25, 26, 27, 32, 33, 38, 41, 42, 43

Hopkins: Abb. 14

Harry Ranson Humanities Research Centre, Texas: Abb. 15, 29

Hotel Allgäuer Hof: Abb. 17

Murry, Colin Middleton : Abb. 45

Queen's College, London: Abb. 6, 8

Schöffling, Ida: Abb. 5, 36

Stark-Towlson, Helen: Abb. 19, 34, 35, 40, 47, 48

Register

Ainger, Dr., 146f., 149
Albercrombie, Lascelles, 99
Alpers, Anthony, 14, 30, 42, 73, 307
Angelo, Georgina d' (*siehe* Georgina Joysmith)
Arnim, Baron von, 32
Arnim, Elizabeth von, 32, 170, 182, 220, 241, 244, 255, 267f., 273, 275, 307
Baker, Leslie, 20
Baker, Waldo, 19, 301, 307
Banks, George, 96
Barrie, J. M., 102
Bartrick Baker, Evelyn, 28, 169, 307
Beach, Sylvia, 285
Beauchamp, Annie Burnell, 38, 55f., 59, 82, 86, 174, 301, 307
Beauchamp, Charlotte Mary (»Chaddie«), 19ff., 26, 174, 250, 301, 307
Beauchamp, Connie, 185ff., 189ff., 193ff., 216, 307
Beauchamp, de Monk, 32
Beauchamp, Harold, 82, 185f., 301, 307
Beauchamp, Jeanne, 38f., 250, 301, 307
Beauchamp, Leslie Heron (»Chummie«), 38f., 82, 84, 120, 123f., 129, 178, 301, 303, 307
Beauchamp, Vera Margaret, 19f., 27, 38, 156, 301, 307
Beerbohm, Max, 102
Belloc Loundes; Mrs., 250
Bendall, Edith, 39, 308
Beresford, J. D., 99, 276
Bibesco, Elizabeth, 200f., 214, 308
Binyon, Laurence, 90

Bishop, Henry, 72f., 76, 78, 308
Bouchage, Dr., 199, 210f., 215f.
Boulestin, Marcel, 102
Bowden, George, 54ff., 65ff., 70, 94f., 147, 155, 302, 308
Brady, E. Y., 40, 308
Brett, Dorothy, 127, 129, 147, 169f., 250, 260, 274f., 308
Brooke, Rupert, 99
Brzedka, Gaudier, 96, 98, 101f.
Cannan, Gilbert, 96, 101f.
Campbell, Gordon, 12, 90f., 101ff., 117, 119, 127, 169, 273, 308
Cannan, Gilbert, 96, 101f.
Carco, Francis, 89, 95f., 112, 120f., 143, 308
Carrington, Dora, 127, 129f., 308
Crowley, Aleister, 111
Curle, Richard, 99, 114
Dahlerup, Marie, 210
Daudet, Alphonse, 133
Davies, W. H., 96
Day, Peter, 17, 304
Debussy, Claude, 50
Dent, E. J., 102
Dereme, Tristan, 96
Dismorr, Jessie, 90
Dostojewski, Fjodor, 126, 131
Drey, Anne Estelle (*siehe* Rice, Anne Estelle)
Drey, O. Raymond, 99, 149
Drummond, Stella, 129, 144f., 154, 157
Dyer, Bell, 32, 35, 37, 148, 174, 308
Dyer, »Chaddie«, 148
Eliot, T. S., 168
Ellis, Vivian Locke, 73, 103, 276, 284

313

314

Dank

Wir danken Georgina d'Angelo, London, und Peter Day, London, für ihre Hilfe und zahlreichen Informationen; Peter Day zusätzlich für das Überlassen der Fotos. Ebenso danken wir den Verlagen Virago Press, London, und Suhrkamp, Frankfurt, für die Abdruckgenehmigungen einiger Fotos.

Die Übersetzerin dankt Frau Rose Simon-Rey in Montana, Frau Gundi Repka, Hotel »Allgäuer Hof« in Bad Wörishofen, Frau Gisela Herwig, Oxford, Madame Dominique Tiry in Paris und der (leider namenlos gebliebenen) Friedhofsgärtnerin in Avon/Fontainebleau für die hilfreichen, informativen Hinweise und Gespräche.

Bücher zum Weiterlesen …

Marianne Brentzel
Nesthäkchen kommt ins KZ
Das Leben der Else Ury
276 Seiten, Abb., ISBN 3-931782-36-0

Else Ury – die unbekannteste Bestseller-Autorin Deutsch-lands. Ihre »Nesthäkchen«-Romane erreichten eine Auflage von fast sieben Millionen, ihr persönliches Schicksal blieb dagegen im Dunkeln: Die Erfolgsschriftstellerin war Jüdin und wurde 1943 im KZ Auschwitz ermordet.
Marianne Brentzel schafft in ihrer Biographie ein dichtes Netz aus fiktiven Gesprächen, Tagebucheintragungen, Briefen und erstmals veröffentlichten Dokumenten – ein Stück ver-drängter deutsch-jüdischer Frauengeschichte wird lebendig.

»Jede Frau, die mit Nesthäkchen aufwuchs, sollte wissen, wer Else Ury war. Und es ihren Töchtern weitersagen. Gera-de heute.«

Gabriele von Arnim, Die Zeit

Helga Moericke
Die Märchenbaronin
Elsa Sophia von Kamphoevener
200 Seiten, Abb.; ISBN 3-931782-68-9

Eine Biographie über das Leben der letzten großen Mär-chenerzählerin: eine Kindheit in der Türkei, vier Ehen, zwei Weltkriege, der Nationalsozialismus und nach Jahren bitter-ster Armut der Ruhm.
Helga Moericke spürt dem Mythos nach, mit dem sich die »Märchenerzählerin« zeitlebens umgeben hat, und liefert uns das, was Biographien so spannend macht: das Auseinan-derklaffen von Legende und Wahrheit.

Ortrud Beginnen
Guck' mal, schielt ja
Manuskripte aus dem Katastrophenkoffer
180 Seiten, Abb., ISBN 3-931782-56-5

Ortrud Beginnen stöbert in ihrer mecklenburgischen Fami-
liengeschichte und fördert ein Heer von Dienstmädchen,
Kaltmamsells und ledigen Müttern zutage. Welche Lebens-
geschichten sich dahinter verbergen und wie sie selbst wild
entschlossen mit der Familiensituation zu brechen versucht,
schildert Beginnen mit bissig-ironischer Feder so, daß kein
Auge trocken bleibt.

Rose Marie Lehnhof
Mischpokengeschichten
Von Schwestern, Onkeln, Tanten
und anderen Verwandten
240 Seiten, ISBN 3-931782-70-0

In ihrer autobiographischen Erzählung läßt die Autorin die
Geschichte ihrer jüdischen Familie – vor 1933 und nach
1945 – wiederaufleben. Das Schicksal der in Holocaust er-
mordeten Verwandten ist zwar stets präsent, wird aber nicht
näher beschrieben, wodurch es eine umso eindringlichere
Dimension erhält. Dennoch bleibt der Tenor des Buches
durchweg fröhlich und überzeugt mit seiner schlichten
Menschlichkeit.

Andrea Weiss
Paris war eine Frau
Die Frauen von der Left Bank
240 Seiten, 70 Abb., ISBN 3-931782-00-X

Colette, Djuna Barnes, Gertrude Stein, Natalie Barney, wer kennt sie nicht! Jede einzelne von ihnen ein Genie – und welch atemberaubendes Potential an kreativer Energie, als die berühmtesten Künstlerinnen der Moderne im ersten Viertel unseres Jahrhunderts in Paris zusammentrafen.

»Ein Buch, das nicht nur höchsten Lesegenuß beschert, sondern auch das Auge erfreut. Für alle, die mehr über die Frauen der Moderne im Paris der 20er Jahre wissen wollen.«
The Times Literary Supplement

edition ebersbach
Bornstr. 68
44145 Dortmund